인문에서 경영의 지혜를 배우다

인문에서
경영의 지혜를
배우다

샹루 지음 · 황보경 옮김

평 단

제 4 장 높은 인격과 훌륭한 인성은 최고의 리더십이다

제 5 장 마음을 얻으면 일의 반은 해결된 것이다

제 1 장

경영자의 훌륭한 인품과 인덕이 성공적인 조직을 만든다

최고경영자는 넓은 가슴과 함께 자신을 되돌아보며 반성하는 자세를 갖춰 언제 어디서나 떳떳하게 행동해야 한다. 옳지 않은 자리에는 앉지 않고, 시비를 가려 올곧게 행동하려면 인격과 속되지 않은 정신이 뒷받침되어야 한다. 외적으로 드러나는 모습은 내적인 인품의 반영이다. 내적인 충실함이 없는 사람이 고상한 기품을 풍길 수 없다. 수양을 통해 인격을 높이면 자연스럽게 외양으로 드러난다. 경제적인 성공과 더불어 사회적인 명망과 바람직한 인적 네트워크를 얻고자 한다면 최고경영자는 인격을 수양하고 사람들을 움직일 수 있는 리더십을 키우는 데 힘을 쏟아야 한다.

공자가 생각한 바람직한 인간상은 넓은 도량을 갖추고 정직하고 떳떳하게 행동하는 사람이었다. 정직함은 최고경영자, 즉 CEO의 위용을 높여 주는 미덕이자 세류와 영합하지 않게 하는 기질이다. CEO의 인격은 외적인 인상으로 표현되고, 품위는 정신과 생각의 수준과 비례한다. 업적을 쌓고 원만한 인간관계를 원하는 CEO라면 자신의 인격, 행동, 마음가짐, 명망 등을 수시로 점검하고 관리해야 한다.

전갈이 강을 건너가려 했지만 헤엄칠 줄 몰라 망설이고 있던 차에

인문에서 경영의 지혜를 배우다

물속에서 개구리 한 마리가 나타났다. 전갈이 강 저편으로 데려가 달라고 부탁하자 개구리는 "네가 꼬리의 독침으로 나를 쏠지도 모르니 그건 좀 곤란해"라고 대답했다. 당황한 전갈이 곧바로 해명했다. "그렇지 않아. 너를 쏘아 죽이면 나도 물에 빠져 죽잖아. 우리는 같은 배를 탄 거나 마찬가지기 때문에 절대로 너를 해치지 않을 테니 걱정 마." 개구리는 전갈의 말이 그럴듯하다고 생각해 등에 전갈을 업고 강으로 들어갔다.

그런데 강 중간에 이르자 전갈이 갑자기 꼬리의 독침으로 개구리를 찔렀다. 개구리가 힘들게 고개를 돌려 전갈을 쳐다보며 말했다. "나를 물지 않겠다고 말하지 않았어? 우리는 생사를 같이하기로 했는데 왜 나를 죽이려는 거지?" 개구리의 몸이 서서히 마비되면서 물 밑으로 가라앉았다. 전갈은 온 힘을 다해 머리를 쳐들고 하늘을 보며 외쳤다. "나도 모르겠어. 남을 독침으로 물어 죽이는 천성은 어쩔 수 없나 봐!" 전갈도 결국에는 개구리와 마찬가지로 물속에서 죽음을 맞이했다.

우리는 부모와 선생님에게서 착하고 정직해야 한다는 말을 수도 없이 듣고 자라면서 '바람직한' 방향으로 살려고 노력한다. 하지만 성인이 되어 사회에 나가 세상 돌아가는 모습을 보면서 어린 시절 꿈꿨던 바람이 산산이 부서지는 경험을 한다. 그 결과 인간의 본성이 정말로 선한지 의심하고, 바르게 살아야 한다는 가치관이 바뀌고 만다. 가치관의 변화 탓에 교활하고 속물로 변한 사람들은 부끄러워하기는 커녕 사회가 자신을 타락시켰다며 핑계를 댄다.

사회는 모난 돌을 닳게 해서 매끄러운 조약돌로 만드는 강물과 같다는 말이 있다. 사회라는 거친 강물 속에서 생활하면서 '둥글둥글'하게 변하지 않기는 결코 쉽지 않지만 적당한 선을 지킬 필요는 있다. 원칙을 고수하는 태도, 즉 '올곧은' 처세를 포기하고 '원만한' 사회인이 된다는 것이 도덕성이나 양심을 버린다는 의미는 아니다. 그보다는 '바른 기준'을 바꾸지 않고 마음속에 새기며 인간관계와 사회생활에서 융통성을 가지고 살아가는 것을 뜻한다.

> "(공자는) 자리가 바르지 않으면 앉지 않았다."
> (席不正, 不坐.)
>
> ─《논어》 '향당鄕黨' 편에서

우리가 위인이라고 부르는 이들이 모든 면에서 보통 사람들을 능가했기 때문에 위인이 된 것은 아니다. 위인과 보통 사람의 차이는 바로 '품격'에 있다. 뛰어난 인격을 갖춘 사람은 환경이나 조건이 아무리 열악하더라도 그것에 휩쓸리지 않고 정정당당하게 행동하며 난관을 극복함으로써 결국 자신의 뜻을 이룬다. 만약 품격 있는 사람이 되고 싶다면 바른 심성을 지켜 내야 한다. 하늘을 찌를 듯 잘 자란 나무도 뿌리가 썩으면 죽음을 맞이하듯이, 사람도 반듯하고 바른 천성을 잃으면 아무것도 이룰 수 없다.

어느 분야를 막론하고 리더로서 카리스마를 발휘하려면 몸과 마

인문에서 경영의 지혜를 배우다

음을 제대로 닦아야 한다. 누가 보든 안 보든 스스로를 갈고닦는 노력을 해야 절도 있게 행동하게 되고, 더 나아가 다른 사람들에게 모범이 되어 영향력도 미칠 수 있는 것이다. 유가에서 말하는 '수신, 제가, 치국, 평천하修身, 齊家, 治國, 平天下'에서 우리는 천하를 다스리기 위한 출발점이 수신이고, 그래서 수신이 중요하다는 것을 절감할 수 있다. 수신의 요체는 원대한 목표를 세우고 이성적이고 겸허한 태도를 잃지 않는 것이다. 다시 말해, 수신을 제대로 한 사람은 눈앞의 성공에 자만하지 않고 일시적인 실패에 무너지지 않는 여유가 있다. 넓은 도량과 원대한 비전을 위해 자기 수양에 힘쓴 CEO는 직원들의 롤 모델이 되고 많은 사람에게 존경을 받는다.

미국의 초대 대통령이자 위대한 대통령으로 꼽히는 조지 워싱턴은 뛰어난 인격으로 국민의 존경과 사랑을 받았고, 카리스마의 상징이 되었다. 그는 독립혁명군 총사령관으로서 영국과의 독립전쟁에서 승리했고, 대통령에 당선되는 등 권력의 정점에 섰지만 권력과 돈에 초연했다. 그는 국가에 온 몸을 바쳤음에도 아무런 대가를 바라지 않았다. 국민이 자신의 정치에 만족하는 것이 최고의 보상이라고 생각했기 때문이다.

"사람을 근본으로 여기고 덕으로 가르친다"는 말이 있다.

사람들의 집합체인 기업을 경영하는 사람은 덕행, 즉 도덕성을 몸소 보여 주는 솔선수범을 해야 한다. 경영자의 도덕성이란 공정하게 룰을 지키면서 투명하고 깨끗하게 경영하는 것이다. 쉽게 말해 남들이 해서는 안 되는 일은 경영자가 먼저 하지 않고, 해야 하는 일은 앞장서서 하는 것이다. 좀 더 구체적으로 말하자면 신용을 지키고, 형식만을 중시하지 않으며, 자신에게 엄격하고, 유혹에 넘어가지 않으며, 옳지 않은 일에 발을 담그지 않는 것이다.

CEO의 역할은 자신이 모범을 보이고 직원들에게 영향력을 행사하는 것이다. CEO가 직원들에게 귀감이 될 때 비로소 진정한 영향력이 생겨난다. 만약 자신이 곧 '법'이라 생각해 회사의 제도와 규율을 지키지 않는다면 지시와 명령이 제대로 먹혀들 리 만무하다. 직원들은 CEO의 말과 행동을 주의 깊게 관찰하면서 영향을 받기 때문이다. 리더가 말로는 '인간 중심'을 외치면서 실제로는 이익만을 추구한다면 직원들의 믿음과 존경을 얻을 수 없다.

우수한 CEO들은 먼저 모범을 보이는 것이 얼마나 중요한지 잘 알고 있다. 일본 전자제품 회사인 소니사는 따뜻한 경영을 지향하고 있다. 소니 경영자의 임무는 모든 구성원과 끈끈한 관계를 맺어 구성원들이 생사를 함께하는 운명공동체가 되도록 이끄는 것이다. 이를 위해 소니에서는 사장실을 없앴고, 임원들도 독립된 사무실 없이 일반 직원들과 한 공간에서 일한다. 소니를 설립한 모리타 아키오盛田昭夫는 회사를 경영할 때 거의 매일 직원들과 함께 식사하며 대화를 나누는 등 격의 없는 태도로 일관했다. 여름철에는 생산 공장이 가장 먼저 에어컨을 틀도록 했고, 회사가 어려울 때는 항상 고위직부터 월급을 삭감하여 난관을 극복하면서 해고를 최소화했다. 이렇게 직원들을 존중하는 소니의 경영 방식 때문에 직원들은 회사를 마치 자신의 가정처럼 생각해 최선을 다했고, 노사 간에도 마찰을 빚지 않았다.

경영자의 진심과 열정을 느끼는 직원들은 큰 믿음으로 보답한다. 직원들은 한시도 수양을 게을리하지 않는 리더를 기꺼이 믿고 따른다. 전 프랑스 대통령 샤를르 드골은 "고매한 인격을 가진 사람이 뿜어내는 자석과 같은 힘은 그를 따르는 사람들에게 희망과 목표로 작용한다"고 말했다.

기업을 경영할 때 가장 우선시하고 중요하게 여겨야 할 것은 사람이다. 조직의 중심인 경영자는 직원들에게 하는 말 한 마디, 행동 하나하나도 모범이 되도록 언제나 세심하게 신경을 써야 한다.

> 공자는 말했다. "시경에 나오는 시 삼백 편을 한마디로 말하면 생각에 사악함이 없다는 것이다."
> (子曰, 詩三百, 一言以蔽之, 曰, 思無邪.)
>
> – 《논어》 '위정爲政' 편에서

기업 경영에서 제일 중요한 가치는 '효율성'이다. 사람을 중시해야 하는 가장 큰 이유도 바로 이 효율성에 있다. 기업의 모든 구성원이 공동 목표를 위해 단결하고 최선을 다할 때 효율성이 높아지기 때문이다. 효율성 향상을 위해 경영자는 스스로를 다스리는 수신을 해야 하고, 그런 후에야 평안한 마음으로 이성적인 판단을 내릴 수 있다. 매사를 냉정하게 판단하면 독단을 피할 수 있어 주위 사람들과 순조롭게 협력해 나갈 수 있다.

스스로를 잘 관리하는 경영자는 또한 인재를 알아보는 안목을 갖게 되므로 인력을 적재적소에 배치할 수 있다. 게다가 직원들의 의견과 건의를 합리적으로 받아들이고, 그들의 장점과 단점을 파악하여 포용력을 발휘하게 된다. 자기 관리에 능한 경영자는 이성적이고 냉정한 태도를 유지하고, 아랫사람들의 관점이 자신과 다르더라도 화를 내지 않고 차분하게 소통함으로써 많은 지지를 이끌어 낸다.

CEO는 이해가 다른 사람들을 많이 만나게 되므로 원만한 인간관계를 유지하면서도 복잡한 문제를 해결하는 능력을 갖춰야 한다. 만약 CEO가 걸핏하면 권위를 내세우면서 기업을 자신의 왕국으로 만들면 직원들과는 당연히 멀어지게 된다.

> "공자는 네 가지를 절대 하지 않으셨다. 억측을 하지 않았고, 반드시 하겠다는 것이 없었고, 고집을 부리지 않았고, 나만이 옳다고 하지 않았다."
> (子絶四, 毋意, 毋必, 毋固, 毋我.)
>
> — 《논어》 '자한子罕' 편에서

CEO가 자신만이 옳다고 여겨 명령만 내릴 뿐 다른 사람의 의견을 수용하지 않으면 독선적이게 되고, 독단적인 상사에 길들여진 직원들은 자신의 독창적인 아이디어가 회사에 이익이 된다 하더라도 공개적으로 발언하지 않는다. 이렇게 되면 정보의 흐름이 막혀 버린다. 이는 정책을 결정하는 경영자에게는 위험천만한 일이 아닐 수 없다. 경영자의 입맛에 맞는 의견과 정보만이 넘치는 기업에서 건전한 의사 결정이 이루어지기는 현실적으로 불가능하다.

내적인 충실함을 위해
부단히 공부하라

"본질이 외면보다 앞서면 촌스럽고, 외면이 본질을 앞서면 성
실하지 못하다. 외면과 본질이 조화를 이루어야 군자라 할 수
있다."
(質勝文則野, 文勝質則史, 文質彬彬, 然後君子.)

－ 《논어》 '옹야雍也' 편에서

공자는 "시문의 소양을 가지고 있으면 저절로 빛이 난다"는 말로 군
자가 되기 위해서는 독서를 통해 높은 도덕성과 인격을 갖춰야 한다
고 했다. 옛날의 군자가 그랬듯이 현대의 CEO들은 폭넓은 지식과 식
견이 있어야 거시적으로 경영 환경을 통찰할 수 있다. 지식의 장점은
간접적으로 성공의 경험과 실패의 교훈을 배우고 소화하여 분별력과
사고력을 높인다는 데 있다. 부지런히 배우고 때때로 익히며, 온고지
신溫故知新을 체화할 때 CEO로서의 카리스마도 자연스레 몸에 배게

인문에서 경영의 지혜를 배우다

된다.

정치적 리더이면서 지성인으로 손꼽히는 조조曹操는 정치와 군사에 능했을 뿐만 아니라 문학과 예술 분야에도 조예가 깊어 이른바 건안建安문학을 이룩했다. 후한시대 헌제獻帝의 연호인 건안(建安, 196~220년)시대의 문학을 지칭하는 건안문학은 조조와 그의 아들 조비曹丕, 조식曹植과 건안칠자建安七子 등의 걸출한 문인들을 배출하며 전한과 후한 시대의 학계를 지배하고, 육조문학六朝文學의 토대가 되었다. 조조의 작품인 '호리행蒿里行' '단가행短歌行' '갈석편碣石篇' '구수수龜雖壽' 등은 명작으로 평가받고 있다.

마오쩌둥毛澤東은 문무를 겸비한 조조를 존경하여 '낭도사 · 북대하浪淘沙 · 北戴河'라는 시를 지었다. 이 시의 한 구절인 '천여 년 전 위무제 조조가 말을 타고 동쪽의 갈석산에 올라 시 한 수를 읊었네 / 당시 스산한 가을바람은 여전히 불고 있으나 세상은 상전벽해로 변했네(往事越千年, 魏武揮鞭, 東臨碣石有遺篇, 蕭瑟秋風今又是, 換了人間)'에서 우리는 조조의 매력이 천고의 시간에도 퇴색되지 않음을 알 수 있다.

한나라 고조 유방劉邦은 자신이 학문을 익히지 않았기 때문에 지식인들을 우습게 여겼는데, 심지어 유생의 모자에 오줌을 누는 만행을 저지르기도 했다. 제위에 오른 후 유방이 공공연하게 지식인들을 모욕하자 지략이 뛰어난 신하 육가陸賈가 《시경》과 《서경》을 인용하여 넌지시 유방의 잘못을 지적했다. 심기가 불편해진 유방이 "나는 시경, 서경 따위는 알지도 못했지만 말 위에서 싸워 천하를 얻었다!"라고 반박했다. 그러자 육가가 반문했다. "폐하, 저의 직언을 용서해 주십시오. 폐하가 말 위에서 천하를 얻었다고 하셨지만, 말 위에서 천하를 다스릴 수 있다고 생각하십니까?" 육가의 말이 거슬리기는 했지만 일리가 있다고 생각한 유방은 역대 왕조의 성공과 실패를 12편의 문장으로 쓰게 한 뒤 진지하게 열독했다. 그 결과 유방은 육가의 글을 통해 천하를 다스리는 데 학문이 얼마나 중요한지 깨달았다. 이후 유방은 지식인을 존중했고, 자신도 틈만 나면 책을 읽고 수양에 힘썼다. 이 밖에도 유방은 말년에 직접 작성한 유훈 '수칙태자문手敕太子文'에서 태자 유영劉盈에게 학문에 힘쓰라고 당부했다.

명나라를 세운 주원장朱元璋은 사숙에서 몇 년 공부한 것을 제외하고는 학문을 익히지 못했지만 독서를 좋아해서 전쟁터에서도 책을 손에서 놓지 않았다고 한다. 제자백가를 섭렵한 그는 지식이 풍부하고 유가를 숭상했지만,《노자》에도 심취하여 직접 주석을 달기도 했다.

주원장이 민심을 살피기 위해 평민처럼 변복을 하고 금릉(金陵, 오늘날의 난징南京) 교외의 나루터에 갔을 때의 일이다. 과거를 보러 온 서생들이 장강을 감상하며 즉석에서 시를 짓는 모습을 보고 주원장이 슬며시 다가갔다. 한 서생이 '채석기采石磯는 저울추 한 개!'라고 운을 떼자 좌중에서 감탄사가 터져 나왔다. "기개가 대단하구만. 채석기를 겨우 저울추 한 개에 비유하다니. 다음 구는 뭐지? 빨리 이어나가 보라고." 그런데 첫 구를 읊은 서생이 다음 구절을 이어나가지 못했다. 다른 서생들도 맞춤 대구를 찾으려 했지만 시간이 꽤 흘러도 침묵만 흘렀다.

옆에서 지켜보던 주원장이 참다못해 너털웃음을 터뜨렸다. 서생

인문에서 경영의 지혜를 배우다

들은 허름한 차림새의 '촌스러운 노인네'가 웃는 모습에 의아해했다. 주원장은 가만히 있을 수 없어 "그대들이 기구(起句, 한시의 첫째 구)는 엄청난 기세로 나가더니 다음 구를 같은 기세로 잇지 못하는 것이 우스워서 그러네"라고 웃은 이유를 설명했다. 서생들은 주원장의 말에 속으로는 동감했지만 체면상 반발했다. "우리가 다음 구를 짓지 못해 이러는 것이 아닙니다. 그보다는 노인장께서 어떻게 이어나가는지를 듣고 싶습니다. 먼저 노인장의 시상을 털어놓고 저희를 평하십시오."

주원장은 또 웃음을 지으며 젊은 서생들에게 자신이 지은 시를 읊어 주었다. "나는 그대들의 재주와 학문이 부족하다고 말하지 않았네. 그보다는 그대들의 기백이 좀 모자라다는 생각이 들었네. 내가 이 시를 완성할 터이니 들어보게. '채석기는 저울추 하나 / 무지개로 저울대를 삼으면 어떠하리? / 하늘의 달은 저울 고리 / 이 강산을 고리에 달면 얼마나 될까!'" 주원장의 시를 듣고 난 서생들은 찬탄을 금치 못했다. 그들은 주원장이 황제인 줄은 상상도 못했지만, 그의 카리스마에 완전히 압도된 것이다.

공자도 부단히 공부하고 노력한 결과 다음과 같이 말했다.

> "나는 열다섯에 배움에 뜻을 두었고, 서른에는 자립했으며, 마흔에
> 는 미혹되지 않았고, 쉰이 되어서는 천명을 알게 되었고, 예순에 이
> 르러서는 귀로 듣는 것을 모두 이해할 수 있게 되었고, 일흔이 되었
> 을 때는 마음이 가는 대로 해도 법도에 어긋나지 않았다."
> (吾十有五而志于學, 三十而立, 四十而不惑, 五十而知天命, 六十而耳順, 七十而
> 從心所欲不踰矩.)
>
> – 《논어》 '위정 爲政' 편에서

"책은 약과 같아서 잘 읽으면 어리석음을 고칠 수 있다"는 말이 있다.
지식은 경영자를 유능하고 현명하게 만든다. 타이완플라스틱 그룹의
회장 왕융칭王永慶은 어린 시절 집이 가난했던 탓에 초등학교를 겨우
마친 뒤 점원이 되어 사회생활을 시작했다. 그 후 쌀장사를 거쳐 공
장을 차렸고, 점차 사업 규모를 늘려 마침내 타이완에서 '경영의 신'
이라 불리게 되었다. 사업을 하면서 지식의 중요성을 실감한 그는 열
정적으로 공부했다. 왕융칭을 만나 본 사람들은 하나같이 그의 학력
이 초등학교 졸업이 전부라는 사실을 믿지 못했다. 그가 세련되고 기
품 있게 행동하며 박학다식한 지식인의 풍모를 풍겼기 때문이다. 그
는 자신이 정규 교육을 몇 년밖에 받지 않았다고 책마저 얼마 읽지 않
았다고는 오해하지 말아 달라고 당부했다. 자신은 목마른 사람이 물
을 마시듯 열심히 책을 읽어 머릿속을 채웠기 때문에 인재들을 발굴
하고, 많은 사람과 유익한 소통을 할 수 있었다고 말했다.

지식은 힘이요 매력이다. 중화권 최고 갑부인 리자청李嘉誠은 뛰어

인문에서 경영의 지혜를 배우다

난 인품과 지적인 분위기로 많은 사람을 매료시키는 인물이다. 그는 자신의 경영과 지식의 관계를 이렇게 설명했다. "성공적인 경영인이 되고자 한다면 먼저 자기 관리를 철저히 해야 한다. 변화무쌍한 세상에서 자신이 누구인지, 어떤 사람이 되고 싶은가를 깨닫기 위해서는 자기존재감이 확실해야 한다. 유가에서 말하는 '수신' '허물을 자신에게서 찾는다(反求諸己)' '남이 보지 않는 곳에서도 부끄러운 일을 하지 않는다(不欺暗室)' 등의 원칙, 서양의 종교적 계율 등에 관한 수많은 저술이 있다. 자신의 가치를 높이는 책이나 비결 등도 수없이 많다. 그러나 나는 자기 관리는 조용하게 이성의 힘을 키우고, 지식과 경험으로 능력을 최대화하는 것이라고 생각한다."

넓은 도량은 사람 마음을 얻는 원동력이다

공자가 말했다. "다섯 가지를 천하에 행할 수 있으면 인이라 할 수 있다." 자장이 인의 내용을 묻자 공자가 말했다. "공손함, 너그러움, 믿음, 영민함, 은혜로움이 바로 그것이다. 공손하면 수모를 당하지 않고, 너그럽게 베풀면 많은 사람의 마음을 얻고, 믿으면 사람들이 신임하고, 영민하면 공을 세우게 되고, 은혜를 베풀면 사람을 충분히 부릴 수 있다."

(孔子曰, 能行五者於天下爲仁矣. 請問之, 曰, 恭寬信敏惠, 恭則不侮, 寬則得衆, 信則人任焉, 敏則有功, 惠則足以使人.)

— 《논어》 '양화陽貨' 편에서

공자는 위대한 업적을 이루는 사람들은 너그럽고 도량이 넓다고 했다. 타인에게 관용을 베풀 줄 아는 사람은 자신에게도 너그러울 수 있다.

공자는 말했다. "군자는 평온하여 여유가 있지만, 소인은 늘 근심한다."

(子曰, 君子坦蕩蕩, 小人長戚戚.)

— 《논어》 '술이述而' 편에서

넓은 시야를 가지면 현실에서 겪는 문제들을 좀 더 폭넓고 깊이 있게 이해할 수 있다. 포부가 크고 자신의 일에 사명감과 책임감을 가지고 문제를 대하면 사적인 감정을 배제하고 시시콜콜하게 이해를 따지지 않게 된다.

곽진郭進이 산서 순검巡檢으로 있을 때 한 군관이 그를 모함하는 상소를 올렸다. 송 태조가 군관을 불러 조사해 보니 군관이 곽진을 무고한 것임이 밝혀졌다. 그러자 태조는 군관을 산서로 돌려보내며 곽진에게 죽이라는 명을 내렸다.

마침 북한北漢의 침입을 받은 곽진은 군관에게 이렇게 말했다. "네가 감히 내게 누명을 씌운 것을 보니 배짱이 대단하구나. 네 죄를 사해 줄 터이니 나가서 적과 싸워 공을 세워라. 그렇게 하면 내가 너를 조정에 추천해 주겠다. 만약 패하면 스스로 목숨을 끊어 내 칼을 더럽히지 않도록 하라."

군관은 곽진의 명령에 감격하여 아무 말도 못하고 물러나가 싸움터로 갔다. 전투에서 죽음을 무릅쓰고 싸운 그는 적을 물리치는 공을 세웠다. 곽진은 조정에 그 군관을 추천하여 나라를 위해 헌신하도록 했다.

전국시대 제齊나라의 맹상군孟嘗君이 재상의 자리에서 쫓겨나 다른 나라로 갔다가 다시 돌아오게 되자 담습자譚拾子가 국경까지 마중 나와 물었다.

"상공을 쫓아냈던 제나라의 사대부들을 원망하시지 않는지요? 그들을 죽일 생각이신지요?"

"그렇소이다."

"어떤 일은 반드시 일어나기 마련이고, 어떤 일에는 그렇게 될 수밖에 없는 이치가 있다는 사실을 알고 계십니까?"

"모르겠소."

"반드시 오는 것은 죽음입니다. 그럴 수밖에 없는 일이란 부귀할 때는 사람들이 따르고 빈천하면 주위 사람들로부터 버림을 받는 것입니다. 시장을 예로 들면, 아침에는 사람들로 넘쳐나지만 저녁이 되면 텅 비어 버립니다. 이는 아침이라서 시장이 좋고, 저녁이라서 시장이 미워서 그런 것이 아닙니다. 사람들은 생존을 위해 모여들었다가도 위험하다 싶으면 떠나기 마련입니다. 바라건대 상공께서는 원한을 가슴속에 품지 마십시오."

담습자의 말을 새겨들은 맹상군은 보복할 대상 500명의 이름을 적은 명단을 찢어 버리면서 이후로 복수하지 않겠다고 약속했다.

당나라의 명신 위징魏徵은 바른말을 잘하기로 유명했던 인물이다. 그가 직간直諫을 할 수 있었던 것은 당 태종 이세민李世民의 넓은 포용력 덕분이었다. 위징은 원래 이세민의 형인 태자 이건성李建成에게 재능을 인정받아 도서를 관리하는 관직에 있었다. 정치적 야심이 컸던 그는 이건성에게 하북 지역의 세력가인 유흑달劉黑闥을 정벌하여 공을 세우라고 건의했다. 이건성은 즉시 군사를 일으켜 유흑달을 정벌하는 데 성공했다.

부친을 도와 천하를 평정하고 당나라를 세우는 데 혁혁한 공로를 세운 이세민은 태자 이건성과 동생 이원길李元吉을 죽이는 '현무문의 난'을 일으켜 태자의 자리에 올랐다. 이후 주위에서 이건성의 심복인 위징을 죽여야 한다고 주장하자 이세민은 위징을 불러 사람됨을 살펴보기로 했다.

이세민은 위징에게 "너는 왜 우리 형제 사이를 이간질했느냐?"고 질책했다.

위징은 위기를 모면할 생각은 않고 당당하게 자신의 견해를 밝혔다.

"사람마다 모셔야 할 주인이 따로 있습니다. 만약 태자께서 제 말을 들으셨다면 비극적인 최후를 맞지 않으셨을 것입니다. 제가 돌아가신 태자에게 충성을 다한 것이 무슨 잘못이란 말입니까?"

이세민은 사리에 어긋나지 않는 위징의 솔직한 말에 수긍하지 않으면 속이 좁다는 소리를 들을 것이라 생각하여 죄를 묻지 않고 오히려 주부主簿의 자리에 앉혔다. 황제의 자리에 오른 지 얼마 안 되었을 때는 그에게 간의대부諫議大夫라는 중책을 맡겼다. 위징은 자신에 대한 이세민의 신임과 인내심을 확인하자 국정에 도움이 된다고 판단되면 거침없이 간언했다. 이세민도 귀에 거슬리는 말이라도 합리적이라 판단되면 모두 수용했다. 두 사람은 서로를 속속들이 이해했고, 끝까지 끈끈한 관계를 유지했다.

세익스피어는 넓은 도량에 대해 이렇게 말했다. "당신의 적 때문에 분노하지 말라. 분노의 불꽃은 당신을 태우게 된다. 동서고금을 막론하고 넓은 가슴과 원대한 꿈을 가진 사람들은 작은 이익에 연연하지 않고 도량이 크다. 반대로, 소갈머리가 없고 별것 아닌 일도 가슴에 새겨 원한을 만드는 사람은 앞날이 암담하다."

미국의 제7대 대통령 앤드류 잭슨은 토머스 벤턴이란 사람과 결투를 벌인 적이 있다. 벤턴이 쏜 총알은 앤드류 잭슨의 왼쪽 팔에 거의 20년이나 박혀 있었다. 1832년에 의사가 총알을 빼냈을 때, 벤턴은 오랜 적대감을 잊고 잭슨의 열렬한 지지자가 되어 있었다. 잭슨이 총알을 돌려주려 하자 벤턴은 20년이나 잭슨의 몸 안에 있었으니 자신에게는 소유권이 없다며 거절했다. 잭슨은 결투한 지 19년이 지나 소유권 변동까지 1년의 시간이 있다며 총알을 받으라고 했다. 그러자 벤턴은 "자네가 총알을 너무 아껴 몸에 쭉 보관한 사실을 감안하면 내가 1년의 시간을 포기하고 총알을 받지 않겠네"라고 했다. 잭슨은 벤턴과 결투를 벌였던 기억조차 잊은 듯 껄껄 웃어넘겼다. 이 일화는 앤드류 잭슨의 아량이 얼마나 대단한지 잘 보여 주고 있다.

왕이 "하지 않는다는 것과 할 수 없는 것은 어떻게 다릅니까?"라고 묻자 맹자가 대답했다. "태산을 끼고 북해를 건너는 일을 '나는 하지 못한다'고 말하면 진실로 하지 못하는 것이지만, 어른을 위해 나뭇가지를 꺾는 것을 남에게 '하지 못한다'고 말하면 이것은 하지 않는 것이지, 할 수 없는 것이 아닙니다."

　너그럽고 인정이 많은 사람은 긴 안목으로 일을 처리하므로 장구하게 복을 누릴 수 있지만, 속이 좁은 사람은 생각이 짧고 안목이 좁아 눈앞의 이익만 챙기므로 오래도록 복을 누리지 못한다.

높은 곳에 있어도 자세를 낮추면
더 많은 것을 얻게 된다

자공이 물었다. "가난하지만 아첨하지 않고, 부유하지만 교만하지 않으면 어떻습니까?" 공자가 말했다. "그것도 괜찮지만, 가난하면서도 즐거워하고 부유하면서도 예를 좋아하는 것만은 못하다." 자공이 물었다. "시경에서 '칼로 끊듯이, 줄로 갈듯이, 정으로 쪼듯이, 숫돌로 윤을 내듯이'라고 한 것은 이것을 말하는 것입니까?" 공자가 대답했다. "사야! 이제 너와 시를 이야기할 수 있겠구나. 지나간 것을 가르쳐 주었더니 앞으로 올 것을 아는구나."

(子貢曰, 貧而無諂, 富而無驕, 何如? 子曰, 可也, 未若貧而樂, 富而好禮者也. 子貢曰, 詩云, 如切如磋, 如琢如磨, 其斯之謂與? 子曰, 賜也, 始可與言詩已矣, 告諸往而知來者.)

－《논어》 '학이學而' 편에서

자공의 "가난하면서도 아첨하지 않고, 부유하면서도 교만하지 않으면 어떻습니까?"라는 물음에 공자는 "그런 것도 괜찮지만 가난하면서도

인문에서 경영의 지혜를 배우다

즐거워하고 부유하면서도 예를 좋아하는 것이 더 낫다"라고 대답했다. 공자가 오늘날의 기업가들을 만난다면 이렇게 말할 것이다. "부의 정도나 지위 고하에 상관없이 평상심을 유지하고, 교만하거나 아첨하지 않으면서 즐거워하고 예를 좋아하라!" CEO가 자신이 처한 조건이나 상황에 따라 흔들리지 않고 모든 사람을 공평하게 대하면서 예의를 지킨다면 직원들은 물론 협력 파트너들에게서 환영을 받게 된다.

MBA 과정의 케이스 스터디에서 스타벅스는 모범적인 경영의 대표적 사례로 꼽는다. 스타벅스를 세계적인 기업으로 만든 결정적 요인은 바로 종사자들을 파트너로 대하는 경영 방식에 있다. 스타벅스를 이끄는 하워드 슐츠 회장은 직원들을 단순한 고용인이 아니라 파트너로 여기는 경영관을 실천하면서 직원들의 발전에 깊은 관심을 가졌다. 1987년 스타벅스를 인수한 슐츠 회장은 업계 최초로 파트타임 종업원들에게도 종합 의료보험 혜택을 제공했으며 '빈스톡bean stock'이라는 이름의 스톡옵션 제도를 회사의 모든 직원에게 시행했다. 그 결과 스타벅스는 전 세계 1만 7,000개 매장을 보유한 명실상부한 글로벌 기업으로 성장했다. 이러한 스타벅스의 놀라운 성장은 이익만을 추구하지 않고 '직원과 고객이 신뢰하고 함께 성공을 누린다'는 하워드 슐츠 회장의 전략과 상도商道가 통했기 때문이다.

슐츠 회장은 '주주들의 이익 보호와 사회적 책임 수행이라는 두 가지 목표가 균형을 이루어야 한다'는 신념을 갖고 있다. 스타벅스는 동종 업계에서 직원들의 월급이 가장 많은 곳도 아니고 인센티브, 복지, 스톡옵션이 급여의 30%를 차지한다. 중국의 스타벅스는 스톡옵션 제도는 없지만 직원들의 발전에 깊은 관심을 기울이며 '선택적' 복지 시스템을 운영하고 있다. 직원들은 여행, 교통, 자녀 교육, 자기계발, 해외 연수 등의 복지 항목을 자유롭게 선택하여 보조금을 지원받는다. 일률적이지 않고 개인의 필요에 맞추는 복지 정책은 회사에 대한 신뢰를 더욱 높이는 효과를 가져온다.

> 공자는 말했다. "사람이 신의가 없으면 그런 사람을 어디에 써야 할지 모르겠다. 큰 수레에 소의 멍에 걸이가 없고, 작은 수레에 말의 멍에 굴레가 없다면 어떻게 수레를 몰고 갈 수 있겠는가?"
> (子曰, 人而無信, 不知其可也. 大車無輗, 小車無軏, 其何以行之哉?)
>
> — 《논어》 '위정爲政' 편에서

오늘날 '신의'는 갈수록 찾아보기 어렵지만, 하워드 슐츠는 신의를 회복하는 데 많은 힘을 기울이고 있다. 그가 사회적인 신뢰를 강조하는 근거로 내세우는 연구 결과가 있다. 약 40년 전에는 TV에 30초짜리 광고를 내보내면 시청자의 90%가 광고가 사실이라고 믿었고, 이들 중 90%는 그 제품을 구매했다. 요즘은 대다수 사람이 광고를 신뢰하지 않는다. 광고를 믿고 제품을 구매하는 사람은 10%에 불과하다. 하워드 슐츠는 이러한 결과에 대해 판매자들이 고객과의 약속을 지키지 않아 신뢰를 잃었기 때문이라고 분석했다. 그는 기업의 가장 중요한 목표는 돈을 버는 것보다 브랜드에 대한 신뢰를 얻는 것이라고 강조하며 신뢰

회복에 최선을 다하고 있다.

기업 경영에서 또 한 가지 중요한 것은 남을 수용하는 자세다.

> 공자는 말했다. "이단을 공격하는 것은 해로울 뿐이다."
> (子曰, 攻乎異端, 斯害也已.)
>
> — 《논어》 '위정爲政' 편에서

CEO는 타인의 의견이나 건의를 경청하는 일을 일상의 한 부분으로 받아들여야 한다. 세계 각국의 직장인들을 대상으로 조사한 결과, 직장인의 만족도와 기업의 성과는 정비례했다. 조사 대상 기업 중 직원의 만족도가 가장 높은 기업은 불만이 가장 많은 기업에 비해 매출을 2배 이상 기록함으로써 직원의 만족도와 기업의 성과가 비례함을 입증했다. 앞으로 치열한 경쟁에서 성공하는 기업으로 남으려면 인간 중심의 경영과 CEO가 일반 직원을 자신의 아랫사람이 아니라 파트너로 인식하는 자세가 필요하다. CEO가 통치와 군림이 아닌 직원들을 진정한 파트너로 여기고 존중하는 자세를 지닐 때 기업의 발전에 큰 도움이 된다는 사실은 의심의 여지가 없다. 스타벅스의 성공을 통해 권위적인 관리 방식으로는 효율을 기대할 수 없으며 기업 발전에 도움이 안 된다는 사실을 알 수 있다. 평등하고 협력을 이끌어 내는 경영은 결과적으로 기업에 더 큰 이익을 안겨 준다.

기업의 가장 큰 자산은
사람이다

공자가 말했다. "군자는 두루 사귀면서도 편을 가르지 않고,
소인은 편을 가르면서도 두루 사귀지 않는다."
(子曰, 君子周而不比, 小人比而不周.)

― 《논어》 '위정爲政' 편에서

위의 말은 공자가 군자와 소인의 차이에 대해 언급한 것이다. 군자는
사람를 배려하고 도의를 지키면서 단합을 추구하므로 뜻을 같이하는
친구를 많이 얻는다. 진정한 군자는 사람들에게 기쁨과 위안을 준다
는 의미로 해석할 수 있다. 이에 비해 소인은 사익을 위해 '끼리끼리'
뭉칠 뿐 화합하지 못한다.

예를 들어 파티에서 군자는 친소를 불문하고 모든 사람과 어울리
며 편안한 분위기를 만들지만, 소인은 친한 사람과만 어울리며 위화

인문에서 경영의 지혜를 배우다

감을 조성하고 다른 참석자를 불편하게 만든다. 군자와 소인을 '어울림'으로 구분한 공자의 가르침은 현대의 CEO에게 시사하는 바가 자못 크다.

> 공자는 말했다. "어진 사람은 인을 편안하게 여기고, 지혜로운 사람은 인을 이롭게 여긴다."
> (子曰, 仁者安仁, 知者利仁.)
>
> — 《논어》 '이인里仁' 편에서

인류와 기업은 지속적으로 협력하면서 변모한다. 인류는 가족을 단위로 한 채집 위주의 자연경제에서 출발하여 복잡하고 상호 의존적인 사회경제체제로 발전했고, 전문화와 교역을 통해 전대미문의 부를 창조했다. 전문화와 교역은 거래하는 쌍방의 이익 추구가 목적이므로 장기적이고 전면적인 협력이 이루어져야 한다. 또한 전문화와 교역은 경쟁과 협력을 병행하는 과정에서 개인, 기업, 사회의 부를 증가시킨다.

우리는 협력을 통해 장기적인 이익을 얻을 수 있는데, 이를 위해서는 협력 당사자들의 신뢰가 필수적이다. 신뢰는 말이 아닌 행동에서 생기고, 이것은 곧 좋은 기회로 연결된다.

경영인은 사업을 일련의 협력 과정이라 생각하는 것이 바람직하다. 만약 이번 거래에서 상대에게 양보한다면, 다음에는 상대가 나에게 양보하는 것이 사업가들 사이에서 지켜지는 무언의 약속이다. 이렇게 쌍방이 경쟁하거나 협력 관계를 장기적으로 유지한다는 전제가 있을 때 비로소 합리적인 행동을 할 수 있다.

'두루 사귀면서도 편을 가르지 않는' 처세는 기업을 경영하거나 인생을 살아가는 데 좋은 지침이 될 수 있다. 만약 한 기업이 독자적으로 모든 문제를 해결할 수 있는 능력을 갖추지 않았다면 반드시 협력 체제를 구축해야 한다. 네트워크 분야의 권위자인 하비 맥케이는 이렇게 말했다. "인맥 쌓기는 우물을 파는 것과 같다. 땀 흘려 판 우물이 마르지 않듯이, 인맥이 생기면 꾸준히 부를 축적할 수 있다."

통계학적으로 보면 고객 한 명은 직장 동료, 이웃, 친지, 친구 등 약 250명의 사람과 관계를 맺는다고 한다. 영업 사원 한 명이 1주일에 보통 50명의 고객을 만나는데, 그중 2명의 고객이 그에게 불만을 품게 되면 연쇄반응을 일으켜서 1년에 약 500명이 이 영업 사원에게서 등을 돌리게 되는 것이다.

이런 현상은 미국의 유명한 자동차 세일즈맨 조 지라드가 발견한 것으로 '250의 법칙'이라 불린다. 일반적으로 결혼식장에 오는 하객이나 장례식장을 찾는 조객은 평균 250명 정도다. 이 점에 착안한 '250의 법칙'은 한 명의 고객에게 호감을 주면 250명의 고객을 확보할 수 있다고 본다. 하지만 한 명의 고객이라도 소홀히 하면 잠재적인 250건의 거래가 모두 수포로 돌아갈 수 있다.

그러므로 CEO는 일상적으로 대하는 사람들 뒤에는 무시할 수 없는 잠재 고객층이 있다는 사실을 명심하여 친절한 태도와 마음가짐을 잃지 말아야 한다. 주위 사람에 대한 관심과 친절함은 반드시 이익으로 돌아오기 마련이다.

집행력이 성공을 좌우한다

공자가 말했다. "군자는 말은 어눌하게, 행동은 민첩하게 하려고 한다."

(子曰, 君子欲訥於言而敏於行.)

– 《논어》 '이인里仁' 편에서

공자는 허풍을 떨며 과장되게 말하는 사람을 몹시 싫어했다. 그는 군자라면 마땅히 '말은 어눌하게, 행동은 재빠르게' 해야 한다고 생각했다. 어눌하고 말수가 별로 없지만 속내는 흔들리지 않는 굳건한 의지가 있어야 한다는 뜻으로 해석할 수 있다. 성경에서는 돌이킬 수 없는 세 가지가 있다고 했다. 시위를 떠난 화살, 뱉어낸 말, 흘러간 기회가 바로 그것이다. 입에서 나간 말은 주워 담을 수 없는, 엎질러진 물과 같으므로 경영자는 먼저 행동을 취하고, 그다음에 말로 옮겨야 한다.

실행 가능한 전략을 짜는 것도 중요하지만, 실제로 행동을 취하여 결과물을 얻는 것이 진정한 성공이기 때문이다.

감성은 눈, 이성은 다리이므로 감성이 없는 사람은 장님이고, 이성이 없는 사람은 절름발이와 같다.

CEO의 결정은 크게 의사결정 시스템decision system과 실행 시스템 execution system으로 나눌 수 있다. 의사결정 시스템은 기업의 눈처럼 경영의 핵심으로, 실행의 방향과 목표를 확정하는 것이다. 이에 비해 실행 시스템은 정책을 집행하고 발전시키는 것이다. 따라서 실행 시스템이 제대로 작동하지 않으면 의사결정은 부질없는 희망에 불과하다.

IBM을 회생시킨 CEO 루이스 거스너는 "기업과 CEO가 성공하려면 업무 파악 능력, 탁월한 집행력, 리더십의 세 가지 요소를 갖춰야 한다"라고 강조했다.

실제로 IBM의 발전 동력은 집행력이었다. 거스너는 집행력을 높이기 위해 업무 프로세스를 개선하는 데 역점을 두었다. 그가 취임하기 이전에 IBM이 고객에게 융자 서비스를 제공하려면 신용부, 경영부, 심사원, 집행팀 등 몇 단계의 결재를 거쳐야 했기 때문에 7일이 소요되었다. 복잡한 절차로 진행 과정을 투명하게 알기 힘들었고, 각 부문의 효율성은 떨어졌으며, 서비스에 걸리는 시간만 늘어났다. 거스너는 '종합 사무원' 시스템을 도입하여 서비스에 걸리는 시간을 4시간으로 대폭 줄이고 업무 효율을 크게 높였다. 무엇보다도 직원들의 집행력을 높인 결정적 요인은 의사결정 능력을 향상시킨 데 있었다. 영업 사원과 시스템 엔지니어는 입사 후 12개월 동안 강의를 듣고 현장 실습을 한다. 이들은 교육 기간 중 75%의 시간은 각 지사에서, 20%의 시간은 본사에서 훈련을 받는다. 각 지사에서 훈련 책임을 맡은 중간 간부들은 직원들의 소양, 가치관, 신념, 생산 과정 등에 대한 교육 내용을 수시로 점검한다. 또한 직원들은 영업 사원들과 함께 소비자를 직접 접촉하고 현장 경험을 쌓았다.

정책 결정 과정에서 CEO는 다음 몇 가지 사항에 유의해야 한다. 첫째, 업무와 책임 소재를 분명하게 한다. 둘째, 실행자에게 업무를 완벽히 숙지시킨다. 셋째, 업무 담당자를 평가하고, 수시로 업무를 조정하면서 적절히 격려하는 시스템을 마련한다. 넷째, 업무 결과를 담당자에게 고지하여 예상 리스크를 관리하게 한다.

회사의 의사결정과 집행의 중요성은 각계 성공 기업의 사례로 설명된다. 커피 업계의 스타벅스, 개인컴퓨터PC 부문의 델 컴퓨터, 유통 업계의 월마트 등은 타의 추종을 불허하는 집행력으로 치열한 경쟁에서 성공했다고 평가받는다.

CEO의 역량은 언제나 말이 아닌 행동으로 평가되고 결과로 증명된다.

눈앞의 이익보다
대의를 생각하고 행동하라

공자가 말했다. "군자는 덕을 생각하나 소인은 편히 살 곳을 생각한다. 군자는 법도를 생각하나, 소인은 이익과 혜택을 생각한다."

(子曰, 君子懷德, 小人懷土, 君子懷刑, 小人懷惠.)

– 《논어》 '이인里仁' 편에서

공자는 군자와 소인은 늘 생각하는 것이 다르다고 말했다. 즉 군자는 항상 자신이 올바르고 제대로 수양을 하고 있는지, 법도를 잘 지키고 있는지 되돌아보지만, 소인은 편안함과 이익을 챙기는 데 골몰한다. 공자의 가르침에서 CEO가 새겨야 할 교훈은 뜻을 크게 하고, 이익을 취할 때도 절제해야 한다는 것이다. 일신의 편안함과 물욕만을 추구하며 소중한 자신의 의지를 잃는 것은 안타까운 일이 아닐 수 없다.

벌집에서 꿀이 흘러나오자 파리 떼가 몰려들었다. 달콤한 꿀에 홀린 파리들은 너무 오랜 시간 꿀을 탐하다가 다리가 꿀에 들러붙어 옴짝달싹할 수 없게 되었다. 애꿎은 꿀벌을 원망하는 파리 옆으로 지나가던 현자가 한마디 했다. "일시의 즐거움으로 목숨을 잃는 것이 너희가 처음이 아닐 것이고, 마지막이 되지도 않을 것이다."

춘추시대 초나라에 보석을 파는 상인이 있었다. 그는 제나라에서 보석을 팔면 톡톡히 재미를 본다는 이야기를 듣고는 곧바로 제나라로 갔다. 보석을 더 많이 팔기 위해 열심히 머리를 굴린 이 상인은 비싼 나무를 사서 보석 상자를 만들었다. 상자를 아름답게 조각하고 향도 듬뿍 뿌렸다. 어느 날 보석을 사러 온 손님이 보석 상자의 아름다움에 반해 망설이지 않고 보석 상자를 사겠다고 했다. 그런데 손님은 상자를 열어 보고는 안에 들어 있는 보석은 상인에게 돌려주고 상자만 사 가지고 갔다. 상인은 본말을 전도하여 보석보다도 그것을 담는 상자에 신경을 썼다가 결국 보석은 팔지 못하는 실수를 저지른 것이다.

다음의 예화는 사업을 하는 사람이라면 작은 이익에 현혹되지 않고 정직함으로 일관하는 것이 더 큰 복을 얻는다는 사실을 잘 보여 주고 있다.

송나라의 수도 변경汴京에 아늑한 분위기와 친절한 서비스로 인기를 끄는 찻집이 있었다. 어느 날 이씨 성의 선비가 이 찻집 앞에서 우연히 어릴 적 친구를 만나 차를 마시러 들어갔다. 그는 수십 냥의 금을 넣은 주머니를 두루마기의 겨드랑이 부분에 매달고 다녔다. 도둑을 피하기 위해 단단히 방비한 셈이지만, 날씨가 더웠던 탓에 선비는 찻집에 들어오자마자 두루마기를 벗었고, 금 주머니를 탁자에 올려놓았다. 그는 친구와 오랜만에 이야기를 나누며 회포를 푸느라 정신이 없어 찻집을 나올 때 주머니를 놓고 나왔다. 밤이 되어서야 주머니가 생각난 그는 손님이 들끓었던 찻집에 금 주머니가 그대로 있을 리가 없다고 생각해 찻집에 다시 가지 않았다.

몇 년 후 찻집에 들른 선비가 지인에게 "몇 년 전에 이곳에서 금이 든 주머니를 잃었습니다"라고 했다. 이 말을 종업원에게서 전해 들은 주인이 선비에게 자세한 사정을 이야기해 달라고 했다. 선비가 시간과 앉았던 자리, 주머니 속에 든 금에 대해 알려 주자 주인은 "그때 털이 달린 두루마기를 입지 않으셨나요?"라고 물었다. 선비가 그렇다고 하자 주인은 또 "같이 있었던 분은 비단 저고리를 입으셨지요?"라고 기억을 떠올렸다. 선비가 고개를 끄덕이자 주인이 그날의 일을 설명해 주었다.

"그 주머니는 제가 보관하고 있습니다. 손님이 떠나신 뒤 주머니를 발견하고 바로 쫓아갔으나 손님께서 걸음이 워낙 빨랐고 길거리에 사람들이 많아 찾지 못했습니다. 다음 날에 꼭 찾으러 오실 거라 생각하여 잘 챙겨 놓았었죠. 열어 보지는 않았지만 금 같은 귀중품이 들어 있을 거라 짐작은 했습니다. 안에 든 금의 양을 정확히 말해 주시면 돌려드리겠습니다."

선비가 "정말로 잘 보관해 주었다면 금의 절반을 드리겠소이다"라고 말했지만 주인은 그저 웃음을 지어 보일 뿐 아무 말도 하지 않았다.

찻집에는 다락방이 있었는데, 주인이 작은 사다리를 가지고 와서 선비와 함께 올라갔다. 다락방 안에는 손님들이 놓고 간 우산, 신발, 옷 등이 있었다. 습득물에는 잃어버린 날짜와 두고 간 사람의 특징 등이 적힌 쪽지가 붙어 있었다. 주인이 방 모퉁이에서 찾아낸 주머니에도 분실한 날짜가 적혀 있었다. 주인과 선비가 다락방에서 내려와 많은 사람이 보는 앞에서 주머니를 확인했다. 선비가 금 덩어리의 개수를 말한 뒤 주인이 주머니를 열어 보니 딱 들어맞았다. 주머니를 돌려받은 선비가 금의 절반을 사례로 주려고 했지만 주인이 정중히 거절했다.

"선비께서는 어찌 그리 사람을 이해하지 못하십니까? 자고로 인간은 의로워야 한다고 했습니다. 다만 소인은 이해에만 밝고 의리를 모른다고 했습니다. 솔직히 말씀드리면, 제가 이러는 이유는 마음속에 부끄러움이 없어야 한다고 늘 경계하기 때문입니다."

선비는 주인이 끝내 사례를 받지 않을 것이라 여겨 연신 고맙다고 인사하고 술이라도 대접하겠다고 했다. 하지만 주인은 그마저도 거절하여 선비를 감동시켰다.

이 이야기가 입소문을 타고 널리 알려지자 이후로 찻집은 장사가 크게 흥했다고 한다.

제 2 장

신용과 도덕성은
성공하는 기업의 필수요건이다

"오직 하늘 아래 더할 나위 없이 성실한 사람만이 자신이 가지고 있는 본성을 완전히 발휘할 수 있다. 자기 본성을 완전히 발휘하면 다른 사람의 본성 또한 완전히 발휘하게 할 수 있다. 다른 사람의 본성을 완전히 발휘하게 하면 모든 사물의 본성 또한 완전히 발휘하게 할 수 있다. 모든 사물의 본성을 완전히 발휘하게 하면 하늘과 땅의 변화와 양육을 도울 수 있다."

-《중용》22장에서

성실함과 신뢰의 유지는 하늘과 사람의 도와 본성에 부합하는 것이다. 경영자는 인간관계에서 신용을 지키고 속임수를 써서는 안 된다. 상대를 교묘하게 이용하여 자신의 이익을 챙기는 얄팍함으로 사람을 대한다면 어떻게 진정한 인간관계를 맺을 수 있겠는가?

믿어 주는 것은 최고의 칭찬이다

공자가 말했다. "사람이 신의가 없으면 그런 사람을 어디에 써야 할지 모르겠다. 큰 수레에 소의 멍에 걸이가 없고, 작은 수레에 말의 멍에 굴레가 없다면 어떻게 그것을 가도록 만든단 말인가?"
(子曰, 人而無信, 不知其可也. 大車無輗, 小車無軏, 其何以行之哉?)
— 《논어》 '위정 爲政' 편에서

신용을 얻지 못하는 사람은 결국 아무 일도 할 수 없다. 기업에 대한 '신뢰'는 기업이나 CEO의 약속과 의무의 이행 여부, 대중의 믿음 등이 좌우한다. 즉 기업이나 경영자의 사회적 신용도와 명망이 합쳐져 신뢰를 만들어 내는 것이다. 믿음信은 '성실함誠'과 동의어라 할 수 있다. 《설문해자說文解字》에는 '성誠과 신信은 서로 통하고 떼려야 뗄 수 없는 관계다'라고 적혀 있다.

《중용中庸》은 "성실함은 하늘의 길이요, 성실을 행하는 것은 사람의 길이다(誠者天之道 誠之者人之道)"라고 가르친다.

성실한 사람만이 신용을 지키고, 신용을 지키는 사람은 반드시 성실하다. 성실함과 신용은 하늘과 인간의 도리이자 타고난 본성이다. 따라서 대인관계에서 신용을 지키면 양심에 부끄러움이 없게 된다.

'성실함'은 하늘天, 땅地, 인간人을 유기적이고 합리적으로 연결시킨다. 하늘, 땅, 인간은 성실함을 중심으로 서로 보완하면서 만물이 그 역할과 기능을 완전히 발휘하도록 한다. 인간의 측면에서 말하자면 중용과 화합을 이루면 세상이 평화롭고 안정된다. 성실함은 인간의 본성에 맞는 것이므로 '지성至誠', 즉 성실함이 극에 달하면 중용의 도에 부합하는 것이다. 중용의 도는 인간의 도덕과 품행에서 가장 높은 경지인데, 수양을 통해 중용의 도에 다다르면 위로는 하늘과, 아래로는 만물과 통하며, 사람들과 자연스럽게 어울릴 수 있다. 타인과 진정으로 화합하고 어울리기 위한 전제는 먼저 자신에게 충실해지는 것이다.

삼국시대의 제갈량은 신뢰를 생명처럼 소중히 여겼던 인물이다. 그가 네 번째로 기산祁山으로 출병하여 북벌에 나섰을 때, 그의 병사 수는 대략 10만 명이었는데 비해 사마의司馬懿의 군대는 30만 명에 달했다. 공교롭게도 촉의 군사들 중 1만 명이 복무 기간이 끝나 규정대로 고향으로 돌아가면 전력에 큰 타격을 입을 상황이었다. 병사들은 제갈량에게 전쟁이 끝나면 귀향하겠다고 건의했다.

제갈량은 "나라와 군대를 다스리는 기본은 신뢰다. 노병들은 한

시라도 빨리 집에 돌아가고 싶을 것이고, 부모와 처자식들은 오매불망 기다릴 텐데 잠시의 필요 때문에 백성의 믿음을 저버릴 수 있는가!"라고 말하고는 퇴역 대상 병사들을 속히 고향으로 돌려보내라는 명을 내렸다. 그러자 노병들은 뜨거운 감격의 눈물을 흘리며 군에 남겠다고 했다. "저희는 승상께 크나큰 은혜를 입었습니다. 지금은 한 명의 군사도 아쉬운 때이니 저희는 용감히 적과 싸워 승상께 보답하고 싶습니다."

노병들이 퇴역을 마다하고 싸우겠다는 결의를 보이자 젊은 군사들의 사기도 올라갔다. 제갈량의 명에 따라 노병들은 귀향했지만 촉나라 군대는 군사력이 열세인 상황에서도 위나라 군대와 싸워 승리를 거뒀다. 만약 제갈량이 병사들을 진심으로 위하지 않았다면 그들도 전력을 다해 싸우지 않았을 것이다.

청나라 말기의 정치가이자 학자인 증국번曾國藩은 만물의 운행, 국가의 존립, 성현들의 덕행 등이 시간을 초월하여 영구히 지속되는 이유는 정성이 있기 때문이라고 보았다. 그는 《중용》의 핵심 사상인 '성誠'을 수양의 근본으로 삼았다. 하장령賀長齡에게 보낸 서신에서 증국번은 사회에 만연한 '성의 부재'를 비판했다. 그는 성이란 '순수하게 한 가지 일에만 전념하는 것'이라 정의하면서 공자를 '지성至誠'의 전형적 인물이라고 했다. 인간이 '지성'을 다하면 신의 경지까지 도달할 수 있다고 강조하였기에 증국번은 '성신誠神'이라 불렸다.

북송 시대의 대 유학자 정이程頤는 "정성으로 사람들을 감동시키면 그들도 정성으로 보답한다. 권세로 사람들을 부리면 그들은 겉으로만 승복한다"라고 했다.

　맹자는 "정성스러운 것은 하늘의 도이고, 성실해지기로 마음먹는 것이 사람의 도이다. 정성이 지극한데 움직이지 않는 사람이 없으며, 성실치 아니한데 남을 움직일 수 있는 사람은 없다"라는 말로 성실함과 인간관계의 연관성을 설명했다.

　일본의 마쓰시타松下그룹은 신용을 가장 중요한 가치로 여기는 것으로 유명하다. 그들은 제품을 파는 것은 고객과의 약속이므로 신뢰를 주지 못하면 미래의 시장을 잃는다는 신념을 갖고 있다. 따라서 마쓰시타는 독창적인 아이디어와 실행 방법으로 신용을 중시하는 기업의 이미지를 구축했다.

　간판(브랜드)은 신용의 상징이다. 상점의 신용은 간판으로 상징되고, 고객은 간판을 보고 안심하고 물건을 구매한다. 간판을 세운 지 10년, 혹은 20년이 지났더라도 매일 정성껏 관리해야 한다. 그렇지 않으면 아무리 오래된 간판이라도 한순간에 무너지고 만다.

　과거의 상점 주인들은 '간판'을 아주 소중하게 여겨 간판에 흠집이 날까 매우 조심했다. 간판을 '할애'하는 일도 거의 없어서 전통적인 상점들은 점원으로 최소한 10년 이상 성실하게 일한 사람에게만 같은 상호로 창업하도록 허용했다. 하지만 이제는 상점이나 회사의 업무 변화가 워낙 빨라 간판의 의미가 예전과는 사뭇 달라졌다. 과거에는 장사가 잘 안되더라도 간판으로 버틸 수 있었지만, 요즘에는 품질이 좋지 않거나 신용을 잃으면 간판도 힘을 쓰지 못한다.

　신용을 쌓기까지는 많은 시간이 걸리지만, 무너지는 것은 순식간이다. 오랫동안 공들여 지은 건물이 한순간에 무너지는 것과 같은 이치다. 마쓰시타 그룹의 창업자인 마쓰시타 고노스케는 과거의 신용이나 간판으로 사업을 지속할 수 없다고 강조했다. 그는 신용을 유지하려면 시시각각으로 고객이 무엇을 원하는지 찾아내어 매일 새로운 신용을 쌓아야 한다는 소신을 갖고 있었다.

기업의 신용도를 높이는 관건은 바로 성실한 태도에 있다. 정직하게 회사의 사정을 밝히면 고객은 이해하게 되고, 신용도 높아지게 된다. 시비를 정확히 가리고, 자신감을 가지고 사업을 하는 것은 누구나 아는 성공의 비결이지만 그것을 실천할 수 있느냐의 여부가 성공과 실패를 가른다.

정부의 긴축정책으로 자금 융통이 여의치 않았을 때의 일이다. 마쓰시타 고노스케의 한 친구가 유동자금이 부족하다며 5,000만 엔을 빌려달라고 했다. 사정을 듣고 난 마쓰시타는 친구가 거래처에서 회수하지 못한 금액이 2억 5,000만 엔이라고 하자 당장 5,000만 엔을 회수하라고 했다. 친구가 요즘 시중에 자금이 풀리지 않아 모두 힘든데 어떻게 거래처를 압박하느냐고 난색을 표했다.

마쓰시타는 친구의 말이 틀리지 않다고 생각했지만 "지금 자네가 생사의 기로에 서 있으니 이것을 해결하는 것이 급선무야. 사정을 말하고 좀 일찍 지불해 달라고 부탁하게. 전부를 회수하는 것도 아니고 일부만 달라고 하는 것이니 거래처 몇 군데에서 분명히 사정을 봐 줄 거야."

"하지만 내 사정을 이야기하면 회사의 신용이 떨어질 것 같아"라고 친구가 망설이자 마쓰시타는 결연한 표정으로 친구에게 타일렀다.

"그런 생각은 옳지 않아. 자네는 대금을 회수할 권리가 있고, 거래처는 갚을 의무가 있는 거야. 거래처들은 자네 회사에 문제가 있다고 생각하면 대금을 이래저래 끌면서 안 갚을 거야. 그러나 자네의 어려운 사정을 알면 대금을 앞당겨서 지불할 거야. 거래처에서 돈을 받지도 않고 또 빚을 지는 것은 경영 원칙에도 위반되는 건데, 그러면 경영상태는 더 나빠지고 결국은 신용을 잃지 않겠나?"

마쓰시타의 충고를 따른 친구가 얼마 후 찾아와 이렇게 말했다.

"오늘은 자네에게 고맙다는 말을 하러 왔어. 자네 말대로 거래처들에 사실 그대로 이야기하니 안타까워하면서 미리 대금을 지불해 주더군. 7,000만 엔이 들어왔어. 게다가 나보고 '힘내서 잘 해보라'고 격려까지 하면서 주문도 많이 해 줬네. 나는 체면 때문에 대금 회수에 소극적이었는데, 앞으로는 용기 있게 현실을 직시하면서 사업하겠다고 결심했지."

'성실과 진실함'은 모든 기업과 경영자가 반드시 지켜야 할 소중한 가치이자 원칙이다. 경영자가 '지성'으로 사람들을 감동시키면 힘든 문제나 갈등을 해결할 수 있고 신뢰도 얻게 된다.

> 증자는 말했다. "나는 매일 세 가지에 대해 나 자신을 반성한다. 남을 위해 일할 때 전심을 다하였는가, 벗들과 사귀면서 믿음이 없지는 않았는가, 전수받은 가르침을 반복하여 익혔는가?"
>
> (曾子曰, 吾日三省吾身, 爲人謀而不忠乎? 與朋友交而不信乎? 傳不習乎?)
>
> ─《논어》 '학이學而' 편에서

증자가 자신을 반성하는 잣대로 삼았던 세 가지 사항은 오늘날에도 유용하다. 누구나 타인을 배려하는 마음을 지니고 있다면 정치가 안정될 것이고, 친구를 믿음으로 대하면 사회 전반에 신용이 정착될 것이며, 배움에 게으르지 않으면 국민의 의식 수준이 높아질 것이다. 개인이 자신의 수준을 높이려 노력하고, 이런 분위기가 확산되면 사회 역시 성숙하고 선진화된다.

《시경》에서는 "성실한 마음을 바치면 신령도 감동한다. 엄숙하고 온순한 태도로 말을 삼가면 싸움이 일지 않는다"고 했다.

CEO가 직원들에게서 신임을 받으려면 먼저 믿음을 주어야 한다. 직원들에 대한 믿음은 존중과 관심으로 표현된다. 자신이 존중과 관심을 받는다고 느낀 직원들은 CEO를 신뢰하면서 소속감과 동질감을 갖게 되어 더욱 열정적으로 일하게 된다. 이에 덧붙여, CEO는 직원들의 개성을 파악하여 그에 맞는 관리 방식을 택해야 한다. 자신을 이해하고 적절하게 관리하는 CEO에게 더 큰 신뢰를 보이는 것은 인지상정이기 때문이다.

인문에서 경영의 지혜를 배우다

미국의 다국적 컴퓨터 정보기술 업체 휴렛팩커드HP의 모토는 직원들을 절대적으로 신뢰하는 것이다. 개방적인 관리 방식, 열쇠가 없는 실험실, 부품 창고 등은 직원들에 대한 믿음 없이는 불가능한 것이다. 휴렛팩커드의 설립자 빌 휴렛은 말했다. "우리 회사의 모든 정책과 실행은 직원들이 열심히 일하고, 뭔가를 창조할 것이라는 믿음에서 출발했다. 그들에게 적당한 환경만 만들어 준다면 분명히 기대에 부응할 것이다. 우리는 직원들의 개인적인 성취를 인정하고 인격을 존중한다. 존엄성과 가치는 휴렛팩커드를 유지하는 지극히 중요한 요소다. 그래서 우리는 몇 년 전부터 출퇴근 카드를 없앴고, 탄력근무제flex time를 도입했다. 이런 시스템은 직원들이 자유롭게 근무 시간을 선택하게 하려는 목적도 있지만, 회사가 그들을 믿기 때문에 실시하는 것이다."

믿음은 일방적인 관계가 아니고 '이심전심'으로 소통할 때 생기는 것이다. 직원들을 믿는 것은 그들에게 자신을 증명할 기회를 준다는 의미이기도 하다. 어느 회사에나 '밉상'인 직원들이 있다. 그들은 적극적으로 업무에 임하지 않고, 동료들에게 비협조적이며, 눈만 높고 능력은 부족하다. 이런 직원들을 다루는 가장 좋은 방법은 포기하는 것이 아니라 적당한 업무를 배분해 주는 것이다. 이들 중 상당수가 능력이 없다기보다는 자신에게 맞는 일을 할 기회가 없어 회사에서 겉돌기 때문에 '밉상'이라는 낙인이 찍힌 것이다. 따라서 이들의 능력을 믿고 장점을 발휘할 수 있도록 해야 한다. 그렇지 않고 선입견을 가지고 월급 값 못하는 무능한 직원이라는 꼬리표를 붙이면 회사에 유익한 인재를 잃을 수 있다. 실제로 이런 직원들이 일단 상사의 인정과 신뢰를 얻으면 잠재력을 유감없이 발휘하여 뛰어난 성과를 올리고, 남다른 애사심을 보인다.

마쓰시타 고노스케 회장은 언제나 성실하고, 예의를 갖춰 사람을 만나고 일을 추진하면 성공할 수 있다고 믿었다. 그는 제품을 팔 때 자사의 이익만을 생각하지 말고 고객이 얻을 수 있는 이점도 알리는 기술이 필요하다고 했다. 예를 들어 새로운 공작기계를 제작했다면 이를 사용하는 공장은 생산성을 높일 수 있다는 사실을 설득시키고, 신제품의 편리함과 이익을 쉽게 설명할 수 있어야 한다. 즉 영업 사원은 단순히 제품을 파는 데 그치지 않고 상품 홍보에 대한 전문성을 갖춰야 한다.

만약 영업 사원이 "이번 신제품은 종전보다 3배 이상의 이익을 보장합니다. 이 제품을 사시면 절대 후회하지 않으실 겁니다"라고 말하면 고객의 마음을 움직이기 힘들다. 이보다는 "저희 회사의 최신 제품은 제가 보기에 꽤 괜찮습니다. 귀사에서 한번 시험적으로 사용해 보실 의향은 없으신지요? 분명히 좋은 점을 발견하실 수 있을 거라 생각합니다"라고 말하면 시큰둥해하던 고객으로부터 호감을 살 수 있을 것이다.

공자는 말했다. "부유함과 귀함은 사람들이 바라는 바이지만 그것이 정당하게 얻은 것이 아니라면 누려서는 안 된다. 가난함과 천함은 사람들이 싫어하는 바이지만, 그것이 정당하게 얻어진 것이 아니라 하더라도 벗어나려 해서는 안 된다."

(子曰, 富與貴, 是人之所欲也, 不以其道得之, 不處也. 貧與賤, 是人之所惡也, 不以其道得之, 不去也.)

— 《논어》 '이인里仁' 편에서

마쓰시타는 가장 이해하기 힘든 것이 사람의 성격이라고 생각했다. 사람은 본능적으로 이익에 끌리지만, 동시에 이익으로도 움직일 수 없는 면이 있다. 누가 이익에 잘 넘어가는지 혹은 그렇지 않은지를 알아차리기란 결코 쉽지 않다. 하지만 '인성의 절반은 이익이라는 유혹에 넘어가지만, 절반 정도는 이익에 동하지 않는다'고 이해하면 다른 사람을 설득하기가 좀 더 쉬워진다. 만약 사자에게 고기 한 덩어리를 던져 주면, 사자는 던져 주는 사람의 태도에 상관없이 배가 고프면 덥석 집어 먹는다. 하지만 사람은 그렇지 않다. 어떤 사람에게 도움을 주더라도 성의를 보이지 않는다면 받는 사람은 불쾌해한다.

인간은 감정의 동물이므로 관용과 믿음이 뒷받침될 때 좋은 관계를 맺게 된다. 경영자가 직원의 입장에 서서 이해하고 배려하면 직원들의 마음을 얻을 수 있다. 그러면 그들은 업무에 최선을 다하고, 이는 곧 기업의 경쟁력 향상으로 이어진다.

신뢰를 잃는 것은 모든 것을 잃는 것과 같다

자공이 정치에 대해 묻자 공자가 말했다. "양식을 넉넉하게 하고, 군대를 충분히 양성하며, 백성으로부터 믿음을 얻는 것이다." 자공이 물었다. "부득이하게 반드시 버려야 한다면 이 세 가지 중에서 어느 것을 먼저 버려야 합니까?" 공자가 말했다. "군대를 버려야 한다." 자공이 물었다. "부득이하게 반드시 버려야 할 것이 있다면 이 두 가지 중에서 어느 것을 먼저 버려야 합니까?" 공자가 말했다. "양식을 버려야 한다. 누구나 죽게 되지만 백성의 믿음이 없으면 (나라는) 존립할 수 없다."

(子貢問政. 子曰, 足食, 足兵, 民信之矣. 子貢曰, 必不得已而去, 於斯三者何先? 曰, 去兵. 子貢曰, 必不得已而去, 於斯二者何先? 曰, 去食. 自古皆有死, 民無信不立.)

- 《논어》 '안연顏淵' 편에서

신용은 사업가의 밑천이자 좋은 이미지를 얻을 수 있는 결정적 요소다. 신용이 좋은 사업가일수록 성공 가능성도 높다.

인문에서 경영의 지혜를 배우다

한 기업의 경영자는 어떤 상황에 처하든지, 어떤 일을 하든지 자신이 한 말에 대해 책임을 져야 한다. 자신의 행동으로 사람들을 움직이고 때로는 약속을 지키기 위해 희생하고 포기할 줄도 알아야 한다.

한나라 영제靈帝 말기에 화흠華歆과 왕랑王朗이 배를 타고 피난을 가고 있는데 한 사람이 배에 태워 달라고 애원했다. 화흠이 망설이자 왕랑이 "마음을 좀 크게 쓰게. 저 사람을 태워 준다고 해서 잘못될 게 뭐가 있겠나?"라며 배에 태워 주었다. 얼마 후 강도가 쫓아오자 왕랑이 빨리 도망가기 위해 태웠던 사람을 물에 던지려고 했다. 그러자 화흠이 왕랑에게 한마디 했다. "내가 망설였던 이유가 바로 이거네. 저 사람을 받아들인 것은, 달리 말하면 저 사람이 자신을 우리에게 맡겼다는 뜻이야. 그런데 우리가 어렵다고 해서 약속을 저버리고 죽음으로 몰아넣어서야 되겠나?"

약속을 지키는 것은 개인에게는 선행이라 할 수 있지만, CEO에게는 반드시 지켜야 할 덕목이다. 하지만 CEO들 중에는 책임질 생각도 별로 없이 약속을 남발하고, 쉽게 약속을 어겨서 좋지 않은 인상을 남기는 사람들이 많다. 약속이나 맹세는 쉽게 하지 말고, 지키기 힘든 일에 대해서는 절대로 응낙해서는 안 된다.

《주역》에서는 "말은 입에서 나가 다른 사람에게 영향을 끼치고, 행위는 사소한 것이라도 오랫동안 영향을 미친다"라고 했다.

사람들은 말과 행동은 일치해야 한다고 생각하므로 그렇지 못한 사람은 신용을 잃고, 공인일 경우 사회적으로 매장을 당할 수도 있다. 언행일치는 인격을 평가하는 중요한 잣대이고, CEO에게는 더욱 갖추어야 할 요건이다.

《시경》에는 "흰 비단에 생긴 얼룩은 지울 수 있지만 말로 남긴 오점은 지우기가 힘들다"라는 구절이 있다.

CEO는 신뢰를 주기 위해서는 자신이 한 말은 꼭 지키고, 행동은 과감하게, 지시나 명령은 꼭 집행되도록 하고, 제도를 쉽게 바꿔서는 안 된다.

프로이센의 육군 원수 게브하르트 레베레히트 폰 블뤼허Gebhard Leberecht von Blüche는 신의를 생명처럼 여긴 장군이었다. 워털루 전투를 치르고 있던 웰링턴 공작을 지원하기 위해 그는 대규모 부대를 이끌고 험한 산을 넘어야 했다. 급박한 전황을 생각하면 분초를 다퉈 빨리 가야 했지만 병사들은 피로에 지친 데다 진흙탕 길을 걷느라 속도가 나지 않았다. 블뤼허는 계속해서 빨리 전진하라고 독려했지만 병사들은 너무 지쳐 걸음을 재촉하지 못했다. 블뤼허는 "우리는 약속한 시간까지 목적지에 도착해야 한다. 우리가 형제 부대를 돕기 위해 출정길에 올랐다는 사실을 잊었는가? 내가 믿음을 저버리지 않게 도와달라!"라고 호소했다. 블뤼허가 진심에서 우러나온 격려를 하자 이에 힘을 얻은 병사들은 마침내 약속한 시각에 워털루에 도착했다.

블뤼허는 동맹군과의 신의를 지키기 위해 병사들을 격려했고, 그들은 격려를 정신력으로 승화하여 승리를 거뒀다. 중국 역사에도 신의를 지켜 승리한 사례들이 적지 않다.

명나라를 세운 주원장은 처음 군사를 일으켰을 때 채석기에서 승리를 거둔 후 집경集慶으로 들어가 진조선陳兆先의 군대를 격파했다. 그는 항복한 진조선의 군사 가운데 정예병 500명을 선발하여 자신의 부대에 편입시켰다. 하지만 적군이었던 그들은 언제 죽을지 몰라 눈치만 살피며 불안해했다. 이 사실을 알아차린 주원장은 대책을 고민하다 믿음을 심어 주어야 한다고 판단했다. 주원장은 그들을 자신의 병영으로 들어와 함께 자도록 하는 한편 원래 자신을 호위하던 병사들을 다른 병영으로 보냈다. 주원장이 숙면을 취하는 것을 지켜본 진조선의 군사들은 주원장이 자신들을 신임한다는 사실에 감격했다. 그 결과 군대의 사기가 올랐고 원나라 군대를 상대로 승리를 거두었다. 나중에는 남경으로 진격하였는데, 이때도 진조선 출신 정예병들은 큰 공을 세워 주원장의 신임에 보답했다.

이 일화에서 알 수 있듯이 믿음을 주지 못한 리더는 아랫사람을 거느릴 수 없고, 더욱이 마음속으로부터 순종하게 만들 수 없다.

CEO는 약속을 쉽게 해서는 안 되고, 일단 한 약속은 큰 대가나 희생을 치르더라도 지켜야 한다. 약속을 지킬 수 없게 되면 체면을 버리고 상대에게 사정을 솔직히 털어놓고 양해를 구해야 한다.

간절하고 정성스런 태도는 고객의 신뢰를 높이는 지름길이다. 광고나 선전으로 매출을 높이던 시대는 이미 지나갔다. 진정성 있고 성실한 자세가 판매 촉진의 원동력이므로 어떻게 고객 감동을 끌어낼 수 있는지 고민해야 한다.

마쓰시타 고노스케는 언어로 표현되는 느낌이야말로 상대를 움직이는 가장 큰 요소라고 말했다. 기발한 마케팅 전략이 없을 때는 직원들에게 고객을 감동시킬 만한 태도를 가르쳐야 한다. 회사나 상점은 각자의 판매 방침을 갖고 있지만, 고객의 지갑을 열게 만드는 것은 대개 소비자들을 직접 대하는 판매 사원의 노력과 열정이기 때문이다.

공은 나누고 책임은 떠안는 것이
최상의 용인술이다

"말은 반드시 믿음직스러워야 하고, 행동은 반드시 과단성 있어야 한다."
(言必信, 行必果.)

— 《논어》 '자로子路' 편에서

자공이 스승 공자에게 물었다. "어떻게 하면 선비라고 할 수 있습니까?" 공자는 "자신의 행실을 부끄러워할 줄 알고, 여러 나라에 사신으로 가서도 임금의 명령을 원만하게 수행할 수 있다면 최고의 선비라 할 수 있다"고 대답했다. 자공이 또 물었다. "그다음 수준의 선비는 어떤 사람입니까?" 공자는 "효성스럽다는 말을 듣는 사람이다"라고 대답했다. 자공이 또 물었다. "그다음 단계의 선비는 어떠합니까?" 공자가 대답했다. "말이 믿음직스럽고, 과단성 있게 행동하는 사람이다."

최고경영자가 존경을 받으려면 사심 없이 이타적으로 행동하고, 남들과 감정적으로 통할 수 있어야 한다.

카리스마 있는 CEO들은 감정의 중요성을 잘 알고 있기에 감정적으로 사람들의 마음을 사로잡는 방법, 즉 상대에게 공을 돌리고 자신은 낮춘다거나 실수를 용기 있게 인정하는 행동 등을 배워서 실천한다.

사람에게는 남들에게 인정받고 싶은 욕망이 있다. 또 최소한 무시당하거나 홀대받지 않기를 원한다. 어떤 일에 최선을 다한 사람이 긍정적인 평가나 인정을 받지 못하면 심리적으로 큰 타격을 입기도 한다. 경영인이라면 상대의 존재 가치를 부정하는 등의 언행을 삼가야 한다.

《좌전左傳》(노魯나라의 역사책인 좌전은 '춘추좌씨전'이라고도 한다)에 나오는 이야기다. 성공成公 2년에 노나라와 위衛나라는 제齊나라에 정복당할 위기에 빠지자 진晉나라에 제를 정벌해 달라고 청원했다. 이에 진나라는 대장 욕극郤克이 중군을 지휘하고, 사섭士燮과 난서欒書를 각기 상군과 하군의 지휘관으로 임명하여 대대적으로 제나라를 공격해 승리했다. 진나라의 경공景公이 개선한 군대를 위로하는 자리에서 "이번 승리는 장군들이 잘 싸워 준 덕분이다"라고 치하했다. 이에 욕극이 "아닙니다. 폐하께서 저희를 잘 이끌어 주셨고, 군사들이 열심히 임무를 수행한 결과입니다. 어떻게 제가 공을 세웠다고 말할 수 있겠습니까!"라고 했다. 사섭은 "순경荀庚 장군의 탁월한 지휘와 욕극

장군의 교묘한 전략이 승리를 이끌어 냈습니다. 저는 아무런 공도 세우지 못했습니다"라고 말했다. 난서는 "사섭 장군의 명령은 태산처럼 무게가 있고, 군사들은 전력을 다해 싸웠습니다. 하지만 저는 무엇 하나 제대로 한 것이 없습니다"라고 했다. 승리한 군대의 장군들이 공을 내세우지 않고 겸손하게 상대를 높이는 언행에 군사들은 깊은 감동을 받았다.

공로는 다른 사람의 몫으로 넘기고 실수는 자신이 떠맡는 사람은 지극히 현명하다고 할 수 있다. 명예와 칭찬은 한 사람이 독점하지 말고 주위 사람에게 나누어 주어야 시기와 질투가 부르는 화를 면할 수 있다. 반면 수치스러운 행동이나 불명예는 다른 사람들에게 떠넘기지 않고 자신의 책임으로 돌릴 때 행운이 찾아온다.

현명한 CEO는 아랫사람들과 더불어 공로를 나누고, 때로는 자신이 이룩한 성과도 다른 사람의 것으로 돌리는 행동을 취한다. 이런 면모는 직원들을 감동시키기에 충분한 최상의 용인술이다.

시장은 치열한 경쟁이 이루어지는 곳이지만, 이제는 경영관과 환경의 변화 때문에 경영자들 간의 껄끄럽고 날선 대립이 함께 협력을 논하는 관계로 바뀌고 있다. 그들이 협력하게 된 것은 지식과 자원의 공유와 효과적인 이용, 시장 개척의 필요성 증대 등에서 기인한다. 경쟁자와 상호 보완적 성격이 있는 부문에서는 감정을 배제하고 협력함으로써 다변화하는 시장에서 생존력을 높일 수 있다. 예를 들어 기술 집약적 사업을 하는 기업은 방대한 연구개발R&D 비용과 리스크를 분담하기 위해 경쟁사와 손을 잡아 비용을 절약하고 경쟁력을 높인다.

근대 이후 발전을 거듭한 기업은 이제 '협력적 경쟁'의 단계로 진화했다. 기업들은 경쟁 관계의 라이벌 기업들과도 전략적으로 제휴하여 윈윈 효과를 거둔다. 실력과 우수한 시스템을 갖춘 기업과 경쟁하면 혁신과 변화를 꾀할 수 있고, 상대의 장점을 흡수하면 자사의 발전에 도움이 된다. 코카콜라와 펩시콜라가 그 대표적인 사례다.

같은 업종의 기업들은 고객의 요구에 부응하기 위해 공정하게 경쟁하고 협력하여 신뢰를 높이기도 한다. 경쟁이 치열하면 기업들 간에 적대감이 생기기 마련이다. 경쟁의식을 떨치기는 힘들지만 기업의 궁극적인 목적이 경쟁이 아니라 이익창출에 있으므로 과도한 경쟁을 피하면서 타 업체들과 우호적인 관계를 유지해야 한다.

만약 고객이 가게에 들어와 특정 상품을 사려고 하는데 마침 재고가 없다면 어떻게 해야 할까? "죄송합니다. 그 물건이 다 떨어졌는데요"라고 말하면 손님은 불친절하다고 느낄 것이다. 하지만 "정말 죄송합니다. 방금 전에 물건이 다 팔렸습니다. 내일 오시면 준비했다가 드리겠습니다"라고 한다면 고객은 그런대로 만족할 것이다. 그러나 미안하다는 말만 할 것이 아니라 "저희 가게에는 없지만 옆 가게에는 있을 것 같은데요"라고 한다거나 물건을 갖추고 있을 것 같은 가게에 전화를 걸어 재고를 확인해 준다면 가게의 신용이 한층 올라갈 것이다. 물론 옆 가게와 사이가 별로 좋지 않다면 이런 권유도 할 수 없을 것이다. 평소에 동종업계 사람들과 친하게 지내면서 서로 손님을 공유할 수 있다면 여러 가지 면에서 도움을 얻고 고객을 잃지 않을 수 있다.

마쓰시타 고노스케는 기업 간 경쟁에 대해 이렇게 말했다.

"사업을 하다 보면 경쟁을 피할 수 없다. 하지만 곰곰이 생각해 보면, 그 누구도 경쟁하기 위해 사업을 하지는 않는다. 가슴을 열고 넓은 아량을 가지면 고객도 기업을 더 신뢰하게 된다."

큰 성공을 바란다면
작은 이익에 연연하지 말라

공자가 말했다. "군자는 의리에 밝고, 소인은 이익에 밝다."
(子曰, 君子喻於義, 小人喻於利.)

– 《논어》 '이인里仁' 편에서

군자는 어떤 일을 해야 할 때 도덕적으로 문제가 없는지를 따지지만,
소인은 이익이 되는지에만 관심이 있다.

미국의 헨리 식품회사 사장 헨리 호킨스는 자사 제품의 신선도 유
지를 위해 사용하는 첨가제가 인체에 유해하다는 실험 보고서를 받았
다. 치명적이지는 않지만 장기간 먹으면 몸에 좋지 않다는 사실이 호
킨스를 고민에 빠지게 했다. 첨가제를 사용하지 않으면 보존 기간이
줄어들어 회사가 손해를 보게 되고, 이 사실을 공개하면 같은 첨가제

인문에서 경영의 지혜를 배우다

를 쓰는 동종 업계의 반발을 살 것이 불을 보듯 뻔했기 때문이다. 여러 가지 가능성을 검토한 그는 용기를 내서 첨가제가 인체에 유해하다는 사실을 공개했다.

호킨스의 양심선언에 식품가공 업계는 반발했고 인신공격까지 서슴지 않았다. 대리점들도 헨리사의 제품을 보이콧했다. 집중포화를 맞은 헨리사는 파산 일보 직전까지 몰렸다.

식품 첨가제의 유해성 논란이 4년이나 계속되자 호킨스는 회사 문을 닫아야 할 정도로 힘들었지만 어린아이들까지도 알아볼 정도로 유명해졌고, 정부의 지지도 얻었다. 상황이 호전되면서 방부제를 넣지 않은 헨리사의 제품들은 불티나게 팔려 나갔다. 힘든 싸움에서 이긴 헨리사의 규모는 두 배가 되었고, 호킨스는 미국 식품가공 업계의 선두주자로 부상했다.

중국 역사를 살펴봐도 정직한 상인들을 어렵지 않게 발견할 수 있다. 동한 시대의 임하任賑와 명나라 때의 이의李疑가 그 대표적인 인물이다.

임하는 젊은 시절 가난하여 생선을 팔아 가계를 꾸려 나갔다. 강직한 성격의 그는 속임수나 얄팍한 상술을 쓰지 않았다. 한번은 관에서 대량으로 생선을 사들이는 바람에 가격이 폭등했지만 임하는 원래 가격대로 생선을 팔았다. 도매상은 의리를 지키는 임하의 인품에 반해 다른 곳과는 거래하지 않고 임하가 가져오는 생선만을 구매했다. 이 일을 계기로 임하의 장사는 크게 번성하게 되었다.

임하가 친구와 외지로 가축을 사러 갔을 때의 일이다. 두 사람은 저당 잡힌 소 여덟 마리를 샀는데, 주인이 찾으러 왔을 때 가격은 저당가보다 열 배나 오른 상태였다. 임하의 친구는 당연히 오른 가격을 받고 소를 돌려주려 했으나 임하는 저당 잡혔을 때의 가격만 받으려 했다. 친구도 미안한 마음에 임하와 같이 저당 가격만큼 받고 소를 주인에게 돌려주었다.

이후로 임하의 이름이 널리 알려지자 가축을 팔려는 사람들이 몰려들었다. 임하가 자금이 부족하여 가축을 사지 못하게 되면 상인들은 선뜻 외상으로 팔았다. 장사가 흥하고 임하의 이름이 널리 알려지자 조조曹操가 그에게 관직을 주었다. 관리가 된 임하는 청백리로 더욱 이름을 떨쳤다.

명나라 초기에 이의는 수도인 금릉金陵에서 객잔을 열었다. 당시 객잔들의 손님이 묵는 방은 머리를 숙여야 할 정도로 천장이 낮고 침대 한 개만 달랑 있는 등 좁고 누추했다. 손님들은 대부분 새벽이면 나가서 밤이 깊어서야 돌아왔는데, 양치질할 물도 직접 준비해야 할 정도로 서비스가 형편없었다. 게다가 한 달에 한 번씩 계산하는 숙박료는 아주 비쌌다. 제때에 숙박료를 치르지 못하는 손님은 주인에게 욕을 먹어야 했고, 심하면 고발을 당하기도 했다. 객잔 주인은 손님이 병이 들면 곧바로 쫓아냈고, 목숨이 경각에 달린 손님은 숨을 거두기도 전에 수레에 실어서 객잔 밖으로 내보내면서 수중에 지닌 돈과 귀중품을 가로챘다. 임신부가 출산하려 하면 재수가 없다며 내쫓을 정도로 객잔의 주인들은 인정이 없었다.

이의는 여느 객주들과는 천양지차였다. 이부吏部의 관리 출신인 범경순范景淳이 중병에 걸렸지만 보살펴 줄 사람이 없어 이의를 찾아와 사정을 했다. "내가 불행히도 큰 병에 걸렸는데 돌봐 줄 사람이 아무도 없는 처지네. 주인장이 아주 의로운 사람이라는 말을 듣고 찾아왔소만, 내가 쉴 만한 침대 하나만 내줄 수 있겠소?" 이의는 깨끗한 방 하나를 내주고 의원을 모셔와 치료하게 한 뒤 직접 죽을 끓여 주고 약 시중도 들었다. 그뿐 아니라 매일 아침저녁으로 말동무도 되어 주었다. 병이 깊어져 범경순이 거동을 못하고 대소변도 가리지 못하는 상황이 되자 이의는 날마다 몸을 닦아 주면서도 얼굴 한 번 찡그리지 않았다. 범경순은 감격한 나머지 눈물을 흘리며 이의에게 유언을 남겼다. "내가 갈 날도 얼마 안 남은 것 같소. 이 은혜를 갚을 길이 없어 너무 미안하오. 많지는 않지만 내가 금과 은 40량을 넣은 주머니를 전에 머물렀던 객잔에 놓고 왔으니 찾아서 쓰시오. 나의 작은 보답이오." 이의는 "어려울 때 서로 돕는 것은 당연한 일입니다. 대인께서 보답을 하시겠다니 송구스럽습니다"라며 사양했다. 그러자 범경순은 "주인장이 갖지 않으면 내가 죽은 후에 다른 사람이 가져갈 것이오. 부디 받아 주시기 바라오"라고 말했다. 이의는 하는 수 없이 범경순의 동향 사람과 함께 객잔에 가서 주머니를 찾아와 범경순 앞에서 열어 금액을 확인했다. 며칠 후 범경순이 죽자 이의는 자신의 돈으로 관을 사서 임시로 매장한 후 범경순의 아들에게 그간의 사정을 쓴 편지와 돈이 든 주머니를 보냈다. 편지를 받아 본 범경순의 아들이 아버지의 관을 찾으러 와 사례를 했지만 이의는 끝내 사양했다. 이의의 선행이 전해지면서 객잔은 날로 번성했다.

임하와 이의의 상도의는 '의義'라는 한 글자로 압축된다. 이기적이고 돈밖에 모르면서 도덕성이라고는 눈곱만큼도 없는 일부 몰지각한 사업가들은 일시적으로는 성공할지 몰라도 큰 성공이나 명예를 얻을 수 없다.

정당하게 얻은 성공이 아니면
사상누각일 뿐이다

공자가 말했다. "부유함과 높은 지위는 모든 사람이 바라는 것이지만 그것이 정당하게 얻은 것이 아니라면 누려서는 안 된다. 가난함과 천함은 사람들이 싫어하는 것이지만 어쩔 수 없이 그렇게 된 것이라도 벗어나려 해서는 안 된다. 군자가 인을 버리고 어떻게 명성을 얻겠는가? 군자는 밥을 먹을 때에도 인을 버리지 않고, 황급할 때에도 반드시 인을 지키며, 곤경에 처하여서도 반드시 인을 지킨다."

(子曰, 富與貴, 是人之所欲也, 不以其道得之, 不處也, 貧與賤, 是人之所惡也, 不以其道得之, 不去也, 君子去仁, 惡乎成名? 君子無終食之間違仁, 造次必於是, 顚沛必於是.)

― 《논어》 '이인里仁' 편에서

뛰어난 문학가이자 정치가이며 당송팔대가의 하나로 꼽히는 유종원柳宗元이 쓴 《편가鞭賈》에 나오는 이야기다. 말채찍을 파는 수완 좋은 장사꾼이 있었다. 그가 취급하는 말채찍은 품질은 좋지 않지만 화려한 장식으로 유명해서 5,000전에 불과한 원가보다 열 배나 비싼 가격에 팔렸다. 어느 날 철없는 부잣집 도령이 이 채찍을 5만 전에 샀다. 그가 친구들 앞에서 채찍을 자랑하며 말을 부렸지만 채찍이 시원치 않아 말은 꿈쩍도 하지 않았다. 화가 난 도령이 힘껏 채찍질을 하자 채찍의 손잡이가 두 동강이 났다. 그때서야 화려한 모양과는 달리 채찍의 재료가 썩은 나무임을 알아차린 도령이 장사꾼을 찾아가 항의했다. 장사꾼은 이미 판 물건에 대해서는 책임질 수 없다며 돈을 돌려주지 않았다. 화가 난 도령은 사람들을 불러 모아 양심 없는 장사꾼의 행각을 폭로했다. 삽시간에 소문이 퍼지면서 이 장사꾼은 신용을 잃어 더 이상 장사를 할 수 없게 되었다. 어리석은 부잣집 도련님을 속여 의기양양했지만 결국은 자기 밥그릇을 깨 버리는 자업자득이 이 이야기의 주제다. 돈을 벌려면 사람의 마음을 얻어야 하고, 정정당당하게 돈을 벌려면 고객을 기만해서는 안 된다. 돈을 버는 방법이 옳지 않으면 결국에는 돈을 잃게 된다.

순자荀子는 말했다. "사람은 나면서부터 욕망이 있는데, 바라면서도 얻지 못하면 추구하지 않을 수 없고, 추구함에 기준과 한계가 없다면 다투지 않을 수 없게 된다. 다투면 어지러워지고, 어지러워지면 궁해진다."

무슨 일을 하든 의롭지 못한 방법으로 부를 축적해서는 안 된다. 정당한 방법으로 돈을 벌어야 성공적인 삶을 살면서 진정한 부를 얻고 사람들의 인정을 받게 된다.

생각은 행동을 지배하고, 신념은 실천으로 이어진다. IBM의 서비스 마인드는 성실, 신뢰, 예의 등으로 구체화되었고, 이것은 특유의 기업 문화로 자리 잡았다. 서비스는 기업의 신뢰와 이미지를 쌓을 때 결정적인 역할을 하므로 '질 높은 서비스'는 일찍부터 경영의 핵심 화두가 되었다. IBM은 서비스를 기업 문화 발전의 기조로 삼아 경영, 관리, 연구개발, 재무, 회계, 직원 트레이닝 등 모든 부문에 적용했다. 세계적인 기업으로서 IBM은 "모든 것이 완벽하지는 않다" "냉혹하다" 등의 평가를 받기도 하지만, 흔들리지 않는 기업 문화는 모든 구성원에게 자긍심을 심어 주었다. 이 자긍심은 결국 IBM이 목표와 비전을 향해 나아가는 추동력이 되었다.

IBM은 사람을 대할 때 가장 중요한 것은 '존중'이라고 강조한다. 직원들의 성격과 능력을 파악하여 업무상 필요한 교육과 훈련을 받도록 함으로써 직무를 성공적으로 수행하도록 하는 것이 IBM이 직원을 존중하는 방식이다. 회사에서 꾸준하게 직원들을 교육시키는 목적은 풍부한 지식과 열정적인 태도를 갖게 하여 자신감을 심어 주고, 적극적으로 업무에 임하고 고객의 요구를 만족시키도록 하기 위해서다. 또한 실적제merit system는 업무에 대한 열정을 불러일으키고, 일반 직원과 관리자급 임원이 쌍방향 소통을 하도록 만든다.

IBM은 모든 구성원이 무슨 일을 하든 최선의 성과를 내도록 요구하지만, 이보다는 이상적인 목표를 세워 개인의 발전을 도모하도록 유도한다. 비록 1993년 종신고용제를 포기하기는 했지만 개인을 존중하는 기업문화는 더욱 공고해졌다.

'최고의 서비스'는 IBM이 지향하는 목표로, 직원들이 고객에게 최고의 서비스를 제공하도록 회사는 적극적으로 지원하고 있다. 고객이 지속적으로 제품과 서비스에 만족해야 충성도가 높아진다는 원칙에 따라 IBM은 직원들이 고객을 정확히 이해하고, 현재와 미래의 수요를 파악하도록 교육한다. 고객이 제기한 요구사항을 100% 만족하도록 한다는 사내 방침 때문에 직원들은 극심한 스트레스를 받기도 한다. 고객을 한 명이라도 잃으면 그 이유를 철저히 분석해야 하기 때문이다. 이 시스템은 일반 직원은 물론이고 최고경영자에게도 예외 없이 적용된다.

한 집단이 목표를 위해 매진하게 되면 개인에게 요구하는 것도 많아진다. IBM은 직원들에게 스스로 실적 목표를 세우도록 격려한다. 예를 들어 한 직원이 1년에 100만 달러의 매출을 올릴 수 있다면 실적 목표를 120만 달러로 설정하게 한다. 또한 회사는 제품의 품질이 업계 최고를 유지하는 데 심혈을 기울인다. IBM의 경영은 최고를 지향하는 목표 달성에 집중되어 있다. 이를 위해 회사의 주력인 매니저들은 경영 환경 전반을 이해하면서 직원들과 하나가 되어 목표를 달성하고, 세부적인 문제들을 해결한다.

직원들은 주주들에 대한 책임을 분명히 하기 위해 노력한다. 투자자인 주주들은 수익을 보장받아야 지속적으로 투자하기 때문이다. IBM은 하청업체들과는 공평하고 쌍방이 장기적으로 원원하는 합리적인 계약관계를 맺고 있다.

IBM은 우량기업이 되겠다는 의지를 기업 문화에 포함시키고 있다. 대중의 수요와 회사의 이익은 일치한다는 사실을 잘 알고 있는

인문에서 경영의 지혜를 배우다

IBM은 사회, 더 나아가 세계적으로 기여하기 위해 봉사활동과 공익 사업에 활발히 참여하고 있다. 일례로, 10여 년 동안 중국의 교육 발전을 위해 7억 위안을 기부하여 기업 이미지를 높였다. 이 밖에도 직원들에게 공평한 경쟁 기회를 제공하기 위해 인종, 종교, 국적, 나이, 성별 등에 대한 차별을 철폐했고, 근무 환경 개선과 건강을 위한 프로그램들을 마련했다.

기업의 최종 목표는 이윤 추구이고, 고객은 기업의 생존과 발전을 위한 토대로서 이윤을 가져다주는 주체다. 이를 위해 기업들은 고객의 진정한 요구를 만족시킬 수 있는 경영을 해야 한다. 그중에서도 충성스러운 고객과 깊이 연계하는 문제는 경영의 중심이자 출발점이다. 고객 확보는 일시적인 성과에 불과하지만, 꾸준한 연계는 기업의 발전에 큰 도움이 된다. 실제로 오랜 고객을 잘 관리하는 편이 새로운 고객을 끌어들이는 것보다 비용이 훨씬 적게 들어 더 경제적이다. 고객 확보는 경쟁에서 이기는 관건이므로 IBM은 '한번 고객은 영원한 고객이다'라는 모토 아래 노력을 게을리하지 않고 있다. 영업 사원은 고객과 긴밀한 교류를 통해 유대감을 형성한다. 고객 담당 매니저는 주요 고객과 그 가족의 생일에 꽃다발과 선물로 축하해 주고, 인맥을 활용하여 고객 자녀의 진학, 취업 등의 문제를 해결해 주기도 한다. 꽃을 좋아하는 고객에게는 꽃씨와 비료를 보내기도 하고, 각종 행사나 콘서트 등에 초대하여 세심한 관심을 표시한다. 개인적인 관계를 이용한 영업 방식은 기업이 과도하게 영업 사원에게 의존하게 되는 폐단을 초래하므로 개인적인 관계를 기업에 대한 친밀감으로 변화시켜 고객이 기업의 전략적 파트너가 되도록 하는 정책도 병행하고 있다.

IBM은 한 기업의 성패는 신념의 힘, 구성원의 능력, 지혜에 의해 좌우된다고 믿는다. 이에 따라 공동의 비전과 목표를 세워 직원들이 함께 매진하도록 격려하는 데 많은 노력을 기울이고 있다.

기업이 생존하고 나아가 성공하려면 정책과 실천의 잣대가 될 수 있는 이념 체계를 만들어야 한다. 그다음으로는 모든 구성원이 회사의 이념을 반드시 준수하면서도 변화하는 환경에 적응할 수 있는 융통성 있는 사고를 길러야 한다.

인문에서 경영의 지혜를 배우다

상도를 지키는 만큼 브랜드에 대한 신용이 쌓인다

공자가 말했다. "군자는 이 세상의 어떤 일이든지 오로지 그래야 한다고 고집하지 않으며, 절대 해서는 안 된다고 주장하지도 않는다. 다만 의로움에 입각해 행동한다."

(子曰, 君子之於天下也, 無適也, 無莫也, 義之與比.)

— 《논어》 '이인里仁' 편에서

공자는 군자가 세상에 발을 붙이고 살 수 있는 까닭은 군자가 살기에 부적합한 환경도, 할 수 없는 일도 없기 때문이라고 했다. 군자는 인간이나 사물을 기준으로 삼지 않고 단지 대의에 입각하여 행동한다. 군자가 정의를 행동의 기준으로 삼듯이, 자기 분야에서 경영자가 성공하려면 인격을 높이고, 상도덕을 지켜야 한다. 즉 경영의 정도는 높은 안목과 관용의 정신을 갖추고, 신용과 명예를 중시하는 것이다.

현대 그룹 고故 정주영 회장은 한국전쟁 당시 건설업에서 출발하여 기반을 마련하면서 적지 않은 어려움에 직면했다.

1953년에 그가 운영하던 현대건설은 대규모 교량 건설을 수주했다. 전쟁이 끝나지 않아 물자 조달이 여의찮았으므로 총 건설비용이 계약보다 6배나 초과할 것으로 예상되는 데다 2년 안에 준공해야 하는 상황에 놓였다. 험난한 공사를 우려한 한 지인이 정주영에게 손해를 보지 않으려면 시공을 중단하라고 권했다. 하지만 그는 금전적 손해는 별것 아니지만, 신용을 잃는 것은 심각한 일이라 생각하여 파산할지언정 공사는 예정대로 추진하기로 마음먹었다. 뚝심으로 공사를 밀어붙인 정주영은 원래 계약대로 다리를 완공했다.

이 공사로 정주영은 파산 직전까지 내몰리는 큰 손해를 입었지만 신용 있는 사업가라는 평판을 얻어 연이어 공사를 수주할 수 있었다. 얼마 후 그는 입찰을 통해 당시 한국의 4대 건설회사의 하청과 한강대교의 1기 공정을 맡게 되었다. 이후에 계속해서 한강대교의 2기와 3기 공정도 수주하면서 현대건설은 대형 건설회사로 발돋움했다. 이를 통해 현대건설은 꾸준히 발전하여 라이벌 회사들을 제치고 건설 업계 1위로 부상했다. 정주영 회장은 수익 면에서 손해를 보더라도 신용을 잃어서는 안 된다는 신념을 갖고 임했고, 그 결과 사업은 날로 번창했다.

중국에도 정주영처럼 신용을 잘 지키는 상인 집단으로 유명한 진상晉商이 있다. 산시 출신 상인들을 일컫는 진상 중에서도 차오喬씨 가문은 바오터우包頭에서 복자호復字號라는 상호로 상업 활동을 하면

인문에서 경영의 지혜를 배우다

서 신뢰를 중시하는 상인으로 명성을 떨쳤다.

산시성 치현祁縣에 뿌리를 둔 차오씨 집안의 복자호는 200년 넘게 흥성했다. 다양한 업종에 진출했지만 복자호의 주력 업종은 환어음을 주로 하는 개인금융기관이었다. 하나는 송금 업무를 취급하는 표호票號였고, 다른 하나는 환전을 주 업무로 하는 전장錢莊이었다. 바오터우에만도 수십 개의 점포를 둘 정도로 번창한 복자호는 전국 각지에 점포를 개설하고 특유의 경영 방식으로 꾸려 나갔다. 성실함과 신의를 중시한 복자호는 정직한 상거래를 모토로 삼았다. 복자호 소속의 한 기름가게가 현지에서 귀한 물자인 아마인유(linseed oil, 유화물감이 빨리 건조하도록 사용하는 기름)로 큰 수익을 얻었다. 그런데 한 점원이 이문을 더 남기기 위해 아마인유 통에 질이 떨어지는 기름을 섞었다. 점원은 자신이 머리를 잘 굴렸으니 칭찬을 받겠다고 생각했지만, 점주는 불같이 화를 내며 저질유를 섞은 기름통을 다 버리도록 했다. 이 일이 알려지자 다른 가게의 손님들이 복자호로 몰려들었다고 한다.

청대 함풍(咸豊, 1851~1861년) 황제 연간에 복자호의 밀가루 가게들은 됫수를 10%정도 크게 하여 밀을 팔았다. 이것은 다른 가게들에 비해 가격을 낮춘 변칙 상술이었지만 고객들은 박리다매를 하는 복자호를 선호하여 복자호는 크게 번성했다.

차오씨 집안은 사람들을 대할 때 너그러운 태도를 잃지 않았고, 장기적으로 시장을 내다보는 안목을 갖추고 있었다. 거래처를 선택할 때는 상대의 신용도와 성격을 철저히 파악했지만, 일단 거래를 시작하면 믿음을 갖고 끝까지 협력했다. 장사를 하다 보면 손해를 보는 일은 다반사인데, 복자호는 거래처가 적자로 문을 닫게 되는 경우에는 빚을 독촉하지 않는 것으로 유명했다.

1922년에 바오터우의 거부인 양라오우楊老五가 경영하는 쌍성공雙盛公과 쌍성무雙盛茂라는 상점이 경영 악화로 문을 닫게 되었다. 이 두 상점이 복자호에게 갚지 못한 금액은 백은 5만 냥이었는데 양라오우는 갚을 여력이 없었으므로 차오씨 집안을 찾아와 이를 사죄했다. 당시 차오씨 집안의 웃어른이었던 차오잉샤喬映霞는 빚을 갚아야 한다는 말은 꺼내지도 않고 양씨를 위로했다. 감격한 양라오우는 미안한 마음을 표하기 위해 큰절을 했고, 이후로 차오잉샤는 채무에 대해 일절 이야기하지 않는 관용을 베풀었다. 차오 가문은 "받아야 할 돈은 반드시 받아 내지만, 망한 사람이 진 빚을 받는 것은 운에 맡긴다"라는 원칙을 지켰다. 막대한 부를 일구면서도 관용의 정신을 잃지 않은 차오 가문의 인품 덕에 복자호의 전표는 화폐보다도 더 가치가 있었다. 복자호의 신용도가 워낙 높았으므로 새로 가게를 여는 상인들은 복자호의 인정을 받았다는 증표를 얻기 위해 애를 썼다. 그렇지 않으면 여간해선 손님의 발길을 잡을 수 없을 정도였다고 한다.

차오 가문은 누구도 넘볼 수 없는 신용으로 바오터우의 상권을 손에 넣었다. 하지만 차오 가문은 진상의 전설 가운데 하나일 뿐이다. 진상이 역사적으로나 세인들에게 높은 평가를 받을 수 있었던 이유는 차오 가문과 같은 상인들이 끊이지 않고 배출되었기 때문이다.

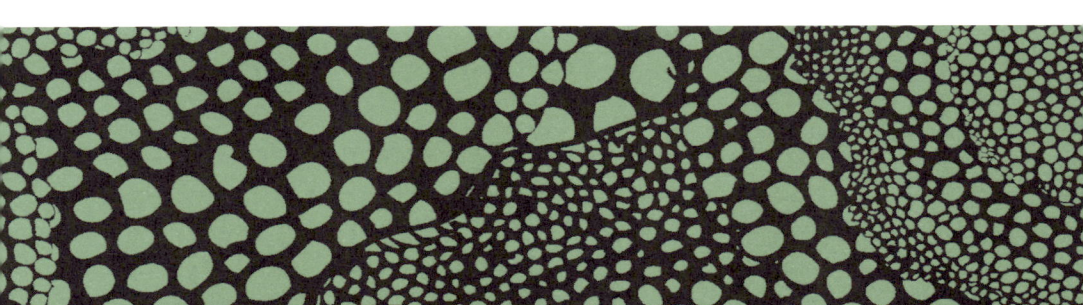

제 3 장

경영은 인간 존중에서 시작되어야 한다

옛 성인들의 위대함은 남과 더불어 선을 행한 것에 있다. 즉 말로써 사람들을 교화하고, 도덕으로 인간답게 만드는 행위를 통해 그들이 선해지도록 이끈 것이다. 자신에게는 없는 남의 장점을 배워 스스로를 이롭게 하고, 자신의 장점을 남들에게 베풀어 도움을 주는 순환구조가 만들어지면 선은 무한히 확장될 수 있다. 서로 배우고 주고받는 관계가 형성되면 선함은 마르지 않는 샘처럼 영원할 것이다. 따라서 남들과 더불어 선을 행하고 도움을 주는 것은 관리의 기본 원칙이자 경영자의 기본 전략이다.

두 사람이 합치면
그 합의 능력은 둘이 아니라
무한대가 된다

공자가 말했다. "인이 멀리 있는가? 내가 인하고자 하면 곧 인에 이르는 것이다."
(子曰, 仁遠乎哉? 我欲仁, 斯仁至矣.)

– 《논어》 '술이述而' 편에서

공자는 인간은 원래 선한 본성을 가지고 태어났으므로 내가 먼저 선을 행하면 상대도 어진 마음으로 나를 대하게 된다고 말했다. 사람이 진정으로 '선한 마음'을 지니기 위해서는 올바른 도덕적 기준을 갖고 있어야 한다. 다시 말해, 선한 마음은 도덕적인 분별력과 실천에서 생기는 것이다. 타고난 성품을 수양하는 '양성養性'의 핵심은 도덕성을 높이는 것으로 도덕적 기준에 합당한 선량한 성품을 갖추고, 더 나아가 선행을 일상화하는 것이다.

인문에서 경영의 지혜를 배우다

청나라 말기의 정치가이자 학자이며 근대화 운동인 양무운동을 추진했던 증국번曾國藩은 선행의 의미와 가치를 다음과 같이 분석했다.

"옛 성현들의 삶을 돌이켜보면, 그들이 타인에게 선행을 베푸는 것을 가장 중요하게 여겼음을 알 수 있다. 말로 가르쳐서 잘못을 깨우치게 한다는 것은 선善을 가르치는 것이다. 도덕으로 훈육하는 행위 역시 선으로 인간을 키워 나가는 것이다. 그러나 한 사람이 가지고 있는 장점은 유한하므로 항상 베푸는 데만 머물지 말고 다른 사람의 장점을 자신의 것으로 만들도록 노력해야 한다. 타인의 장점을 배워 자신의 것으로 만들면 유익하고, 자신의 장점을 타인에게 보여 주고 베푸는 것 또한 바람직한 일이다. 이렇듯 사람들이 서로에게서 배울 수 있다면 선함의 경지가 무한대로 넓어지고, 서로가 베푸는 관계를 맺으면 선은 마르지 않는 샘처럼 영원할 것이다."

증국번은 선한 행동은 타인에 대한 베풂의 결과라고 강조했다. 문제는 선한 '행동'을 하기 위해서는 '선함'이 전제가 되어야 한다는 것이다. 그렇다면 선함은 어떻게 생겨나는 것일까? 명말청초의 교육가인 장리상張履祥은 "선은 마음, 말, 행동에서 나온다"고 했다. 즉 선은 좋은 품성, 좋은 생각, 좋은 학풍, 좋은 말, 좋은 행동 등으로 표출된다. 하지만 선은 교육과 꾸준한 수양을 거쳐야 그 토대가 튼튼해지고, 그 경지도 높아진다. 인간은 천성적으로 선의 '싹'을 갖고 태어나지만, 후천적으로 교육과 계도를 받지 않으면 그릇된 길로 빠지기 쉽기 때문이다. 따라서 선한 본성을 지키고 키우기 위해서는 몸과 마음을 갈고닦는 데 힘써야 한다.

    실행의 측면에서 보면, '선한 마음'은 누군가에게 물질적으로 도움을 주는 것뿐만 아니라 정신적인 위안을 줄 때도 큰 빛을 발한다. 러시아의 작가 이반 투르게네프의 일화에서 그러한 면을 엿볼 수 있다. 어느 날 투르게네프가 길을 가던 중 금세라도 쓰러질 듯 쇠약하고 누추한 노인이 그의 팔을 붙잡았다. 구걸하는 노인의 떨리는 손에 안쓰러운 마음이 들었지만 투르게네프도 무일푼 신세였기 때문에 곤혹스러웠다. 투르게네프는 노인의 두 손을 꼭 잡고 "미안합니다. 저도 가진 것이 없습니다"라고 말했다. "무슨 말씀을" 노인은 어눌한 발음으로 천천히 말을 이었다. "이렇게 말해 주는 것만으로도 충분히 감사합니다."

    헐벗고 굶주린 사람에게 돈이나 먹을거리를 준다면 일시적이나마 추위와 배고픔을 해결해 줄 수 있다. 설혹 그럴 수 없어서 '선한 마음'만을 준다 해도 상대는 고마움을 느낄 것이다. 보잘것없는 자신을 존중해 주고, 순수한 연민의 정을 보면서 위로를 받기 때문이다. '타인에 대한 선한 마음과 행동'은 아름다운 도덕성이자 세상을 살면서 지켜야 할 원칙이다. 중요한 사실은, 나쁜 짓을 하지 않고 남들에게 동정과 연민을 품는 데에도 도리를 지키고 적당한 선을 유지해야 한다는 점이다.

> 공자는 말했다. "인간은 천성은 서로 비슷하지만 습관에 의해서 완전히 달라진다."
> (子曰, 性相近也, 習相遠也.)
>
> — 《논어》 '양화陽貨' 편에서

인문에서 경영의 지혜를 배우다

목표 달성을 위해 사람들과 더불어 가는 것은 경영의 기본 원칙이자 전략이며 리더십의 철학이다.

주나라 문왕이 위수渭水 북쪽에서 낚시질을 하는 강태공을 만났을 때, 강태공은 이렇게 말했다. "사람을 부리는 것과 낚시질은 비슷한 점이 있습니다. 첫째, 후하게 대접하여 인재를 초빙하는 것이나 미끼로 물고기를 잡는 것은 같은 이치입니다. 둘째, 군사에게 후한 상을 내걸어 용감하게 싸우게 하는 것이나 먹음직스러운 미끼로 물고기를 낚는 것은 유혹이라는 점에서 같습니다. 셋째, 인재들에게 각기 다른 관직이나 상을 내리는 것과 물고기의 종류에 따라 다른 미끼를 사용하는 것은 같은 이치입니다."

강태공은 물고기의 생태와 인간의 속성을 다음과 같이 비유했다. "가는 낚싯줄에 작은 미끼를 매달면 작은 물고기가 와서 미끼를 따먹습니다. 중간 굵기의 낚싯줄에 중간 정도의 미끼를 매달면 중간 크기의 물고기가, 굵은 낚싯줄에 미끼를 잔뜩 매달면 큰 물고기가 달려들어 미끼를 뭅니다. 물고기는 미끼를 따먹다가 낚싯줄에 걸려 죽습니다. 인간은 군주의 녹봉을 먹기에 군주에게 복종합니다. 따라서 자신을 위해 일해 줄 사람에게 작위와 녹봉을 주면 온 힘을 다해 충성을 바칠 것입니다."

강태공의 이 말은 논어의 "내가 인하고자 하면 곧 인에 이를 것이다"라는 구절과 통하는 바가 있다.

얻고자 하면 먼저 많이 베풀라

자공이 물었다. "만약 백성에게 널리 은덕을 베풀어 많은 사람을 구제할 수 있다면 어떻습니까? 가히 어질다고 할 수 있습니까?" 공자가 말했다. "어찌 어질다고만 하겠느냐. 반드시 성인이라 할 수 있다. 요임금이나 순임금도 그렇게 하지 못할까 걱정하셨다. 어진 사람은 자기가 서고자 하면 먼저 남을 일으켜 주고, 자신이 이루고자 하면 먼저 남을 이루게 해 준다. 이렇듯 자신의 처지를 헤아려 남을 이해할 수 있다면 인을 실천하는 방법이라 일컬을 만하다."

(子貢曰, 如有博施於民而能濟衆, 何如? 可謂仁乎? 子曰, 何事於仁! 必也聖乎! 堯舜其猶病諸! 夫仁者, 己欲立而立人, 己欲達而達人, 能近取譬, 可謂仁之方也已.)

― 《논어》 '옹야雍也' 편에서

어떤 욕구가 생기는 것은 인간의 본성이므로 CEO는 직원들의 욕구를 세심하게 파악해 적절하게 동기 부여를 해야만 업무 효율을 극대화할 수 있다. 이는 자신이 거느리는 사람들을 존중하는 것이자 적극

인문에서 경영의 지혜를 배우다

성을 이끌어 내는 비결이다.

　CEO는 휘하의 직원들이 일을 하는 이유가 행복해지려는 기본적인 욕구를 충족하기 위해서라는 점을 알고 나면 그들의 행동을 쉽게 이해할 수 있다. 인간의 모든 행위는 선천적인 욕구와 후천적인 학습을 통해 생겨난 것이다.

　선천적인 욕구는 의식주를 해결하기 위한 물질적 · 신체적인 필요에서 생긴다. 이런 욕구는 인간을 움직이는 기본 요소로 생존과 밀접한 관계가 있다. 즉 음식, 수면, 옷, 주거 등과 신체가 정상적으로 기능케 하는 물질을 갖춰야 선천적인 욕구가 해결된다.

　경영자는 부하 직원들의 '생활상의 욕구'를 만족시킬 물질을 제공해야 한다. 따라서 그들의 건강 상태나 주거 문제 등을 보살펴 줄 필요가 있다. 이것은 작은 일 같아 보이지만 잘 관리하면 친밀감을 형성하는 데 효과적이고, 이를 통해 업무 능률도 극대화할 수 있다.

　후천적인 욕구는 자신에 대한 남들의 평가와 태도에서 느끼고 관찰하는 가운데 생긴다. 이 밖에도 심리적인 욕구는 안정에 대한 욕구, 사회적 인정에 대한 바람이 큰 비중을 차지한다. 후천적인 욕구는 본능적이고 신체적인 욕구보다 더욱 강렬한 경우가 많기 때문에 사람들은 수단과 방법을 가리지 않고 이를 채우려 한다. 직원들의 심리적 욕구나 소망의 성취를 목표로 설정하게 한 뒤 적당한 자극과 격려를 병행하면 그들의 잠재력을 끌어낼 수 있다.

　사람들이 충족하려는 후천적 욕구는 다음과 같은 것이 있다. 성과에 대한 인정, 자신의 가치관에 대한 긍정, 자아 만족, 자존감, 최고가 되고자 하는 바람, 승리욕, 금전욕, 사회나 단체 내에서의 인정, 개인의 권리를 누리고 싶은 욕구, 건강에 대한 바람, 창의력을 표현할 기회를 얻는 것, 보람 있는 일 하기, 새로운 경험, 사랑, 여유와 자유로움, 심리적인 안정감 등등. 결론적으로 말해 한 기업의 경영자가 직원들의 욕구를 일에 대한 열정으로 변화시킬 수 있다면 용인술의 대가라 할 수 있다.

한편, 급여, 인센티브 시스템, 공정성 등에 대한 만족도는 개인별로 차이가 있다. 개인의 인식과 느낌, 가치관 등에 따라 자신이 받는 대우에 대한 만족감이 다르므로 여기에서 갈등이 빚어지는 것이다. 세상에 만병통치약이 없듯이 모두가 만족하는 급여체제를 만들 수는 없다. 이상적인 급여체제는 개인과 회사의 목표에 맞게 설정한 뒤 피드백을 하는 순환적인 시스템을 지향하는 것이다. 이런 시스템을 만들기에 앞서 CEO는 구성원들의 의견과 비전을 수렴한 조직의 목표를 전체 성원에게 주지시켜야 한다. 마지막으로 고려해야 할 것은 피드백의 횟수와 방식이다. 부정적인 피드백이 어떤 문제를 해결하는 데 도움이 되는 것처럼, 긍정적인 피드백도 같은 효과를 발휘한다. 좋은 피드백은 완곡하게 표현된 부정적인 평가보다 훨씬 큰 영향력을 갖는다. 횟수는 적당한 빈도여야 직원들에게 신선한 자극이 되고, 너무 많다보면 사기를 떨어뜨릴 수 있다. 물론 피드백이 너무 적으면 개인의 발전에 도움이 되지 않는다.

인문에서 경영의 지혜를 배우다

성공적인 경영은 인간 존중에서 시작된다

자공이 물었다. "한마디 말로 평생토록 행할 만한 것이 있습니까?" 공자가 말했다. "아마도 서恕일 것이다. 자기가 원하지 않는 것은 남에게도 시키지 않는 것이다."
(子貢問曰, 有一言而可以終身行之者乎? 子曰, 其恕乎! 己所不欲, 勿施於人.)

– 《논어》 '위령공衛靈公' 편에서

"자신이 하고 싶지 않은 일은 남에게도 강요하지 말라"는 말은 만고 불변의 진리다. 이에 덧붙여 공자는 어질고 사랑하는 마음, 즉 인애仁愛가 없다면 예의가 무슨 소용이 있겠느냐고 강조했다.

일본 맥도날드의 후지타덴 사장은 직원의 생일을 휴일로 정하는 시스템을 만들었다. 생일에 집에서 가족과 함께 즐거운 시간을 보내도록 배려한 것이다. 설에는 사장이 직원들에게 세뱃돈을 넣은 봉투

를 준다. 새해를 맞이하여 말로만 덕담을 받는 것보다는 작은 액수라
도 세뱃돈을 받으면 기분이 좋아지는 심리를 이용한 것이다. 인화단
결을 위해 후지타덴 사장은 직원들의 배우자 생일에는 꽃다발을 보내
고, 직원 본인에게는 5,000엔의 생일 축하금을 지급했다. 또한 직원
자녀들은 어린이날에 5,000엔의 보조금을 받았다.

LG전자는 '인간 존중'을 핵심 가치로 하는 기업이다. '사람이 근
본'이라는 생각으로 경영한 결과 '인간 존중'이 사회적으로 존경받는
기업이 되는 비결임을 깨달은 것이다. LG전자가 추상적인 '인간 존
중'을 현실적으로 실천하는 방법은 직원들의 인격과 개성을 존중하는
것이다. 조직에는 개성이 강한 사람들이 다양하게 포진해야 활기와
창의력이 넘치고, 그들의 에너지를 공동의 목표와 비전을 실현하는
데 투입할 때 개성이 뚜렷한 조직이 된다는 것이다.

> 번지가 인에 대해 묻자 공자가 말했다. "사람을 사랑하는 것이다."
> (樊遲問仁. 子曰. 愛人.)
>
> — 《논어》 '안연顔淵' 편에서

LG전자는 직원들에게 윤리와 도덕의 중요성을 강조하는 한편, 직
원과 사회에 대한 책임을 다하기 위해 다각적으로 노력하고 있다. 또
한 기업의 생명인 고객을 위해서는 가치 창조로 보답해야 한다고 믿
는다. 세계 일류기업으로 발돋움하기 위해 LG전자는 인화와 '사람을

인문에서 경영의 지혜를 배우다

귀하게 여긴다'는 신조를 잃지 않으면서 성장을 거듭했다. 직원들의 개인적 발전을 위해 성과를 정확하게 평가하면서도 쾌적하고 자유로운 업무 환경을 만들어 주고, 회사와 개인이 더불어 발전해야 한다는 이념을 심어 주고 있다. 회사와 구성원의 공동 발전을 위한 목표는 주인의식Ownership 갖기, 수익 창출Generating Profit, 혁신Innovation, 인력 개발Human Resource Development, 고객 감동Customer Delight 등의 실천 방안으로 구체화되었다.

이와 동시에 LG전자는 임직원들에게 도덕적 규범을 지키고 성실하고 공정한 태도를 지키도록 요구한다. 직원들은 합리적인 가치체계를 공유하면서 자기계발 노력을 통해 회사에 대한 책임을 다한다.

LG의 직원들은 회사의 정책과 법적 규제에 근거해 직책을 수행하되 동료 및 관련 부서와 공개적으로 교류하고 협력하여 업무 효율을 높인다. 이들은 회사 자산을 지키고, 기밀을 절대로 누설하지 않는 의무를 이행해야 한다. 직무나 사생활 면에서도 사회적으로 부도덕하거나 비윤리적인 활동에 간여하지 못하도록 요구받고 있다. 특히 업무와 관련 있는 개인이나 조직으로부터 향응이나 경제적 이득을 취해서는 안 된다.

LG전자는 직원들에 대한 책임을 크게 강조하고 있다. 직원들의 존재 기반인 기업이 책임을 지고, 내부인을 보호 관리하는 것이 기업의 임무라고 보기 때문이다. LG전자는 직원들의 능력과 성과에 따라 발전 기회를 공평하게 제공하고, 다양한 방식으로 회사의 믿음을 표현한다. 직원들이 회사를 자랑스럽게 여기면서 잠재력을 발휘하도록 회사에서는 주인의식을 심어 주고, 직무에 필요한 제도와 교육을 시행하고 있다. 경영진은 장기적인 안목으로 인력 자원을 계발 관리하고, 창의적 사고와 주체적으로 행동할 수 있는 업무 여건을 조성하는 데 주력한다. 또한 성숙한 조직 문화를 정착시키기 위해 구성원들이 서로 믿고 의지하며 사생활을 존중하도록 교육하고 있다.

> 공자는 말했다. "사람으로서 인하지 않으면 예가 무슨 소용인가. 사람으로서 인하지 않으면 음악이 있은들 무슨 소용인가."
> (子曰, 人而不仁, 如禮何? 人而不仁, 如樂何?)
> – 《논어》 '팔일八佾' 편에서

인간 존중의 경영은 고객에 대한 책임과 의무를 이행하는 방식으로도 표현된다. LG전자는 소중한 고객을 위해 실질적인 가치를 제공하고, 이를 통해 신뢰를 얻으려 한다. 고객의 신뢰를 얻기 위한 LG전자의 방침은 세 가지로 표현된다.

첫째, 가치 창조. LG전자는 고객을 만족시켜야만 발전을 기약할 수 있다고 확신하므로 고객이 만족할 만한 실질적인 가치를 만들기 위해 경영에 매진한다.

둘째, 고객 존중. 고객의 의견을 의사 결정과 정책에 반드시 반영한다. 고객의 요구를 최대한 관철시키는 것이 고객 존중의 요체임을 항시 잊지 않는다.

셋째, 가치 제공. LG전자는 고객에게 합리적인 가격으로 고품질의 제품과 서비스를 제공한다.

'인간 중심'의 경영관은 제품의 디자인, 생산, 판매, 인력 관리 등에 녹아들어 제품의 인간화humanization 실현으로 구현되고 있다.

기업의 흥망성쇠는 인적 자원에 달려 있다

공자가 말했다. "군자의 도에는 세 가지가 있는데 나는 그중에 할 수 있는 것이 아무것도 없다. 어진 사람은 근심하지 않고, 지혜로운 사람은 미혹되지 않으며, 용감한 사람은 두려워하지 않는다." 자공이 말했다. "선생님께서 스스로 말씀하신 것이다."

(子曰, 君子道者三, 我無能焉, 仁者不憂, 知者不惑, 勇者不懼, 子貢曰, 夫子自道也.)

− 《논어》 '헌문憲問' 편에서

공자는 지혜知와 어짊仁은 인간의 본성이므로 이 둘을 중시하는 것은 결국 인간을 근본으로 하는 사상이라고 했다. CEO는 지혜, 곧 지식과 인의를 기본으로 하여 인본주의를 실천해야 한다. 지식은 신경제 시대에 부를 창출하는 원천이고, 지식 근로자knowledge worker는 지식을 창조하는 가장 근본적인 자원이라 할 수 있다. 기업은 본질적으로

인문에서 경영의 지혜를 배우다

자원과 능력의 결합체다. 기업의 흥망성쇠는 전적으로 인적 자원, 그 중에서도 지식을 풍부하게 소유한 인재에게 달려 있다. 기업이 보유하는 인재의 수와 그들의 지식 수준도 중요하지만, 관건은 사람을 소중하게 여기는 경영관이다. 인재들이 지식을 창의적인 핵심 기술로 승화시키고 생산력으로 연결시켜야 기업이 고속 성장할 수 있기 때문이다.

인재를 활용하려면 반드시 기술력을 중시하는 '지본知本'의 장점을 살려야 한다. 노키아 휴대전화의 모니터에는 'connecting people(사람과 사람을 잇는다)'이라는 슬로건이 쓰여 있다. '사람과 사람을 잇는다'는 구호는 노키아의 경영 이념이자 인적 자원 관리의 목표이기도 하다. 인재 양성에 역점을 두고 있는 노키아는 다양한 채널을 통해 직원들에게 개인의 가치를 높이도록 지원을 아끼지 않고 있으며, 전 직원이 하나가 되는 독특한 기업 문화를 만들었다.

> 자공이 인을 행하는 방법에 대해 묻자 공자가 말했다. "장인이 일을 잘하려면 반드시 먼저 연장을 날카롭게 해놓아야 한다. 어느 나라에 살게 되면 그 나라의 대부들 중에 어진 사람을 섬기고, 선비들 중에서 어진 자를 벗해야 한다."
>
> (子貢問爲仁. 子曰, 工欲善其事, 必先利其器. 居是邦也, 事其大夫之賢者, 友其士之仁者.)
>
> ― 《논어》 '위령공衛靈公' 편에서

노키아는 직원을 선발할 때 소양과 잠재력을 중시한다. 노키아가 가장 주목하는 것은 응시자들의 가치관이다. 그들의 가치관과 회사의 가치관이 비슷하면 양자가 모두 승리하는 결과를 얻기 때문이다. 지식, 능력, 인간관계 등과 같은 외적 요소는 교육과 훈련을 통해 향상시킬 수 있지만 개성이나 열정과 같은 부분은 쉽게 변화하지 않으므로 회사와 뜻을 같이하는 사람들을 뽑는 것은 매우 중요하다. 노키아의 입사 시험은 세 단계로 이뤄진다. 첫 번째 단계에서는 인적 자원을 담당하는 부서에서 응시자의 이력을 기초로 잠재 능력을 중점적으로 검토한다. 두 번째 단계는 면접이다. 인사부의 책임자가 1차를 통과한 응시자들을 면접하여 가치관을 포함한 기본 소양과 잠재 능력을 시험한다. 세 번째 단계는 노키아의 종합평가 팀의 직원들이 응시자를 전반적으로 테스트하는 것이다. 3차 시험의 핵심은 응시자의 가치관, 소양, 잠재 능력 등을 판별하는 것이다.

노키아가 '세계 최고의 엘리트를 선발한다'는 목표를 설정하여 세계 각지에서 전문 인력을 흡수한 것은 확실히 성공을 다지는 데 결정적인 역할을 했다. 본사가 있는 핀란드는 실업률이 10% 이상이었지만 노키아는 외국에서 전문 인력들을 영입했다. 특히 중국과 인도의 엘리트들은 핵심적인 역할을 하며 노키아를 세계적인 이동통신업체로 만들었다. 1990년대 말에 노키아는 다른 IT업체들과 마찬가지로 기술 인력 부족 문제에 부닥쳤다. 이때 인터넷에 채용공고를 내자 세계 각국에서 이력서가 쇄도했다. 이후에 노키아는 서치 펌search firm, 일명 헤드헌팅 회사를 통해 중국과 인도의 기술 인력을 유치했다. 통계에 의하면 헬싱키 본사에는 외국 국적을 가진 직원들이 다수 일하고 있다. 외국계 직원이 이렇게 많은 이유는 회사의 복지 수준, 휴가 일수, 사회보장제도 등이 이상적이고 취업 비자를 얻기 쉬운 것도 주요한 요인으로 작용했다.

이 밖에도 노키아의 연봉은 큰 경쟁력을 갖고 있다. 기본 급여, 성과급, 국가가 지정한 보험 항목 등을 포함한 연봉은 주로 업무 실적에 근거해 책정된다. 타사보다 연봉이 많은 것 외에도 노키아는 직원들에게 능력 향상의 기회를 제공하고 있다. 그래서 고위직 간부들은 대부분 회사 내부에서 실력을 쌓아 승진한 사람들이다. 고액 연봉이 우수한 인재의 유출을 방지하는 역할을 하지만, 더욱 주목해야 할 것은 노키아의 경영 철학이다. 인재를 소중히 여기고 우대하는 경영 철학이 바로 인재들이 노키아로 몰려든 동력이었던 것이다.

최고의 교육은 스스로 하도록
일깨우는 것이다

공자가 말했다. "군자는 (원인을) 자신에게서 찾고, 소인은 남에게서 찾는다."
(子曰, 君子求諸己, 小人求諸人.)

– 《논어》 '위령공衛靈公' 편에서

군자다운 품성을 지닌 사람은 어려운 일을 당하면 먼저 스스로 해결 방법을 찾는다. 정말로 방법이 없지 않는 이상 남의 도움을 구하지 않는다. 이에 비해 군자와는 거리가 먼 사람들은 무슨 일을 당하면 스스로 해결하려는 시도도 하지 않고 습관적으로 남에게 도움의 손길을 요청한다.

인문에서 경영의 지혜를 배우다

공자는 말했다. "삼군의 장수를 빼앗을 수는 있으나 필부의 뜻을 빼앗을 수는 없다."

(子曰, 三軍可奪帥也, 匹夫不可奪志也.)

– 《논어》 '자한子罕' 편에서

군대의 장수를 빼앗을 수는 있지만 평범한 남자가 마음먹은 바를 빼앗을 수 없다는 공자의 말은 인간의 주체성, 즉 자기만의 의지와 조절 능력이 얼마나 중요한가를 지적한 것이다.

자기 격려는 노키아가 도입한 참신한 인력 관리 방식이다. 직원들의 자기 격려는 본질적으로 끊임없이 스스로를 발전시키고, 이를 회사로부터 인정받는 것을 의미한다. 개인마다 조건과 생각이 다르고, 회사가 직원에게 요구하는 발전 방향도 같지는 않다. CEO가 되어 사내의 각종 자원을 관리할 수 있게 능력을 키우도록 요구하거나, 전문 기술 인력이 되어 세계적인 첨단 기술을 개발하거나, 프로젝트를 진행할 수 있는 기술과 경영을 겸비하도록 격려하는 등 회사가 직원에게 요구하는 것은 다양하다. 노키아가 인적 자원을 관리하는 방식인 자기 격려에는 두 가지 특징이 있다. 첫째, 기술 분야는 강압적인 관리 방식으로는 직원들의 자발성을 위축시키므로 절대적으로 자기 격려가 필요하다. 기술 수준이 높은 회사일수록 직원들이 자주적이라는 특징은 의심의 여지가 없다.

둘째, 노키아의 자기 격려 방식은 오랜 시간을 거쳐 기업 문화로 정착된 것이다. 직원들에게 자율성을 전적으로 부여한 의도는 창의력을 발휘하게 하기 위해서였다. 사내에는 명확한 직급 구분이 없이 자유로운 분위기가 형성되어 있다. 팀장은 직원들에게 필요한 정보와 자원을 공급해 줄 뿐이고, 직원들은 매년 자신의 업무 목표를 조정한다. 회사에서는 업무 결과만을 평가할 뿐 구체적인 업무 수행에 대해서는 직원의 자율성을 보장한다.

노키아의 관리 프로세스는 직원들을 지원하는 데 초점이 맞춰져 있기 때문에 형식적인 절차에 대해서는 간여하지 않는다. 또한 팀워크를 강화하기 위해 직원들이 구태의연하게 전통을 답습하지 않고 개방적이고 참신한 발상을 하도록 격려한다. 노키아에서 팀장은 트레이너와 같아서 업무 중에 구체적인 지시를 내리지 않고, 다만 직원들에게 일하는 방식을 가르칠 뿐이다.

노키아는 직원들에게 현재의 업무에만 치중하지 말고 시야를 더 넓히는 공부를 하도록 권장한다. 관리자급의 중간 간부들의 중요한 업무 중의 하나가 바로 직원들의 생각을 이해하고 돕는 것이다. 예를 들어 어떤 직원이 업무에 적합하지 않으면 적성에 맞는 다른 업무를 찾아 준다. 노키아의 직원들은 업무 분야를 자신이 원하는 곳으로 바꿀 수 있는 선택권을 갖고 있다. 회사 내부적으로 인력 충원 시스템이 잘 되어 있어 직원들은 인터넷을 통해 세계 곳곳에 있는 노키아 지사에서 자신이 원하는 일을 찾을 수 있다. 이들은 입사한 지 만 2년이 지나면 상급자와 상의하지 않고도 자신에게 더 적합하다고 생각되는 곳에 지원할 수 있다. 대상지는 국내외를 불문하고 어느 곳이나 가능하며, 선택한 지역의 노키아 현지법인이 원하는 조건만 만족시키면 된다.

노키아는 기업과 직원이 단순한 고용관계가 아니라 의미 있는 파트너 관계라는 원칙을 지키고 있다. 파트너십은 노사가 서로를 만족시키면서 공동의 발전을 꾀하는 관계이므로 단결과 협력을 통해 직원들이 최대한 능력을 발휘하는 바람직한 분위기를 형성케 한다. '사람에게 투자한다'는 노키아의 프로젝트는 노사 간의 파트너십을 구체화하려는 노력의 표현이다. 이 프로젝트는 인적 자원 팀에서 1년에 두 번씩 직원들과 깊이 있는 대화를 통해 업무 진행을 평가하고, 직원 개개인이 자신의 특기와 잠재력을 인식하여 발전 계획을 세우도록 돕는다.

직원 교육 역시 노키아가 인력 관리에서 중점을 두는 사항이다. 신입 사원들은 담당 업무 내용과 개인별 적응 능력의 차이에 따라 3개월에서 6개월에 걸친 훈련을 받는다. 선임 직원, 선임 엔지니어, 전문가들로부터 강의를 듣고, 필요하면 국외로 몇 개월 동안 파견되기도 한다. 신입 사원 교육에서 강의는 그리 많지 않고, 선임자의 도움을 받아 구체적인 업무를 익히는 시간이 큰 비중을 차지한다. 세계 각국의 100여 개 대학 및 사원교육기관 등과 제휴하여 직원들에게 더 많은 교육 기회를 주고 있는데, 중국에서는 칭화淸華, 자오퉁交通대학 등과 산학협동을 하면서 졸업생들이 노키아에 입사하도록 유도한다. 또한 노키아의 중국 직원들을 위해 '노키아 중국 아카데미'를 설립하여 중국 IT업계가 당면한 문제들을 인식하고 극복하도록 교육하고 있다.

노키아는 직원들에게 매년 3주의 전공 학습 시간을 주고 있다. 직원들이 자신의 특성과 필요에 맞춰 교육을 받게 하는 이 프로그램은 외부에서 초빙한 세계적인 전문가들의 강의로 진행된다. 심도 깊은 내용으로 진행되는 만큼 막대한 비용이 투자된다. 또한 인터넷 강의도 직원 교육의 주요한 수단이다. 인트라넷으로 각국의 현지법인 직원들이 접속할 수 있는 인터넷 강의는 400개가 넘는 강좌를 개설하여 변화무쌍한 정보화 시대 속에서 최신 정보를 습득하도록 지원한다. 직원들이 연수나 교육을 받으면 의무적으로 근무해야 하는 기한을 설정하지 않고 있는 것도 특색 중의 하나다.

'노키아의 길'이라 불리는 각종 세미나는 노키아 특유의 연례행사다. 세미나에서 직원들은 기탄없이 자신의 의견을 발표하여 새로운 행동 방침을 정하고, 신속하게 지구 곳곳의 직원들에게 전달하여 '브레인 스토밍'을 한다. 지력을 향상시키는 다양한 교육 덕분에 노키아 구성원 전체의 수준이 향상되고, 이는 회사의 역량 강화로 이어진다.

인문에서 경영의 지혜를 배우다

개인과 조직이 조화를 이룰 때 효율은 극대화된다

공자가 말했다. "군자는 긍지를 갖되 다투지 않고, 무리를 이루지만 파벌을 만들지 않는다."
(子曰, 君子矜而不爭, 群而不黨.)

— 《논어》 '위령공衛靈公' 편에서

군자는 점잖고 진중하므로 타인과 다투지 않고, 여럿이 있어도 사사로이 무리를 지어 이익을 도모하지 않는다. 공자의 이 말에서 우리는 개인과 조직의 관계를 생각해 볼 수 있다.

영국의 최대 유통업체인 막스앤스펜서Marks & Spencer는 조직 속에서 개인의 역할을 중시하는 인력 관리를 하고 있다. 직원들을 존중하는 민주적인 인력 관리의 핵심은 적극적으로 업무에 임하게 하여 조직에 활력을 불어넣는 것이다.

> 공자는 말했다. "덕이 있는 사람은 외롭지 않으며 반드시 이웃이 있다."
>
> (子曰, 德不孤, 必有鄰.)
>
> － 《논어》 '이인_{里仁}' 편에서

덕이 있는 사람은 고립되지 않고 반드시 뜻을 같이하는 사람이 주위에 모이게 된다. 전통적인 관리학management에서는 관리를 기획, 조직, 협력, 모니터링 등의 단계로 조직을 운용하여 목표를 달성하는 것이라고 정의한다. 그런데 막스앤스펜서는 조직의 관리는 CEO에게 위탁하는 것이라는, 본질적이고 간결한 정의를 내렸다. 막스앤스펜서의 정의에 의하면 CEO는 두 층위의 역할을 해야 한다. 즉 개인적인 노력이 하나이고, 다른 한 가지 역할은 기획, 권리 행사, 지휘, 격려, 협력, 감독 등이다.

조직에서 물적 자원, 정보, 부서의 구성 등은 사람에 의해 기능하게 된다. 경영자는 이 과정에서 핵심적인 역할을 하고, 직원 관리의 성공 여부는 직원들이 능력을 얼마나 발휘하느냐에 달려 있다. 간단히 말해, 관리는 조직의 모든 성원이 조직의 목표를 향해 노력하게 만드는 것이다.

인문에서 경영의 지혜를 배우다

막스앤스펜서는 인력 개발과 관리는 조직의 전략적 목표를 실현하기 위해 과학기술과 관리 이론에 입각하여 인력을 통합, 조정, 개발하고 보상하여 효율적으로 이용하는 것으로 인식하고 있다. 관리 측면에서 볼 때 인적 자원의 개발과 관리는 인간과 인간, 인간과 일, 인간과 조직의 상호 관계를 조정하기 위한 일련의 활동이다. 그 결과 직원들은 일과 생활의 질이 향상되어 만족감이 커지고, 기업은 생산성과 경쟁력이 높아진다.

막스앤스펜서는 기업은 경제조직이자 사회에 기여하는 일종의 사회조직으로서 경제적 이윤과 공리적 목표를 추구하므로 기업 자체, 구성원, 사회를 위해 가치와 부를 창조해야 한다고 강조한다. 이윤은 조직 내의 유한한 자원을 동원하여 창출하는 것이므로 합리적이고 효율적으로 자원을 배치하여 최소한의 투입으로 최대치를 산출해야 한다.

막스앤스펜서의 인력 개발과 관리는 네 개의 카테고리로 나누어진다. 첫째, 직원의 요구와 일에 대한 보수가 균형을 이루도록 한다.

성과와 비례하도록 대우함으로써 직원들이 회사에 최대한 기여하도록 한다. 둘째, 직원과 일의 균형을 이루도록 한다. 직원들의 능력을 계발하여 효율성을 높인다. 셋째, 직원들이 협력하고 단결하여 팀워크를 강화하도록 한다. 넷째, 개개의 업무를 연계하여 업무처리의 효율을 높이게 하고, 권리와 책임을 분명히 하여 전체 조직이 발전하도록 한다.

막스앤스펜서는 인력 관리의 기본 직능을 충원(리크루트), 통합, 인사고과, 보상, 개발의 다섯 가지로 분리하여 실시하고 있다.

첫째, 충원 작업은 직원의 채용, 스카우트, 인적 자원의 규범화 등을 포괄한다. 조직의 목표를 달성하기 위해 인력 자원 관리 부서는 조직 구조에 맞는 인력 수요와 공급에 관한 계획을 세운 뒤 모집, 선발, 채용, 배치 등의 과정을 전담한다.

둘째, 통합 작업은 직원들이 협조 체제를 구축하고, 인화를 이루면서 조직에 대한 정체성을 확립하도록 하는 것이다. 조직 속에서의 개인의 행동과 인지가 조직의 규범과 이념에 자연스레 융합되도록 한다. 통합의 주요 내용은 세 가지다. (1) 조직 속에서 원만한 인간관계를 맺으면서 소통하게 한다. (2) 개인의 가치관이 조직의 이념에 자연스레 동화되고, 개인행동이 조직의 규범에서 벗어나지 않도록 하여 소속감을 키운다. (3) 갈등을 조정하여 화합하도록 한다.

셋째, 인사고과는 직원들을 공정하고 합리적으로 관리하는 작업이다. 과학적이고 합리적으로 직원들의 성과와 능력을 평가 분석하고, 이에 따라 승진, 부서 이동, 논공행상, 퇴직, 해고 등을 결정한다.

넷째, 보상은 직원들의 조직에 대한 기여에 따라 임금, 인센티브, 복지 지원 등으로 피드백하여 응집력을 높이고 근로 의욕을 고취한다. 보상제도는 인력 관리의 핵심으로 직원들의 만족도, 애사심, 생산성 등을 높이는 효과를 얻을 수 있다.

다섯째, 개발은 직원들의 자질과 기능을 향상시키고, 잠재된 능력을 충분히 발휘하도록 하여 개인의 가치를 높여 주는 인력 관리 방법이다. 인력 개발 작업에는 조직과 개인의 개발 계획의 수립, 평생 교육, 커리어 개발, 직원들의 효율적 활용 등이 포함된다. 기존의 직원들을 효율적으로 활용하면 적은 투자로 신속한 효과를 볼 수 있다. 근로 의욕을 높이기만 하면 노동생산성이 급증하기 때문이다.

기업을 떠받치는 주춧돌은 직원이다

공자가 통치에 대해 말했다. "나라를 다스리는 데는 맡은 일을 삼가 행하고, 사람들로부터 믿음을 얻으며, 재물을 절약하고, 사람을 사랑하며, 백성을 부리되 때에 맞게 해야 한다."
(子日, 道千乘之國, 敬事而信, 節用而愛人, 使民以時.)

– 《논어》 '학이學而' 편에서

큰 나라를 다스리려면 엄정하게 대사를 처리하면서 백성과의 약속을 지키고, 기만하지 않아야 한다. 또한 재정을 건실하게 하면서 백성과 관리들을 아끼고 사랑하며, 농사철에는 다른 부역을 지우지 않아야 한다. 지금도 마찬가지지만 공자가 살았던 시대에도 백성은 나라의 근본이었듯이, 기업의 주춧돌 역할을 하는 사람은 직원이다.

세계적인 대형할인점 까르푸Carrefour는 직원들이 자신이 몸담고 있는 회사의 경영 이념을 깊이 이해하여 자신의 일에 최선을 다하기

인문에서 경영의 지혜를 배우다

를 원한다. 직원들이 열심히 일함으로써 고객들의 믿음을 얻고, 소비자의 믿음이 까르푸에게 이윤과 명성을 가져다준다고 믿기 때문이다.

창업 초기 까르푸는 직원들이 고객 제일의 회사 방침을 체화하도록 현지 출신의 직원이 그곳의 문화, 풍습, 생활습관 등을 강의하도록 했다. 그리하여 직원들이 고객의 입장에서 문제점을 생각하고, 진정성 있는 서비스를 제공해 고객의 신뢰를 얻게 했다. 또한 정기적으로 고객과 마찰을 빚을 수 있는 상황을 시뮬레이션하여 대처 방식에 따라 직원들이 회사의 방침을 이해하는 정도와 응용력을 심사하고, 고객에게 양보하는 태도를 교육했다. 고객을 최고로 여기는 교육 프로그램을 통해 직원들은 회사의 모토와 정책을 이해하게 된다. 고객 지상주의를 깊이 인식한 직원들은 고객들을 만족시키는 서비스를 제공하여 까르푸에 대한 신뢰와 이미지를 한껏 높였다.

까르푸는 경영 철학을 인력 관리에 반영하는 것 외에도 특별히 관리 시스템을 만들어 운영하고, 기업 문화의 변화와 발전에 맞춰 인력 관리의 문제점들을 개선하고 있다.

인력 관리에서 까르푸가 우선시하는 것은 관리자들이 담당 직원들을 철저하게 이해하는 일이다. 관리자들이 직원들의 장점과 단점을 속속들이 파악하면 정확한 인사 이동, 업무 분담, 문제 해결 등이 이루어져 직원들의 근로 의욕을 불러일으키는 긍정적인 효과를 거둘 수 있다.

까르푸의 인력 관리 시스템은 매우 엄격하지만, 인간미를 잃지 않고 있다. 실수를 저지른 직원들에게는 만회하고 개선할 기회를 줌으로써 정서적으로 안정된 상태에서 근무할 수 있도록 하는 것이다. 포용적인 정책 덕에 구성원들은 서로를 이해하면서 단결의 힘을 발휘한다.

까르푸의 인력 관리에서 돋보이는 특징은 성공을 거둔 대형할인점의 경영 비법과 경험을 빌려 독창적으로 인사 구조를 구축한 데 있다. 직책에 따른 책임 소재를 확실히 하는 만큼 직원들은 자신의 권한을 절대적으로 행사할 수 있다. 상사의 지시를 받기는 하지만 동료 사이에는 서로 간섭하지 않는다. 직책 범위 외의 일에 대해서는 반드시 상사에게 보고하여 지시를 받아야 한다. 엄격한 권한제 덕분에 까르푸는 수많은 슈퍼마켓의 인력 관리에서 생기는 복잡한 문제들을 간결하게 처리하고, 돌발 사태에 신속하게 대처하고 있다.

직원들의 기율 문제에서는 정기적인 점검을 통해 회사가 직원들로 하여금 규율에 충실하면서도 숨은 창의력을 한껏 발휘하게 함으로써 발전을 꾀하고 있다. 까르푸는 매일 개점 15분 전에 전체 직원이 참석하는 회의를 연다. 가벼운 분위기 속에서 직원들은 업무에 대한 의견을 나누고 전날의 업무를 토론하면서 팀워크를 다진다.

까르푸의 각 체인점들은 독립성이 강하지만 필요할 때는 긴밀히 협조하기도 한다. 자원 공유라고 불리는 체인점들 간의 연계는 경영의 한 특색이 되었다. 예를 들어 한 지역에서 판촉 활동을 하면 사전에 다른 체인점들에도 알려 행사를 준비하고 진행하도록 한다. 공조체제를 통해 까르푸는 전체가 이윤을 추구하고 발전하는 목표를 실현한다.

직원들이 상품 검사, 분류, 진열 등의 책임을 다할 수 있도록 까르

인문에서 경영의 지혜를 배우다

푸는 새로 들어온 직원들을 철저히 교육시킨 후 현장 실습을 하게 한
다. 현장에서 직접 설명을 들은 신입 사원들은 상품의 장점, 품질, 시
각 효과 등에 대해 전반적인 지식을 습득한다.

까르푸의 인력 관리 제도는 긍정적이고 활력 넘치는 업무 환경을
만들어 모든 직원이 회사 발전을 위해 자신의 역량을 십분 발휘하게
만드는 역할을 한다.

고객의 입장에서 생각하면 성공의 길이 보인다

자공이 물었다. "만약 백성에게 널리 은혜를 베풀어 많은 사람을 구제할 수 있다면 어떻습니까? 그것을 인이라 할 수 있습니까?" 공자가 말했다. "어찌 인이라고만 할 수 있겠느냐. 틀림없이 성인이라 할 수 있다. 요임금이나 순임금도 그렇게 하지 못할까 걱정하셨다. 어진 사람은 자신이 서고자 하면 먼저 남을 세우고, 자신이 이루고자 하면 남을 이루게 해 준다. 이렇듯 자신의 처지를 헤아려 남을 이해할 수 있다면 인을 행하는 방법이라 일컬을 만하다."

(子貢曰, 如有博施於民而能濟衆, 何如? 可謂仁乎? 子曰, 何事於仁! 必也聖乎! 堯舜其猶病諸! 夫仁者, 己欲立而立人, 己欲達而達人. 能近取譬, 可謂仁之方也已.)

― 《논어》 '옹야雍也' 편에서

기업의 궁극적인 목적은 돈을 버는 것이지만, 이를 실현하기 위해서는 공자가 말한 "자신이 뜻을 세우고자 하면 다른 사람도 그렇게 할

인문에서 경영의 지혜를 배우다

수 있도록 해야 한다"는 원리에 입각해 고객을 하늘처럼 떠받들어야 한다. 까르푸의 고객 확보 전략은 매우 다양하다. 일반 소비자들은 자신에게 익숙한 상품의 가격을 기준으로 저가인지 고가인지를 판단 하는 성향이 강하다. 까르푸는 대부분의 상품을 소비자가 구매욕을 일으킬 만한 수준으로 책정하고, 수시로 미끼 상품을 내놓음으로써 가격에 대한 만족도를 높이고 있다. 또한 까르푸를 이용하는 고객들 이 주위에 입소문을 내도록 해서 좋은 이미지를 만드는 방식을 활용 하고 있다.

저렴한 가격은 까르푸를 성공 기업으로 만든 결정적인 요인이므 로 까르푸는 원가 및 비용 절감에 많은 노력을 기울이고 있다.

첫째, 수량 할인volume discount으로 비용을 절감하고, 배송 비용도 크게 낮추고 있다.

둘째, 공급업체와 협력하여 결제기간을 60일로 하는 공급계약을 체결한다. 공급업체에게는 불리한 결제조건이지만 까르푸는 그 자금 을 자신의 유동자금으로 활용하여 자금원가를 대폭 낮출 수 있었다.

셋째, 까르푸는 구매력과 공급업체와의 협상력을 토대로 상품을 빠르게 회전시킨다. 상품 회전이 빠르고 원가를 낮추면 유동자금을 확보해 여유로운 운용을 할 수 있다.

넷째, 상품을 대부분 현지에서 조달하여 소비자의 구미에 맞추면 서 원가와 비용을 절감한다. 중국의 경우 상품의 90%이상을 현지 제 조업체에서 구매하고 있고, 이는 상품의 운송과 관리 비용의 절감 효 과가 크다. 이 밖에도 까르푸는 독자적으로 개발한 PB Private Brand 상품으로 원가를 낮추고 있다.

까르푸는 '원스톱 서비스, 초저가 판매, 상품의 높은 신선도, 자동 구매, 무료 주차' 등의 서비스를 내세우고 있다. 이 다섯 가지 서비스는 모두 고객에게 편의를 제공하기 위한 것이다. 또한 고객은 전자제품을 시험해 본 후 구입을 결정할 수 있고, 구매 후 변심하여 환불을 요구해도 까르푸는 이를 거절하지 않는다.

까르푸는 소비자의 충동구매가 '계획적인 쇼핑' 보다 훨씬 많이 이루어진다는 점에 착안해 소비자의 구매 욕구를 자극하기 위한 판매 기법을 적극적으로 개발하였다. 까르푸에서 판매하는 과일과 채소는 짙은 녹색 바구니에 진열된다. 붉은색과 황색의 과일과 녹색, 흰색의 채소가 녹색 바구니와 대비를 이루기 때문에 소비자는 친환경적인 인상을 받아 무의식적으로 신선하고 웰빙 먹을거리라는 인상을 받게 된다. 위생적이고 안심하고 먹을 수 있는 식품을 사려는 소비자의 심리를 충족시키는 분위기 연출은 자연스럽게 호감을 불러일으키고, 매출로 연결된다.

제품의 신선도 유지를 위해 까르푸는 전문적인 품질 검사 부서를 두어 식품의 형태, 품질 보장 기간, 내용 표시 등을 엄격히 관리한다. 위생 검사에서 불합격한 식품은 판매하지 않으며, 고객이 신선한 식품을 바구니에 넣도록 공장에서부터 매장까지 항온 상태를 유지한다.

제품에도 휴머니즘을 담아라

공자가 말했다. "사람으로서 인하지 않으면 예가 무슨 소용이 있겠는가? 사람으로서 인하지 않으면 음악이 있은들 무슨 소용이 있겠는가?"
(子曰, 人而不仁, 如禮何? 人而不仁, 如樂何?)

– 《논어》 '팔일八佾' 편에서

어떤 사람이 어질지 않으면 예절을 지키는 것도 아무 의미가 없다. 이런 이치를 경영에 적용한다면, 상품이 좋지 않다면 아무리 좋은 광고도 쓸모가 없다. 공자의 말씀에서 CEO가 배워야 할 사실은 제품은 어디까지나 인간을 위해 만들어져야 하고, 광고에도 인간미가 배어 있어야 한다는 것이다.

　세계적인 가전업체 일렉트로룩스Electrolux는 제품의 디자인에서부터 판매, 광고에 이르기까지 전 과정에 휴머니즘을 구현한다는 경영

이념을 지키고 있다. 모든 제품의 광고는 지극히 일상적이고 인간적인 콘셉트를 위주로 하여 소비자에게 일렉트로룩스는 쾌적하고 안전한 생활을 보장한다는 메시지를 전달하고 있다.

일렉트로룩스는 소비자는 자신의 요구를 당당히 주장할 권리가 있으며, 단순히 제품을 파는 것이 기업의 목적이라고 생각하지 않는다. 그래서 소비자가 제품이 고장 났을 때 일렉트로룩스의 존재를 떠올리는 것이 아니라, 냉장고 한 대를 사면 일렉트로룩스의 일원이 된 듯한 친밀감을 느낄 수 있어야 한다고 생각한다. 이 회사의 서비스 콘셉트는 가족적인 기업이라는 이미지를 강조하는 영업 전략을 응용한 것이다. 판매 후 서비스는 '글로벌 가전 수리 기금회'에서 나오는 기금을 바탕으로 10년 이상 제공된다. 소비자들은 기금회의 기금으로 교육을 받고 전문적인 지식을 갖춘 기사들로부터 제품에 관한 전반적인 상담과 정기적인 방문 서비스 등을 받을 수 있다.

제품 개발은 물론 매출에서도 일렉트로룩스는 업계 최고를 지향함으로써 소비자를 만족시키려 한다. 1998년에는 제품의 순간 소음치를 36데시벨(db)이하로 낮춰 시장 점유율을 크게 높였다. 1999년에는 유럽의 최고 절전 기준에 부합하는 제품들을 출시하여 브랜드의 첨단 기술력을 증명했다. '에너지 절감, 더욱 매력적인 제품'이라는 캐치프레이즈는 부드럽고 친근한 일렉트로룩스의 종전 이미지에 기술력도 뛰어나다는 이미지를 부각한 것이다. 2000년에는 개성이 돋보이는 제품을 원하는 소비자들을 위한 냉장고를 개발하여 개성과 감성을 중시하는 트렌드에 발맞추었다. 2001년에는 기존의 높은 인지

도와 선호도에 덧붙여 브랜드에 대한 소비자들의 신뢰도를 높이는 데 주력했다. 즉 세계적 브랜드로서의 고급 이미지를 내세우지 않고 소박하고 생활에 편리한 제품을 생산하는 기업이라는 이미지 구축을 시도한 것이다.

일렉트로룩스는 고객은 단순히 제품의 물리적 기능만을 사는 것이 아니라 생활의 편리함과 쾌적함을 산다는 마인드를 갖고 있다. 이와 동시에, 일렉트로룩스의 제품 구입은 기업을 인정하고 신뢰한다는 의미이고, 이는 인간적인 서비스에서 생겨난 것이라 할 수 있다.

일렉트로룩스와 마찬가지로 노키아Nokia도 생활 밀착형 광고로 유명하다. 1997년 말에 노키아는 전 세계를 상대로 'Human Technology'라는 광고 카피를 선보였다. 타이완 노키아사는 이 카피를 중국어로 어떻게 번역할 것인지 고민을 거듭하다 '노키아는 과학기술은 인성에서 나온다고 믿습니다'라는 다소 길지만 입에 잘 붙는 구어적 표현으로 바꾸었다. 이 번역은 '과학기술은 인간을 기본으로 한다' '인간 본위의 과학기술'과 같은 표현에 비해 인간적인 면을 강조하는 노키아의 성향에 잘 맞았고, 결과적으로 큰 반향을 불러일으켰다. 한편, 소비자 조사에 의하면 '게임'은 휴대전화 구매의 주요한 동기는 아니지만 소비자 심리에서 큰 비중을 차지한다고 나타났다. 노키아는 게임을 주제로 한 CF를 제작하여 휴대전화에 내장된 게임 기능을 강조했다. 광고는 소비자들의 마음 깊숙한 곳에는 동심이 숨어 있다는 메시지를 통해 제품의 인간적인 면을 부각하면서 인문적 성찰이 깃든 브랜드 이미지를 심어 주었다.

사회와 문화가 발달하고 교육 수준이 평균적으로 높아지면서 사람들의 소비관에는 거대한 변화가 일고 있다. 종전의 수동적이고 경험적인 소비가 능동적이고 과학적인 소비 패턴으로 바뀌면서 이성과 개성, 그리고 미의식이 선택의 주요한 요인이 된 것이다. 상당수 소비자는 생활에 편리한, 높은 품질의 제품을 원하면서도 자신의 미적 감각을 만족시키는 것을 찾는다. 즉 기본적으로는 품질을 추구하면서도 트렌드에 뒤떨어지지 않는 소비를 원하는 것이다. 이들은 품질과 성능, 문화와 미적 가치를 중시하고 제품을 통해 자신의 지위, 부, 품격, 미적 취향 등을 드러낼 수 있는 제품을 선택한다.

인문에서 경영의 지혜를 배우다

제 4 장

높은 인격과 훌륭한 인성은 최고의 리더십이다

CEO는 자신의 일거수일투족이 직원과 고객에게 평가를 받고, 정책 결정에도 영향을 미친다는 사실을 잊지 말아야 한다. 무게감 있고 안정된 언행은 남들의 신뢰를 얻어 좋은 기회를 불러오지만, 그렇지 않으면 많은 것을 잃게 된다. CEO가 조직에서 카리스마를 충분히 발휘하면 사람들의 마음을 얻어 팀워크가 강화되고, 조직도 발전할 수 있다. 맹자는 "바른길을 가는 사람에게는 도와주는 이가 많고, 가야 할 길을 벗어난 자에게는 도와주는 사람이 적다. 도와주는 사람이 극히 많으면 천하가 그를 따르게 될 것이다"라고 했다. 바른길을 간다는 것, 즉 득도를 했다는 것은 일상적인 말과 행동이 도를 거스르지 않는다는 것이다. 만약 자신이 환영받지 못하는 인물이라면 남들의 도움을 기대할 수 없다는 사실을 명심해야 한다.

독단은 실패의 온상이다

공자는 네 가지를 절대 하지 않았다. 억측하지 않았고, 반드시 하겠다는 억지를 부리지 않았으며, 절대 하지 않겠다며 고집하지 않았고, 자기만 아는 마음이 없었다.

(子絶四, 毋意, 毋必, 毋固, 毋我.)

ー《논어》'자한子罕' 편에서

공자가 하지 않은 네 가지는 수신을 위해 스스로 만든 규범이었다. 자신을 버리는 무아의 경지에 오르면 공평해지고 사심도 없어진다. 사심이 없으면 두려움이 사라져 어떤 것에도 구애받지 않는다. 거칠 것 없이 자유로우면 집착, 고집, 독선 등은 자연히 없어진다. 근거도 없이 멋대로 추측하면 실상을 왜곡하게 되고 생각이 꼬리를 물면서 자신을 스스로 괴롭히게 된다. 주관이 너무 강하면 상식에서 벗어나 걷잡을 수 없는 결과를 빚고, 다른 사람들로부터 완고하게 보여 큰일을

인문에서 경영의 지혜를 배우다

망치기도 한다. 자신을 너무 내세우고 이기심이 지나치면 세상과 어울릴 수 없다. "사람은 마음을 넓게 써야 한다"는 공자의 말을 기업 문화에 적용한다면 '융합'으로 집약할 수 있다.

진晉나라 때의 유도진劉道眞은 학문을 익혔지만 전쟁 통에 가족과 재물을 잃고 먹고살기 위해 섬부(纖夫. 강을 거슬러 올라갈 때 밧줄로 배를 끄는 사람)로 일했다. 성격이 모난 그는 보는 사람마다 생트집을 잡으며 비웃었다. 어느 날 그가 강가에서 일하고 있을 때였다. 한 나이가 지긋한 부인이 배에서 노를 젓고 있자 그가 투덜거리며 말했다. "여자가 집에서 베나 짤 것이지 왜 노를 젓고 있는 거야?" 노부인도 이에 질세라 맞받아쳤다. "대장부가 말 안장에나 앉아 있을 것이지 왜 배나 끌고 있는 거야?"

한번은 유도진이 초가집에서 다른 사람과 쟁반 하나에 밥을 담아 같이 먹고 있었다. 그때 할머니가 어린애 두 명을 데리고 가는데, 세 명 다 푸른색 옷을 입은 것을 보고 유도진이 한마디 했다. "퍼런 양이 새끼 양들을 끌고 가네!" 할머니는 유도진을 되돌아보며 "돼지 두 마리가 한 여물통에 밥을 먹는구먼!"하고 쏘아붙였다. 자신이 꽤나 잘난 줄 알고 다른 사람들을 깔보며 함부로 입을 놀렸던 유도진이지만 강적 앞에서는 대꾸도 하지 못했다.

홀로 고고한 척하고 자신을 대단한 존재로 착각하는 사람은 세상 사에서 벽에 부딪치고, 직장에서도 고립무원의 처지에 놓이기 쉽다.

일본 나고야의 코쇼렌고工商聯合의 츠찌카와 키누오土川衣夫 회장이 요직에 앉힐 사람을 찾는다는 소문을 들은 메이테츠名鐵 백화점의 나가와 요시로長尾芳郎 회장이 유능한 청년 한 명을 추천했다. 츠찌카와 회장은 젊은이와 몇 분 동안 대화를 나눈 뒤 그를 불합격시켰다. 나가와 회장은 괜히 추천했다며 불쾌감을 드러냈다. 얼마 후 츠찌카와 회장이 추천했던 청년은 다른 직장에 들어가 승승장구했다. 하지만 6년 뒤에 이 청년은 총리의 비리 사건에 연루되어 25년형을 선고받았다. 어느 날, 나가와 요시로 회장이 츠찌카와 키누오 회장에게 과거에 그 청년을 거절했던 이유를 묻자 돌아온 대답은 이러했다. "논어를 공부한 적이 있습니까? 그 청년은 공자가 말한 '네 가지 하지 말아야 할 것(四毋)'을 모두 보여 주었습니다. 편견에 사로잡혀 억측하고, 옳다고 우기고, 고집이 세고, 자신을 내세우기에 급급했지요. 그렇게 위험한 사람을 쓰면 안 되지요!"

기업 문화의 통합에서도 공자가 경계한 네 가지 원칙을 지킨 사례가 있다. 휴렛팩커드와 컴팩Compaq 컴퓨터가 합병 계획을 발표한 지 얼마 되지 않아 양측은 확연히 다른 두 기업의 문화를 융합할 '문화통합 작업' 팀을 꾸려 기업 문화를 중시하는 면모를 보여 주었다. 이들의 선결작업은 양사의 문화적 차이를 분석하여 서로의 장점을 융합하고, 단점은 보완하여 빠른 시간 내에 강력하고 새로운 문화를 만드는 것이었다.

컴팩 컴퓨터는 휴렛팩커드에 비해 창의력과 순발력이 뛰어난 젊은 기업으로서 발 빠르게 시장 점유율 1위를 달성하려 했다. 미래 지향적인 직원들은 사업에 대한 전망이 밝다고 판단되면 복잡한 절차를 거치지 않고 융통성을 발휘하여 곧바로 행동에 옮긴다. 상대적으로

인문에서 경영의 지혜를 배우다

60년 이상의 오랜 역사를 지닌 휴렛팩커드는 문화적 기반이 두터웠고, 창업 이래 적자가 난 적이 없을 정도로 경영 상태도 양호했다. 직원들은 풍부한 경험, 완벽한 절차, 빠른 의사 결정 덕에 새로운 제품들을 지속적으로 선보일 수 있었다.

휴렛팩커드는 컴팩 컴퓨터를 인수하기에 앞서 '고객 제일'이라는 모토를 현실화할 수 있는 조직을 만든 후 '전면적인 고객 체험Total Customer Experience' 프로그램을 개발했다. 인터넷과 연결된 단말기, 끊임없는 정보데이터 제공, 전자화된 서비스 어플리케이션을 제공하여 유저들이 새로운 과학기술, 제품, 서비스를 손쉽게 경험하도록 하는 프로그램이었다. 고객은 광범위하고 질 높은 서비스를 받음으로써 유익한 체험을 하고, 이를 기반으로 기업도 발전한다는 두 가지 목적을 지향한 것이다. 휴렛팩커드는 '체험 경제'의 선구자적 역할을 통해 자사의 기업 문화와 정신을 널리 알릴 수 있었다.

컴팩에 비해 휴렛팩커드의 기업 문화가 훨씬 강하다는 사실은 전임 CEO 칼리 피오리나의 "우리의 핵심 가치는 회사가 존재하는 마지막 날까지 변하지 않고 계속될 것이다"라는 말에서 충분히 알 수 있다. 휴렛팩커드의 원칙들은 역사가 짧고 개적 정신이 강한 컴팩에게 효과적인 관리 시스템을 구축하는 데 큰 도움을 주었다. 또한 휴렛팩커드는 컴팩의 장점을 받아들여 시너지 효과를 거두었다.

조직이 건강하려면 질서가
바로 서야 한다

공자가 말했다. "천하에 도가 있으면 예악과 정벌은 천자로부
터 나오고, 천하에 도가 없으면 예악과 정벌이 제후로부터 나
온다. 제후로부터 나오면 대개 십 대 안에 (정권을) 잃어버리지
않는 경우가 드물고, 대부로부터 나오면 오 대 안에 잃어버리
지 않는 경우가 드물며, 대부의 가신이 나라의 (정권을) 잡으면
삼 대 안에 잃어버리지 않는 경우가 드물다. 천하에 도가 있으
면 정권은 대부에게 있지 않으며, 일반 백성이 정치에 대해 왈
가왈부하지 않는다."

(孔子曰, 天下有道, 則禮樂征伐自天子出, 天下無道, 則禮樂征伐自諸
侯出, 自諸侯出, 蓋十世希不失矣, 自大夫出, 五世希不失矣, 陪臣執國
命, 三世希不失矣. 天下有道, 則政不在大夫, 天下有道, 則庶人不議.)

– 《논어》 '계씨季氏' 편에서

이 구절은 공자가 천하에 도가 있는 경우와 그렇지 않은 상황을 비교
하여 설명한 것이다. 그런데 '천하에 도가 없다'는 것은 어떤 의미일

인문에서 경영의 지혜를 배우다

까? 공자는 이렇게 해석했다. 첫째, 주나라 천자가 제후들에게 권력을 빼앗긴 것이다. 둘째, 제후국의 권력이 대부와 가신들에게 넘어간 것이다. 셋째, 백성이 정사를 논하는 것이다. 공자는 이렇게 '무도無道'한 상황을 개탄하면서 이런 정권은 곧 무너질 것이라 생각했다. 그는 '천하에 도가 있는' 시대로 돌아가 정권이 안정되고, 백성이 평안하게 살기를 원했다. 공자의 시대를 거울삼아 현재를 비춰 보면, 시장경제는 법과 질서가 있어야 하고, 기업에는 기율이 확실해야 한다. 기업은 그 행위가 반드시 국가 정책과 법률을 따라야 하며, 내부적으로는 조직을 위하는 정신과 팀워크가 발휘되어야 한다.

한 기업이 오래도록 존속하기 위해서는 법과 규율을 준수해야 한다. 자유주의에 입각한 시장경제는 개성이 존중되는 경제 형태이지만, 인류는 집단을 중심으로 발전해 왔다. 크게는 국가, 작게는 기업은 법, 규칙, 제도 등을 통해서만 정상적으로 움직일 수 있다. 조직이나 단체가 강제성 있는 법이나 제도에 의해 일정한 보장을 받는 것을 사회적 계약이라 하고, 이로써 국가라는 집단이 존립할 수 있는 근거가 생긴다.

시장경제에도 집단주의 문화가 존재한다. 집단주의는 경쟁에서 기업 내부의 여러 가지 역량을 통합하여 응집력과 경쟁 우위를 만들어 내는 역할을 한다.

생물학적으로 인간은 자연계의 다른 동물들과 비슷한 습성을 지니고 있다. 바다 속 깊은 곳에 사는 바닷가재는 매년 먹이가 풍부한 곳을 찾아 이동한다. 이들은 줄을 지어 함께 다님으로써 체력을 아끼고, 적의 공격도 막아 낸다. 인간과 비슷한 집단주의가 기능을 발휘하는 것이다.

　고대 중국인들이 문명의 발상지인 황하를 다스리기 위해 강력한 통치를 시행하면서부터 점차 집단주의적인 전통이 생겨났다. 수천 년 동안 중국은 통일된 지휘 체계와 집단주의 정신으로 무장하여 자연재해와 적의 공격을 막아 냈고, 국가를 효율적으로 다스리면서 문명을 꽃피웠다. 집단 노동이나 전쟁을 할 때도 사람들은 협력을 해야만 목표를 달성할 수 있다. 그렇지 않으면 아무리 아름다운 꿈이나 원대한 목표도 그저 바람에 그칠 뿐이다.

　태평천국의 난(1851~1864년)을 일으킨 태평군은 '농민의 토지 소유' 원칙, '대동사회(大同社會, 중국 전국시대에서 한漢나라 초기 사이에 유가 학파가 주장한 이상사회. 사람이 천지 만물과 서로 융합하여 하나가 된다는 뜻) 건설' 등의 주장을 펴면서 집단주의적 단결 정신으로 청 왕조에 승리를 거두었다. 그러나 '칼로 흥한 자, 칼로 망한다'는 말처럼 집단주의 원칙이 무너지면서 태평천국은 급속도로 몰락했다. 1857년 6월 2일, 태평천국의 지도자 중의 한 명인 익왕翼王 석달개石達開는 전세가 기울자 천경天京, 즉 오늘날의 난징南京을 버리고 강남을 떠돌다 쓰촨성四川省으로 향했다. 석달개를 존경하는 많은 장수가 의리를 지키기 위해 석달개를 따르는 바람에 태평천국은 세력이 분열되는 큰 위기를 맞이했다. 석달개를 따른 장수와 군사는 무려 십만 명이나 되어 태평천국은 '조정에 장군이 없는' 형국이 되어 버렸다. 이 기회를 틈타 청나라 군대는 전투력을 강화하고 곳곳에서 태평천국 군대를 물리침으로써 1864년 7월

천경이 함락되고 태평천국은 붕괴되었다. 석달개도 1863년 쓰촨성 대도하大渡河에서 청나라 군대에 붙잡혀 처형되었다. 대단한 위세를 떨쳤던 농민 봉기인 태평천국의 난은 결국 참담한 실패로 막을 내렸다. 태평천국의 난이 실패한 원인을 한마디로 정의할 수는 없다. 그러나 분명한 사실은 태평군이 처음부터 끝까지 집단주의 원칙을 고수하지 못하고 파벌 싸움을 벌이다 분열하여 멸망을 자초했다는 점이다.

공자는 '천하에 도가 있으면 천자가 예악과 정벌을 행할 수 있다'는 말로 강력한 권력을 가진 조직의 필요성을 역설했다. 당시 분열된 사회상을 감안하면 공자의 권력 집중에 대한 주장을 쉽게 이해할 수 있다.

천하가 안정되고 질서가 바로 서려면 규칙을 만들고, 위계질서를 세우고, 뛰어난 리더가 정확한 결정을 내려야 한다. 맹자 역시 '왕도王道'와 '인정仁政'을 펼치고 집단주의적 문화가 나타나는 이상사회 건설을 주장한 목적은 사회조직이 안정되고 정상적으로 작동함으로써 민생이 안정되기를 바랐기 때문이다. 공동의 가치관에 입각하여 나라를 다스려야 한다는 이념은 '행복과 고난을 함께하는' 집단주의적 관리 모델과 집단의식에서 출발한 것이다.

고도로 산업화된 현대사회에는 한 세기를 넘은 기업과 신흥 기업들이 공존한다. 기업 경영의 어려움과 복잡성을 보여 주는 이러한 현상은 끈질기게 생존하는 기업들의 위기 극복 방법과 발전 과정을 연구할 수 있는 단초가 된다. 서구의 다국적 기업들 가운데는 가족 기업

family business이 큰 비중을 차지한다. 록펠러, 포드, 월마트 등은 가족을 중심으로 세워졌다. 이들 기업이 강한 생명력으로 버텨온 것은 가족 기업과 집단주의 원칙이 밀접한 관계가 있기 때문이다. 기본적으로 기업은 응집력이 강해야 경쟁력을 갖게 된다. 세상만사는 '합쳐지면 반드시 흩어지고, 흩어지면 반드시 합쳐지는' 이치에서 벗어나지 않는다. 가족 기업들은 어느 단계까지 발전하면 어쩔 수 없이 재산 승계 문제라는 기로에 서게 된다. 이 문제를 순조롭게 해결하는 기업들은 집단주의를 추구한다는 공통점이 있다. 따라서 최고경영자는 조직의 구성원에게 인정받을 수 있는 가치와 이념을 만들어 조직을 위한 단결력과 역량을 키워야 한다.

정보는 곧 경쟁력이다

공자가 말했다. "군자는 태연하나 교만하지 않다. 소인은 교만
하나 태연하지 못하다."
(子曰, 君子泰而不驕, 小人驕而不泰.)

－《논어》 '자로子路' 편에서

'군자는 태연하나 교만하지 않다'는 말은 마음속에 큰 뜻을 가지고 있
으면 의지가 강해지고 용감해져서 태연자약하지만 결코 교만하지 않
다는 뜻이다. 사업가라면 그 무엇에도 굽히지 않는 강인한 정신이 있
어야 하지만 오만은 금물이다. 성공한 사업가들은 어려움, 시행착오,
좌절을 극복하고 성공한 사람들이다. 이들에게 좌절과 실패는 성공
을 위한 자양분과 같다.

　일본 마쓰시타 그룹의 창업자로서 '경영의 신'이라 불리는 마쓰시

타 고노스케 회장은 자신의 성공 비결 가운데 첫째를 '다른 사람의 의견을 세심하게 경청하는 자세'로 꼽는다. 프랑스 작가 앙드레 모루아도 "사업가는 여러 사람의 지혜를 모아 현명하게 활용하고, 다른 사람의 두뇌를 빌리는 법을 알아야 한다"고 말했다. 매사에 느긋하게 여유를 부릴 줄 알면서도 교만하지 않은 몸가짐은 성공과 실패를 가르는 빗장과 같다.

조조가 독선적인 성격의 소유자라는 사실은 잘 알려져 있지만, 소인처럼 오만하지는 않았음을 알려 주는 일화가 있다. 그가 군사를 이끌고 전쟁터로 가는 도중에 수확을 앞둔 들판을 지나게 되었다. 농민들이 힘들게 지은 농사를 망치지 않게 조조는 군사들에게 밭을 지나가서는 안 된다는 명을 내렸다. 그런데 조조의 말이 앞을 지나가는 산토끼에 크게 놀라 밭 한가운데로 뛰어들었다. 명을 내린 지 얼마 되지도 않아 스스로 위반하게 된 조조는 짐짓 아무 일도 없었던 듯 태연한 척하거나 변명을 늘어놓지 않았다. 더욱이 최고 우두머리인 자신은 면죄가 된다고 해도 이의를 제기할 사람이 없었지만, 부하에게 자신의 머리카락을 자르도록 했다. 병사들은 자청해서 벌을 받는 조조에게 신뢰와 존경심을 품지 않을 수 없었다. 이처럼 솔직하고 원칙에 충실한 리더의 행동은 위신을 떨어뜨리기는커녕 오히려 명망을 높인다.

인문에서 경영의 지혜를 배우다

공자는 말했다. "유야, 너에게 안다는 것에 대해 가르쳐 주겠다. 어떤 것을 알면 안다고 하고, 알지 못하면 알지 못한다고 하는 것이 바로 아는 것이다."

(子曰, 由! 誨女知之乎! 知之爲知之, 不知爲不知, 是知也.)

– 《논어》 '위정爲政' 편에서

어떤 일이나 상황을 객관적·현실적으로 인식하는 것은 세상을 바르게 살 수 있는 기본 자질이다. 공자가 '아는 것을 안다고, 모르는 것을 모른다'고 하는 사람이 지적인 사람이라고 정의한 것은, "정직하면서 성실하게 살라"는 충고를 에둘러 말한 것이다. 이 말에서 현대의 CEO들이 깨달아야 할 점은 사실에 입각해 진리를 탐구하는 실사구시實事求是적 태도로 경영에 임해야 성공할 수 있다는 것이다.

아무리 노련한 CEO라도 새로운 분야에 진출하면 부족한 지식 탓에 헤매기 마련이다. 이럴 때는 겸손한 마음으로 공부하면서 새 환경을 이해하는 자세로 임해야 사업이 순탄하게 풀린다. '신임 관리는 세 번 불을 지른다'는 중국 속담은 새로운 정책이나 조치가 불러일으키는 파장이 얼마나 대단한가를 풍자한 것이다. 높은 자리에 오른 사람은 확실히 자신의 권위를 세우려 하지만, 적당한 선에서 조절하지 못하고 '불'을 지르는 우를 범하게 된다. 따라서 조직의 현황을 파악하고 업무상의 문제점이나 하자가 없는지 찾아내어 시정하는 작업이 무엇보다 중요하다.

제갈량은 지혜의 화신처럼 알려졌지만, 그의 지혜가 일상사에 대한 세심한 관찰에서 비롯되었다는 사실을 아는 사람은 별로 많지 않다.

제갈량은 유비의 삼고초려를 받아들여 세상에 나왔다. 그는 첫 싸움인 박망파博望坡 전투에서 화공을 써서 크게 성공함으로써 군사 지도자로서의 입지를 공고히 다졌다. 제갈량이 첫 임무에서 경이적인 공을 세운 것은 뛰어난 지모 덕분이었다. 그러나 승리의 결정적인 요인은 객관적으로 아군과 적군의 정황을 분석하고, 주변 지형을 조사하여 유리한 전략을 구사한 데에 있었다. 당시 조조가 하후돈에게 10만 군사를 이끌고 신야新野를 공격하게 하자 제갈량은 자신의 책임이 막중함을 절감했다. 제갈량은 험준하고 숲이 울창한 박망파 지역을 불로 공격하면 절대적으로 유리하다고 판단했다. 적이 아군을 가볍게 여기고 있다는 점을 간파한 제갈량은 이 점을 역이용하여 적을 협곡으로 유인했다. 매복해 둔 군사들이 불화살로 공격하자 조조의 군대는 도망치기에 바빴다. 수적인 열세에도 불구하고 유비의 군대가 조조의 대군을 격퇴한 것이다.

제갈량은 박망파 전투의 승리로 조조의 진격을 막아 냈을 뿐만 아니라, 더 나아가 유비와 군사들의 마음을 사로잡고, 자신의 실력을 의심하던 관우와 장비의 기를 꺾는 성과를 올렸다. 제갈량의 이 절묘한 '화공' 전술은 유비의 기세, 관우와 장비의 분노, 조조 군대의 오만함을 모조리 불사르는 효과를 발휘했다. 박망파 전투는 조사와 연구를 거쳐 대사를 치르는 것이 얼마나 중요한지를 보여 주는 전형적인 사례라 하겠다.

제갈량과 마찬가지로 수많은 CEO는 조직을 경영하면서 얻은 풍부한 경험을 바탕으로 리더의 필수요건을 잘 알고 있다. 하지만 새로운 일을 접하면 제갈량이 처음으로 세상에 나왔을 때처럼 실전 경험의 결여라는 난제에 부닥친다. 이런 상황에서의 정확한 해법은 밑바닥까지 내려가 실상을 이해하고 직원들의 의견을 경청한 뒤 실행 방침과 전략을 짜는 것이다. 철저한 조사와 연구를 통해 업무의 방향을 설정하는 리더십이 몸에 배게 되면 아무리 힘든 싸움에서도 승리할 수 있다.

마오쩌둥은 "사전에 조사하고 연구하지 않았다면 발언권도 없다"라고 말했다. 경영자의 능력이 아무리 뛰어나도 정확한 정보와 데이터를 확보하지 못하면 오류 없는 결론을 얻을 수 없다.

현대에는 그 어느 시대보다도 정보의 가치를 중시하므로 컨설팅 서비스는 황금알을 낳는 분야로 떠올랐다. 세계적인 경영컨설팅 회사인 맥킨지McKinsey는 '조사'와 '소통'을 자사의 존립 기반으로 삼아 관리 시스템을 효율적으로 운용하고 있다.

1926년에 설립된 맥킨지는 처음에는 회계와 관리 컨설팅만을 취급하는 회사였다. 1929년, 미국에서 대공황이라는 전대미문의 경제 위기가 발생하자 수많은 회사가 파산했다. 회사가 파산하게 되면 회계사무소에서 장부를 정리하고 자산의 등기와 워크아웃 작업을 한다. 회사들의 속사정을 꿰뚫게 된 맥킨지는 새로운 업종의 탄생을 예감하면서 좀처럼 맞이하기 어려운 도약의 기회를 준비했다. 회계사무소와 기업의 장부를 검토하는 과정에서 기업에게 반드시 필요할 만한 서비스를 발견한 그는 컨설팅의 필요성과 미래를 확신했다.

대공황이 끝난 후 맥킨지는 '엘리트를 총동원한 기업의 의사'로 변신했다. 기업들에게 경영 문제를 자문하면서 명성을 높인 맥킨지는 동종 업계의 선두주자가 되었다. 맥킨지의 성공 비결은 다름 아닌, 리서치의 중요성을 인식하고 특화한 데 있다.

높은 인격은 최고의 카리스마다

자금이 자공에게 물었다. "선생님께서는 가시는 나라마다 반드시 정치에 관해 들으시는데 선생님께서 그것을 요구하신 것입니까, 아니면 그들이 선생님께 이야기한 것입니까?" 자공이 대답했다. "선생님께서는 온화하고 공손하고 검소하며 겸양하셨기 때문에 그것을 얻은 것이니, 선생님께서 구하신 것은 아마도 사람들이 구하는 것과는 다르다 하겠지요?"

(子禽問於子貢曰, 夫子至於是邦也, 必聞其政, 求之與? 抑與之與? 子貢曰, 夫子溫良恭儉讓以得之, 夫子之求之也, 其諸異乎人之求之與?)

– 《논어》 '학이學而' 편에서

자금과 자공의 대화를 보면 공자의 인격과 행동을 짐작할 수 있다. 공자가 여러 나라의 군주들로부터 예우를 받은 데에는 온화함, 선량함, 공손함, 검소함, 겸양과 같은 미덕이 있었기 때문이다. 다섯 가지 미덕 가운데 하나인 '겸양'은 인격 형성 과정에서 매우 중요한 역할을 한다. 겸양은 명예, 이익, 권리는 다른 사람에게 먼저 양보하고 자신은 나중에 챙기는 것이다. 또한 책임이나 의무는 자신이 먼저 떠맡고, 나중에 다른 사람이 이행하도록 한다. 공자는 겸양의 미덕을 십분 발휘했기 때문에 천하를 주유周遊할 때 방문하는 나라마다 정중한 예우를 받을 수 있었다. 공자는 이기려고만 하고 명예와 이익을 얻는데 급급하고, 지거나 자신이 바라는 것을 얻지 못하면 원한을 품는 사람은 겸양을 모르는 것이라 말했다. 겸양을 몸에 익힌 사람들이 많아져 사회적인 분위기로 정착되면 보통 사람들도 겸양을 배우게 될 것이다.

자하가 물었다. "고운 미소에 보조개, 아름다운 눈동자에 뚜렷한 눈, 흰 바탕에 무늬를 그린다'는 말은 무슨 뜻입니까?" 공자가 말했다. "그림 그린다는 것은 흰 바탕을 채운 뒤에 하는 것이다." 자하가 다시 물었다. "본질을 표현하는 형식인 예는 (인의) 다음이란 뜻입니까?" 공자가 말했다. "나를 일깨우는 사람은 자하로구나. 비로소 나와 더불어 '시경'을 이야기할 수 있게 되었구나."

(子夏問曰, 巧笑倩兮, 美目盼兮, 素以爲絢兮, 何謂也? 子曰, 繪事後素. 曰, 禮後乎? 子曰, 起予者商也! 始可與言詩已矣.)

– 《논어》 '팔일八佾' 편에서

CEO는 자신의 일거수일투족이 직원과 고객의 평가를 받고, 정책 결정에도 영향을 미친다는 사실을 잊지 말아야 한다. 무게감 있고 안정된 언행은 남들의 신뢰를 얻어 좋은 기회를 불러오지만, 그렇지 않

인문에서 경영의 지혜를 배우다

으면 많은 것을 잃게 된다. 조직에서 CEO가 카리스마를 충분히 발휘하면 사람들의 마음을 얻어 팀워크가 강화되고, 조직도 발전할 수 있다. 맹자는 "바른길을 가는 사람에게는 도와주는 이가 많고, 가야 할 길을 벗어난 자에게는 도와주는 사람이 적다. 도와주는 사람이 극히 많으면 천하가 그를 따르게 될 것이다"라고 했다. 바른길을 간다는 것, 즉 득도를 했다는 것은 일상적인 말과 행동이 도를 거스르지 않는다는 것이다. 만약 자신이 환영받지 못하는 인물이라면 남들의 도움을 기대할 수 없다는 사실을 명심해야 한다.

'무언가를 얻으려면 먼저 주어야 한다'는 말처럼, 비즈니스의 세계에서는 먼저 상대에게 이득을 주어야 상대로부터 많은 것을 얻어낼 수 있다. 큰 비즈니스를 하는 사람이 구멍가게 주인처럼 쩨쩨하게 군다면 그의 앞날은 밝지 않다. '이익'의 관념을 정확히 이해하지 못하고 단기간의 이익을 위해 수단과 방법을 가리지 않고, 심지어 사기를 친다면 머지않아 사업가로서의 생명력이 다할 것이다.

조직을 이끄는 경영자는 온화함, 선량함, 공손함, 검소함, 겸양의 미덕이 몸에 배어 있어야 한다.

《중용》에는 "공자께서 말씀하시길, 덕이 크면 반드시 지위, 복록, 이름, 천수를 얻는다"라는 구절이 있다.

중용이란 사람이나 일을 대할 때 극단적으로 흐르지 않고 적당한 수준에서 멈추는 것이다. 인간관계에서도 사적인 영역을 서로 지켜주어야 한다. 그러나 많은 경우 사람들이 적절한 선을 유지하지 못하고 어느 한쪽으로 치우쳐 일을 그르치곤 한다. 이성적 동물이기도 한 인간은 정신이 맑을 때는 옳고 그름, 좋고 싫음과 같은 분별을 잘 한다. 하지만 받아들이기 어려운 일을 당하면 심하게 집착하거나 독단에 빠져 돌이킬 수 없는 지경으로 치닫는다. 이런 정도면 이성이 마비되어 사람들이 이해할 수 없는 행동을 하게 된다. 그런데 공자가 말한 다섯 가지 덕목을 갖췄다면 비이성적으로 행동하지 않는다. 옛사람들은 '지나침은 모자람과 같다(過猶不及)' '물도 차면 넘친다'와 같은 말로 과도한 욕심을 경계했다. CEO들에게 이런 가르침을 적용한다면, 자신의 능력으로 얻을 수 있는 것이라도 조금은 남들의 몫으로 남겨 놓고, 돌아갈 수 있는 여지도 남겨 두어야 한다는 말이 된다. 이는 세상을 사는 데 꼭 필요한 지혜이자 원칙이다. 인간은 일단 극한 상황에 처하면 이성보다는 감정에 더 치우치므로 그럴 때일수록 마음을 다잡고 여유를 잃지 말아야 한다.

CEO의 인간적인 미덕은 외양으로도 표현된다. 외양은 주로 용모, 옷차림, 헤어스타일 등을 지칭하는데, 정신과 소양도 외양에 영향을 미친다. 외양은 원만한 사교 활동에서 큰 역할을 한다. 외양을 소홀히 하면 선천적으로 훌륭한 외모를 가졌더라도 사람들에게 좋은 인상을 주기 힘들다. 반대로, 외양을 꾸미는 데 과도하게 신경을 써서 너무 튀거나 점잖지 못한 차림새를 하면 반감을 불러일으키기도 한다. 그러므로 자신에게 적합한 스타일을 찾아 치장하는 것이 매우 중요하다.

'옷이 날개' '불상은 금도금, 사람은 옷차림'이라는 속담은 옷차림의 중요성을 잘 말해 주고 있다. 무엇보다도 아름다운 옷차림은 사람들에게 '보는 즐거움'을 선사한다. 그렇다면 아름답고 매력을 발산하

인문에서 경영의 지혜를 배우다

는 차림새란 어떤 것일까? 첫째, 장소나 때를 불문하고 깔끔한 차림새가 아니면 좋은 인상을 줄 수 없다. 둘째, 옷과 다른 요소들과의 배합이 중요하다. 옷차림은 입는 사람의 지위, 분위기, 직업, 연령, 장소, 계절 등과 어울려야 한다. 공자가 살았던 시대에도 이 점은 매우 중요했다. 공자는 "군자의 옷은 하늘빛과 회색으로 테두리를 장식하지 말고, 붉은색과 보라색 평상복을 입어서는 안 된다"라고 일렀다. 이에 덧붙여 공자는 여름옷과 겨울옷, 제사와 상례喪禮에 참석할 때의 복장에 대해서도 자세히 언급했다. 공자의 옷에 대한 관심은 예의는 옷차림을 바로 하는 데에서 비롯된다는 사실을 가르쳐 주고 있다. 사람을 만나는 장소와 분위기에 따라 옷차림을 달리해야 한다는 점과 더불어, 몸가짐과 매너에도 유의해야 한다.

대부분의 사교 모임에서는 조용한 사람이 요란하게 떠드는 사람보다 인기를 끌고, 허풍을 떨거나 고담준론을 하는 사람보다는 카리스마가 있는 사람이 좌중을 압도한다. 카리스마가 있는 사람은 정신세계가 풍부할 뿐만 아니라 상대를 존중할 줄 알기 때문이다.

온화함, 선량함, 공손함, 검소함, 겸양 등을 갖춘 CEO는 공정하고 정직하다. 공자는 "스스로를 바르게 할 줄 아는 사람이 정치를 한다면 무슨 어려움이 있겠는가? 스스로를 바르게 할 줄 모르는 사람이 어떻게 다른 사람을 바르게 할 수 있겠는가?"라고 말했다.

공직에 있거나 기업을 경영하는 사람이 품행이 단정하지 않다면 공평무사할 수 없고, 결국에는 사람들로부터 외면당한다.

명석한 두뇌는 성공에 필수적인 요소지만 지나치게 머리를 쓰면 정도에서 벗어나기 쉽다. 정직하게 원칙을 고수해야 하는 일에 잔머리를 굴리다 보면 언젠가는 자기 발등을 찍는 오류를 범하게 된다.

성숙한 인격을 지닌 CEO는 일상생활에서 야박하게 사람들을 궁지로 몰아넣지 않는다. 우리가 인간관계에서 종종 난감해지는 이유는 어느 한쪽이 잘못했을 때 너그럽게 봐주지 않고 지나치게 따지기 때문이다. 사람은 누구나 체면을 중요하게 생각하므로 대화를 하거나 일을 할 때 상대가 곤혹스럽지 않도록 배려해야 한다. 만일 때와 장소를 가리지 않고 의도적으로 상대를 놀리거나 비웃는 발언을 한다면 당하는 사람이 상처를 받는 것은 물론이고, 자신도 인격을 의심받는다는 사실을 잊지 말아야 한다.

수양을 잘 한 CEO의 행동은 규범과 법도에 어긋나지 않는다. 여기서 말하는 규범이란 법률, 법규, 사람들이 준수해야 할 공중도덕, 윤리와 도덕 등이다. 사람들과 어울려 살려면 말과 행동이 당연히 규범을 지켜야 하지만, 특히 적정한 도度를 유지하는 것이 중요하다. 이를 위해서는 항상 '중용'을 유지하며 모자라거나 지나치지 않도록 스스로를 다스려야 한다. 식욕, 성욕, 물욕과 같은 본능을 절제하지 못하고 도를 넘어서게 되면 개인은 심신이 망가지고, 사회는 문란해진다. 공자와 제자들이 '중용' 사상을 사회에 뿌리내리려 했던 목적은 조화로운 세상을 만들기 위해서였다. 중용과 조화는 세상을 지혜롭게 사는 기준이다. 모든 사람이 규범을 지키지 않는다면 사회는 결국 혼란에 빠지고 마는 것이다.

문화사업은 기업의 품위를 높이는 매개체다

공자가 말했다. "시로써 일으키고 예로써 확립하고 음악으로써 완성한다."

(子日, 興於詩, 立於禮, 成於樂.)

— 《논어》 '태백泰伯' 편에서

공자는 "시를 배우지 않으면 입을 열 수 없다"라고 했다. 좀 다른 시각에서 말하자면, 시를 배운다는 것은 《시경》을 배워 단순히 이해하는 수준에 그치지 않고 자기의 것으로 만들어 응용할 수 있어야 한다는 것이다. 《시경》에 실린 수백 편의 시에 통달한 후에는 상대가 읊는 시구의 출처와 함의를 알아차려야 하는 것이다. 또한 복잡한 정신세계와 주변 환경을 시로 표현할 수 있어야 한다. 시는 읽는 사람으로 하여금 시심의 세계로 빠져들게 할 뿐만 아니라 궁극적으로는 지성적이고 온유하고 덕이 있는 군자로 완성시킨다. 달리 말하면, 시는 인간을 순화하여 도덕적으로 만드는 기능이 있으므로 공자는 "시경 삼백 편의 뜻을 한마디로 개괄하자면 '생각에 사악함이 없다(思無邪)'는 것이다"라고 했다. '무사無邪'의 의미는 순정하고 악함이 없다는 것으로, 시를 익히면 비로소 인간다운 인간이 될 수 있다.

'예로써 확립한다(入於禮)'는 말은 예를 배우고 익혀야 하는 중요성을 언급한 것이다. 공자는 예가 아니면 보지 말고, 듣지 말고, 말하지도 말고, 행동하지도 말라고 했다. 이는 인간은 윤리적인 존재가 되어 군신은 인의와 충성으로, 부자는 자비와 효로, 형제는 우애와 공경으로, 친구는 신의로 서로를 대해야 한다는 의미다.

'음악으로 완성한다(成於樂)'는 의미는 음악이 인의 토대에서 완성된다는 것이다. 공자의 시, 예, 음악에 대한 가르침을 기업과 연관시켜 생각하면, 기업 문화는 고아한 문화적 품위를 갖춰야 한다는 것으로 해석할 수 있다.

로레알L' Oreal사는 아름다운 모델들을 내세워 자사 제품을 직접적으로 광고하는 한편, 공익 활동을 통해 사람들이 로레알의 정신을 서서히, 무의식적으로 받아들이게 하는 전략을 구사하고 있다. 기업의 브랜드 이미지를 높이기 위해서는 세심하고 기발한 아이디어가 필요하지만, 더욱 중요한 것은 많은 사람이 자신도 모르게 브랜드를 선호하고 소비하게 만드는 것이다. 이를 위해 로레알은 공공사업을 알리는 광고를 통해 사회적 영향력을 높이는 방법을 선택했다.

로레알은 지역 단위의 작은 기금회들이 문맹 퇴치와 같은 의미 있는 활동을 하도록 지원하고 있다. 이 밖에도 매년 역사 유적지들, 일례로 노르망디 지역의 수도원을 보수하고 복원하는 데 일정 자금을 지원하고 있다. 적지 않은 단체들에 자금을 출연하여 사회적으로 좋은 일을 하고 있지만 로레알은 떠들썩하지 않게 조용히 활동한다는 원칙을 고수한다. 기업의 선행과 사회적 공헌이 조용하게 이루어질수록 많은 사람을 감동시키고, 호감과 인정을 받아 자사에 대한 친밀감과 신뢰가 커진다고 믿기 때문이다.

꾸준한 후원 활동으로 로레알은 '미의 사절'이라는 이미지를 선명하게 부각시켰다. 일례로 중국과 프랑스 화가들의 전시회를 열어 양국의 예술을 연결하는 역할을 담당하기도 했다. 1997년 5월에는 홍콩의 중국 반환을 앞두고 프랑스의 기메 미술관, 홍콩예술박물관과 함께 작품전을 개최했다. '베이징에서 베르사유까지'라는 주제로 19세기 말에서 20세기 초기의 중국과 프랑스 화가들의 작품을 전시한 그 행사는 성황을 이루는 성공을 거뒀다. 1998년 가을에는 세계적인 추상파 화가로 프랑스 국적의 중국인 자오우지趙無極를 후원하여 중국에서 처음으로 그의 작품 인생 60년을 정리하는 회고전을 열었다. 지속적인 후원 활동을 통해 로레알은 중국인들의 호감을 샀을 뿐만 아니라, 세계 최대 화장품 브랜드의 문화적 품격을 알리는 데 성공했다.

로레알은 문화유산 보호 활동에도 적극적으로 참여하고 있다. 1998년 4월, 로레알은 쑤저우蘇州에서 열린 유네스코 주최의 문화 고도古都 보존과 세계 역사 도시 교류와 협력을 위한 유럽 도시들의 회의에서 쑤저우 정원의 복원과 보호를 위한 기금을 쾌척했다.

2000년에 들어서는 세계 각국의 대학생을 대상으로 하는 '로레알 캠퍼스 기획 콘테스트'를 중국에서 처음으로 개최했다. 이 행사를 계기로 중국유럽국제공상학원(CEIBS, China Europe International Business School)과 장기적인 협력을 약속했고, 재학생들에게 해외에서 실습할 기회를 제공했다. 2001년 9월에는 상하이의 몇몇 고등학교와 중국 서부의 빈곤 지역 고등학교들을 도울 바자회를 열었고, 이곳의 여대생들을 위한 장학재단을 설립했다.

학술 지원에 있어서 로레알은 1998년에 유네스코와 손잡고 여성 과학자의 양성과 지위 향상을 위한 '로레알–유네스코 여성과학자상'을 창설했다.

공익을 위한 적극적인 투자를 통해 로레알은 고품격의 문화를 가진 기업으로 사람들의 머릿속에 조용히, 그러나 깊이 각인되는 효과를 거두었다.

인문에서 경영의 지혜를 배우다

사회적 기여 또한
기업의 존재 이유다

공자가 말했다. "무엇을 안다는 것은 그것을 좋아하는 것만 못하고, 좋아한다는 것은 그것을 즐기는 것만 못하다."
(子曰, 知之者不如好之者, 好之者不如樂之者.)

— 《논어》 '옹야雍也' 편에서

문화는 광고와 같은 속성을 갖고 있지 않지만, 기업이 시장을 확대하고 브랜드 이미지를 높이기 위해서는 문화적 접근이 필요하다. 기업이 문화를 소중하게 여기는 이미지를 강조하는 것은 상업적 목적에서 출발한 것이지만, 인문학적 통찰 없이는 불가능하다. 최근 들어 기업들이 문화를 경영의 중요한 요소로 도입하는데 주도적 역할을 한 사람들은 유교적 소양을 가진 엘리트 경영인들이다.

황차오링黃巧靈이 성공할 수 있었던 가장 큰 요인은 문화를 경영에 적용한 독창적인 아이디어였다. 젊은 시절 국방 신문의 기자로 일했던 그는 신문사를 사직한 뒤 고전소설《홍루몽》에 심취하여 베이징 대학의 러다이윈樂黛雲, 탕이제湯一介 교수에게서 홍루몽을 다양한 관점에서 연구하는 '홍학紅學'을 사사했다. 그의 홍학에 대한 독특한 시각은 위핑보(兪平伯, 시인 겸 문예비평가)의 관심을 불러일으켜 두 사람은 수년 간 서신 왕래를 하기도 했다. 지식과 문화에 대한 남다른 이해는 황차오링의 사업에 커다란 도움을 주었다.

1987년, 황차오링은《역경》과《홍루몽》을 가지고 홀로 하이난海南에 가서 해수욕장을 만들었다. 이 사업은 성공하지 못했지만 황차오링은 레저 산업에서 앞선 감각을 지닌 사람으로 인정받았다. 1994년에 황차오링은 항저우杭州에서 '쑹청宋城 돌아보기'라는 사업을 야심차게 시작하여 큰 반향을 불러일으켰다. 그가 이 사업을 결심하게 된 계기는 북송 시대 장택단張擇端의 '청명상하도(淸明上河圖, '청명에 강에 오르다'라는 뜻)'라는 그림을 우연히 감상하면서였다. 그림과 똑같이 송나라 때의 경관을 항저우에 재현하여 관광객들이 둘러보게 하자는 아이디어가 떠올랐던 것이다.

항저우의 수많은 명승지, 예를 들면 서호西湖, 레이펑탑雷峰塔, 영은사靈隱寺 등에는 송나라 문화의 흔적이 그대로 남아 있다. '청명상하도'는 송나라의 수도였던 카이펑開封의 아름다운 경치를 묘사하고 있다. 하지만 수백 년 동안의 전란과 자연재해로 카이펑의 건축물들은 원형을 보존하고 있는 것이 거의 없다. 이에 반해 항저우는 역사적 유적들이 비교적 원형을 잘 유지하고 있었다. 이에 황차오링은 항저

인문에서 경영의 지혜를 배우다

우에 송대의 도시 모습을 살린 '쑹청 테마파크'를 구상하게 되었다.

오래전부터 항저우에서는 서호를 중심으로 하는 관광코스가 개발되어 있었으므로 사람들은 '쑹청'의 시장성에 회의적이었다. 또한 급속히 냉각된 '테마파크' 붐도 비관적 전망에 무게를 더했다. 황차오링도 이런 문제점을 모르지 않았지만, 항저우는 송대 후기의 문화를 싹틔운 중심지라는 배경을 갖고 있으므로 억지춘향격으로 만든 여타의 테마파크들과는 다른 장점이 있다고 확신했다.

> 공자는 말했다. "지혜로운 사람은 물을 좋아하고, 어진 사람은 산을 좋아한다. 지혜로운 사람은 동적이고, 어진 사람은 정적이다. 지혜로운 사람은 즐기고, 어진 사람은 오래 산다."
>
> (子曰, 知者樂水, 仁者樂山, 知者動, 仁者靜, 知者樂, 仁者壽.)
>
> ― 《논어》 '옹야雍也' 편에서

황차오링은 수백 년 전의 문화 경관을 재현하여 사람들에게 즐거움과 함께 역사 지식을 얻게 하면 역사에 대한 자긍심과 전승 의지가 생길 것이라 믿었다. 그는 상업적 목적의 투자는 학술적 연구와는 다르므로 쑹청을 완벽하게 옛 모습대로 복원하는 것은 별 의미도 없고, 가능하지도 않다고 생각했다. 세월이 흐르면 문화유산은 어쩔 수 없이 유실되므로 엄밀히 말하면 원래 모습을 그대로 재현한다는 것 자체가 모순이다. 따라서 문화유산의 복제는 역사적 상상력을 키우고, 문화에 대한 인식을 높인다는 면에서 적지 않은 의미를 부여할 수 있다.

사물이 변하듯이 역사도 끊임없이 발전한다. 사람은 죽고, 레이펑 탑이 무너져도 민족문화에 깃든 정신은 영원히 사람들의 뇌리에 각인된다. 오늘날 세계적으로 문화들이 격렬하게 충돌과 융합을 거듭하는 상황에서 민족문화의 순수성과 정수를 보존할 때 복제는 필수불가결한 수단이다. 황차오링은 이런 인식을 토대로 경영 마인드와 사회적 책임을 통감하는 지식인으로서의 역할을 결합하여 역사와 문화를 재현하는 사업에 뛰어들었다.

1996년 5월 18일, 문화적 분위기와 오랜 도시의 고졸함과 핍진(逼眞, 실물과 매우 비슷하다는 의미)함을 되살린 '쏭청'이 정식으로 모습을 드러냈다. 쏭청은 예상을 깨고 사람들의 마음을 사로잡아 황차오링의 판단이 옳았음을 증명했다. 개막일부터 그해 연말까지 쏭청을 찾은 입장객의 수는 100만 명, 수입은 4,000만 위안에 달했다. 기적에 가까운 성공은 엄청난 반향을 불러일으켰고, 테마파크에 대한 새로운 해석과 연구 열기가 뒤따랐다.

인공 경관인 '쏭청'이 항저우의 명소로 입지를 굳히게 된 이유는 감상과 오락이라는 두 가지 기능을 갖추었기 때문이다. 관광객들, 특히 젊은 세대는 레저에 대한 기대치가 높아 단지 문화 유적지를 본다는 데 만족하지 않고 직장생활에서 받은 스트레스를 쾌적한 분위기에서 자유롭게 놀면서 풀려고 한다. 이런 수요를 감지한 황차오링은 쏭청을 관광과 레저를 겸한 시설로 만들었다.

‘쏭청’ 테마파크의 성공은 황차오링의 참신한 아이디어, 즉 역사와 문화의 정수를 현대적으로 재현한 능력에 힘입은 것이다. 그러나 쏭청을 방문한 사람들이 감탄하는 것은 ‘청명상하도’의 휘황찬란한 경관을 사실적으로 재현했다는 데에 그치지 않는다. 더욱 감탄스러운 점은 송대의 생활상과 정신을 생생하게 구현했다는 것이다. 매일 아침 황제와 문무백관이 도열한 가운데 관광객들의 입성을 환영하는 의식에서 시작하여 카이펑의 민속 무용인 대규모의 북춤 공연, 수호지의 내용을 주제로 한 공연 등이 펼쳐지는 것이다. 이를 구경하는 관광객들은 마치 그 옛날의 공간으로 돌아간 듯한 착각에 빠지면서 ‘뿌리 찾기’가 바로 쏭청의 주제라는 사실을 발견한다. 전문가들은 쏭청에는 건축물이라는 ‘몸’과 문화라는 ‘혼’이 함께 있다는 찬사를 아끼지 않는다. 황차오링은 자신이 일군 쏭청에 대해 이렇게 말했다. “건축은 아무리 훌륭해도 훼손되고 사라지지만, 문화가 입혀지면 생명력을 얻는다. 관광레저 산업이 발전하려면 인문적 관심이라는 영원한 주제에 천착해야 한다. 인문적 관심과 문화로의 회귀는 기업이 발전하기 위한 관건이다.”

좋은 것은 받아들이고 나쁜 것은 타산지석으로 삼아 발전의 원동력으로 삼으라

공자가 말했다. "세 사람이 길을 가면 그 가운데 반드시 나에게 스승이 될 만한 사람이 있다. 그 가운데 선한 사람을 가려서 따르고, 선하지 않은 사람을 가려서 자신을 고쳐야 한다."
(子曰, 三人行, 必有我師焉, 擇其善者而從之, 其不善者而改之.)

— 《논어》 '술이述而' 편에서

문화 통합은 제각기 다른 문화적 배경, 가치관, 방법을 하나로 융합하는 것이다. 인본주의가 사람을 존중하고 사랑하는 것에서 출발하듯이 다국적 기업이 다양한 문화를 수용하고 통합할 때는 각 문화의 정수를 종합하되 극단적이고 조악한 면들은 배제해야 한다. 그리고 평화, 인도주의, 인간 존중의 이념으로 국적의 한계를 뛰어넘는 경영을 해야 한다.

인문에서 경영의 지혜를 배우다

경영관과 기업 문화에 대한 소통과 교감이 이루어진 뒤 기술과 업무를 교류하면 훨씬 수월하다. 일반적으로 외국계 기업, 그중에서도 대기업은 관리와 조정 업무가 대단히 치밀하다. 모토롤라가 관리 업무를 매뉴얼로 만들어서 문제가 생기면 즉시 대처하도록 하는 이유는 고객의 요구를 존중하기 때문이다. 시장에서 갈등이나 문제가 생길 경우에는 고위직 임원들이 나서서 기존의 방침대로 해결하는 것도 특징 중의 하나다.

모토롤라는 자사의 기업 문화를 고객, 공급업체와 함께 누림으로써 동반 성장을 이룩하고, 국제적 환경과 시장 변화에 적응하려 하고 있다. 이런 전통은 이윤을 최우선으로 하지 않는 창립자 폴 갤빈의 경영 철학에서 비롯된 것이다. 1930년대 미국 경제의 극심한 불황으로 어려움을 겪은 대다수의 기업들이 장부를 조작하고 허위 세금신고를 할 때도 폴 갤빈은 재무 담당자에게 "대중에게 진상을 알리라"고 지시했다.

모토롤라는 세계 시장을 개척하면서 인본주의를 신념으로 삼는다. 다원화는 기업 윤리를 국제적인 비즈니스에 응용할 수 있는 적극적인 수단이 되고, 그중에서도 문화의 다양성 문제를 처리할 수 있는 핵심 요건이다. 다원화는 훈련으로 이룰 수 있는 능력이자 기업 문화의 일부분이다. 다국적 기업의 경우 현지 문화를 올바르게 인식하지 못하면 본사와 현지 기업 간의 괴리가 커진다. 반면, 외국 문화에 대한 깊은 이해는 개인적인 발전에 도움이 될 뿐만 아니라 어떤 문제를 좀 더 참신한 시각에서 바라보고 해결할 수 있게 만든다. 다국적 기업이 이름 그대로 여러 나라를 아우르는 기업이 되면 진출한 나라들의 문화의 진수를 흡수하게 된다. 다국적 기업인 모토롤라는 전략을 세울 때 자신의 문화를 고집하지도, 맹목적으로 타국의 문화를 따르지도 않는다.

베르텔스만Bertelsmann은 독일 최대의 미디어 기업으로서 신문, 잡지, 방송, 출판, 영화 등의 사업을 하고 있다. 호주 출신 루퍼트 머독 소유의 뉴스 코퍼레이션News Corporation, 미국의 타임 워너Time Warner와 더불어 세계 3대 미디어 그룹으로 꼽히는 베르텔스만은 170여 년의 역사를 자랑한다. 치열한 경쟁 속에서도 도태되지 않고 세계적인 미디어 그룹이 된 결정적인 동력은 바로 베르텔스만의 기업 문화가 지닌 매력에 있다.

직원들의 '주인의식'은 기업 문화의 토양이라 할 정도로 중요한데, 베르텔스만은 미디어에 종사하는 직원들은 지식과 개성으로 무장하고 있으므로 서로 믿고 존중하는 분위기가 중요하다는 인식을 가지고 있다. 따라서 베르텔스만의 기업 문화와 최고경영자들은 직원들에게 더 좋은 업무 환경과 복리를 제공하는 데 전력을 다하고 있다.

기업이 고객 제일의 경영 모토를 실현하려면 고객의 욕망을 이해하고 품질과 업무 절차를 최적화해야 한다. 베르텔스만은 새로운 사물이 나타났을 때 보통 사람들은 수동적으로 받아들이지 않고 적극적인 상호 교류를 통해 수용한다는 사실을 경영에 반영했다. 즉 데이터, 정보 관리, 고객 서비스, 온라인 판매 등의 서비스를 고객의 요구에 맞춘 것이다. barnesnoble.com, bol.com, Interactive Studio, Lycos,

Tri-Pod, 독일 최고의 멀티미디어사 Pixelpark 등의 제품과 서비스는 베르텔스만의 다양한 전문성을 구현한 회사들이다.

세계화와 다원화는 베르텔스만이 지향하는 목표다. 수익을 창출하기 위해서는 보수성을 버리고 새로운 영역으로 진출해야 하는데, 인터넷과 멀티미디어는 정보 교류와 오락의 방식을 바꾸면서 무한한 비즈니스 기회를 제공하고 있다. 베르텔스만은 인터넷을 이용하여 전통적인 미디어 산업에서 가장 유망한 발전 기회를 찾고, 더 나아가 미디어 산업의 최고 자리를 굳히는 데 총력을 기울이고 있다.

직원에 대한 존중은
곧 고객 존중으로 이어진다

공자가 말했다. "군자는 자신의 말이 행동보다 앞서는 것을 부끄럽게 여긴다."

(子曰, 君子恥其言而過其行.)

– 《논어》 '헌문憲問' 편에서

공자는 과장된 언행을 수치스럽게 여겨 말보다는 행동이 더 뛰어나도록 노력하라고 강조했다. CEO는 '사람을 귀하게 여긴다'는 생각을 말로 하는데 그치지 않고 실제로 행동으로 옮겨야 한다.

세계적인 특송 업체 페덱스FedEx에서 '사람이 중심'이라는 말은 단순한 구호가 아니라 하나의 기업 문화다. 페덱스가 성공을 거두는 데 가장 중요한 요인인 '사람이 중심'이라는 신념은 선순환적인 구조로 실천되었다. '회사로부터 존중받는 직원은 고객에게 더 좋은 서비스

인문에서 경영의 지혜를 배우다

를 하게 된다. 좋은 서비스를 받은 고객은 계속해서 페덱스를 찾게 되고 회사는 더 많은 돈을 벌어 직원의 복지와 업무 환경 개선에 쓰게 된다.' 이것이 페덱스가 '사람이 중심이다'를 기업 문화의 기조로 삼게 된 논리적 근거다.

페덱스는 직원을 위해 커리어 설계를 해 준다. 두 개의 발전 기회를 제공하는데, 하나는 승진의 기회이고, 다른 하나는 멈추지 않고 자아 발전을 계속할 수 있는 기회이다. 이를 위해 페덱스는 신입 사원에게 강도 높은 교육을 실시한다. 예를 들어 배송 직원에게 정식으로 업무에 임하기 전에 고객을 만족시키는 서비스에 관한 40시간의 강의를 제공하는데, 이를 위해 1인당 1년에 2,500달러의 교육비가 책정된다. 매니저급의 직원에 대한 교육은 1년에 약 15명을 선발하여 15개월 동안 집중적으로 실시한다. 제일선에서 일하는 매니저들에게 실시되는 이 교육은 부서를 돌아가면서 경험하게 하여 회사의 현황을 파악하도록 한다. 이 밖에도 다양한 강의를 마련하여 직원들이 경험과 이론이라는 두 마리 토끼를 잡도록 뒷받침한다. 또한 직원들을 해외 지사로 파견하여 국제적인 감각을 익히게 한다.

직원들에게 공평한 기회를 제공하겠다는 의지는 제도로 보장된다. 일례로, 직원들은 해마다 직속 매니저의 평점을 매긴다. 매니저의 장점과 단점을 점수로 매기는 이 고과제도는 승진 여부를 결정하는 중요한 근거가 된다. 이 밖에도 절차를 밟지 않고 그대로 윗선에 청원할 수 있는 제도는 직원들에게 자유로운 발언 기회를 제공하고, 더 나아가 직원들이 사회에 기여할 바를 찾도록 장려하는 역할을 한다. 실제로 페덱스에는 사회적으로 선행을 한 직원들에게 상을 주는 제도가 있다.

페덱스는 직원들과의 소통을 매우 중요하게 생각한다. CEO는 직원들과 소통하는 데 많은 시간을 투자하고, 매니저는 매일 짧은 회의를 열어 직원들과 그날 해야 할 일에 대해 대화를 나눈다. 소통을 중시하는 이유 중 하나는 직원들이 회사와 가까운 사이라는 느낌을 갖도록 하기 위해서다. 화상회의, 홈페이지, 사내 TV 등을 통해 직원들에게 회사 현황과 발전 방향을 알리는 것도 페덱스의 문화이자 소통 방식이다.

페덱스 직원들에게 교육과 훈련은 생활과 업무의 자연스러운 일부분이다. 표정관리, 옷차림, 행동, 언어 습관 등을 모두 교육을 통해 배울 수 있기 때문이다. 외견상으로 드러나는 부분만이 아니라 윤리와 도덕성에 대해서도 페덱스는 엄격한 훈련과 평가를 실시한다. 지위 고하를 막론하고 누구나 받아야 하는 이 훈련을 위해 일반 직원들에게 1년에 2,500달러의 서적 구입비를 지급하고 있다. 인간적인 서비스는 기본적으로 당사자의 사람됨과 성격에서 나오지만 훈련을 통해서도 길러진다. 교육과 훈련은 직원들이 자신의 운명과 회사의 발전을 하나로 생각하고, 사무실을 또 다른 '집'으로 여기게 만드는 효과가 있다.

인문에서 경영의 지혜를 배우다

제 5 장

마음을 얻으면 일의 반은 해결된 것이다

덕이 있는 사람은 돈을 탐하지 않으므로 물질로 유혹해서는 안 되고, 재무 관리를 맡기면 좋다. 용감한 사람은 곤경을 두려워하지 않으므로 위험한 상황으로 강압하지 말고 긴급한 일을 처리하도록 한다. 슬기로운 사람은 예의범절을 잘 지키고 사리에 밝으므로 기만해서는 안 되고, 중요한 일을 맡기는 것이 좋다. 어리석은 사람은 쉽게 속으므로 협상이나 판단을 요하는 일을 하게 해서는 안 된다. 충성심이 없는 사람은 쉽게 흔들리므로 사업상의 기밀을 숨겨야 한다. 물욕이 강한 사람은 유혹에 잘 넘어가므로 돈 관리를 맡겨서는 안 된다. 감정적인 사람은 생각이 잘 바뀌므로 결정하는 일을 하지 못하게 한다. 논리적이지 않고 정리를 잘 못하는 사람은 일을 복잡하게 만들므로 장기적이고 치밀하게 처리해야 하는 일에 투입하지 말아야 한다. 사람은 누구나 자신이 매우 중요한 존재라고 생각하고, 남들에게 중요한 인물로 인식되기를 바란다. 그래서 사람들은 상대가 나를 중요한 사람이라고 생각해 주면 그를 위해 최선을 다한다.

사람은 각기 그 쓰임이 다르다

공자가 말했다. "그 하는 바를 보고 어떤 이유로 그렇게 하는
지 관찰하고, 그 편안하게 여기는 바를 살펴보면, 사람이 어찌
자신의 본래 모습을 숨길 수 있겠는가? 사람이 어찌 자신의
본래 모습을 숨길 수 있겠는가?"

(子曰, 視其所以, 觀其所由, 察其所安, 人焉廋哉? 人焉廋哉?)

– 《논어》 '위정爲政' 편에서

위의 말은 공자의 사람을 알아보는 원칙을 설명한 것이다. 공자는 사
람을 평가하고 등용하는 잣대로 세 가지를 제시했다. 첫째는 행동, 둘
째는 경력, 셋째는 의지와 편안하게 생각하는 것과 불편하게 생각하
는 것이 무엇인지였다. 공자는 이 세 가지를 기준으로 어떤 사람을 관
찰하면 (그는) 스스로를 숨길 수 없다고 단언했다. 인간성과 처세, 인생
의 목표, 행실, 자제력 등을 보면 한 사람의 면모를 대략 알 수 있다.

    역사적으로 위인이라 불리는 사람들은 인재를 아끼고 잘 쓸 줄 알았다. 인재 활용의 전제는 객관적이고 냉정하게 인품과 능력을 식별할 수 있어야 한다는 것이다. 중국에는 예로부터 백락(伯樂, 전국시대의 말 감정가)이 명마를 알아보듯 뛰어난 인물을 발탁한 일화들이 수도 없이 많고, 인재를 제대로 알아보는 방법이 발달했다. 이런 풍부한 사례들은 시대를 막론하고 사람들의 흥미를 끌며, 이제는 중국식 경영과 관리의 모델로 인정받고 있다. 미래를 내다보는 안목이 있는 CEO가 되려면 사람들의 개성과 특징을 주도면밀하게 파악해야 한다. "쥐를 잡는 데는 준마를 부릴 것이 아니라 고양이를 풀어야 한다. 배고픈 장사에게 필요한 것은 귀한 옥이 아니라 한 그릇의 죽이다"라는 옛말이 있다. 사람이나 물건을 쓸 때 관건은 '그 쓰임이 다하도록' 하는 것이다. 다시 말해, 사람의 능력이나 물건의 용도를 최대한 활용해야 한다는 의미다. 용도가 적절하지 못하고, 능력을 발휘하도록 하지 못하며, 적재적소에 쓰지 못한다면 본래 갖고 있던 효용성은 사장되고 만다.

    "사람 보는 눈이 있어야 제대로 사람을 쓸 수 있다"는 말이 있다. 그럼 수많은 사람들 속에서 어떻게 인재를 알아볼 수 있을까?

    포드 자동차의 설립자 헨리 포드가 젊은 시절 한 회사에 입사하기 위해 면접을 보러 갔다. 면접실로 들어서는 순간 바닥에 휴지가 떨어진 것을 본 포드는 자연스럽게 주워서 휴지통에 버렸다. 포드가 의자에 앉자 면접관이 미소를 지으며 다가오더니 "젊은이, 합격을 축하합니다"라고 말해 주었다.

    포드는 사소한 일이지만 행동으로 됨됨이를 보여 줌으로써 면접관의 마음을 사로잡았다. 면접관 역시 세밀한 관찰로 포드의 인품을 알아보았다. 마치 공자가 "그 하는 바를 보라"고 말한 의미를 알고 있었던 것처럼 그의 행동을 주의 깊게 관찰한 것이다. 처음 보는 사람의 작은 행동이나 말 한마디도 유심히 살펴보면 그 사람의 인품을 알 수 있다. 비교적 오랜 시간 알고 있는 사람이라면 직장에서 일하는 모습이나 대화를 통해 진면목을 파악할 수 있다.

제너럴 일렉트릭스GE의 전 CEO 잭 웰치는 자서전에서 "나는 사람이 GE의 핵심 경쟁력이라고 생각했다. 경쟁력을 높이기 위해 나는 그 무엇보다도 많은 열정을 직원들에게 쏟았다"라고 말했다.

잭 웰치는 휴게실, 복도, 회의실 등 장소에 구애받지 않고 직원들을 관찰했다. 그는 마주치는 직원 모두를 면접관처럼 지켜보았고, 자유로운 토론을 통해 인재를 발견하고 적절히 배치함으로써 그들을 자신의 경영 철학을 관철시키는 조력자로 활용했다.

조직 내부에서 직원들을 파악하여 미래를 설계하는 것은 바로 공자가 주장한 "왜 그렇게 행동하는지, 무엇을 편안하게 생각하는지"를 살펴보라는 인재 식별법을 적용한 것이다. 잭 웰치는 자신이 인재를 보는 눈을 갖게 된 경험을 말하면서 특유의 관점을 이야기했다. "나는 모든 사람이 열정과 의지를 가지고 토론 테이블에 앉기를 원한다. 그들이 보고서를 가지고 열띤 토론을 벌일 때 당신은 토론 내용은 물론이고 그들이 어떤 사람인지 알게 될 것이다."

CEO는 내부에서 인재를 발탁하는 형식과 채널을 확실히 인지해야 한다. 다시 말해, 인재를 발굴하는 작업은 단지 면접에 그치지 않고 일상적인 업무, 세심한 관찰, 의미 있는 소통 등의 과정을 거칠 필요가 있다.

미국의 유명한 경영학 교수 스코트 페리는 "미래의 시장에서 희귀 자원은 자본이 아니라 우수한 인재다"라고 말했다. 많은 CEO가 스코트 페리의 지적에 공감한다. 문제는 인재를 식별하는 객관적인 방식이 무엇이며, 그들의 사고방식·도덕성·전문성 등을 확실하게 파악하는 방법이 무엇인지를 아는 것이다. 이때 "세상에 쓸 만한 인재가 별로 없다"고 탄식만 할 것이 아니라 인재를 알아보는 공자의 지혜를 빌릴 필요가 있다.

제갈량은 인재 식별법에 관해 다음과 같은 결론을 내렸다.

"번거로운 일을 시켜 그 재능을 보고, 졸지에 질문을 던져 그 지혜를 보고, 급한 약속을 하여 그 신용을 보고, 재물을 맡겨 그 어짊을 보고, 위급한 일을 알려 그 절개를 보고, 술에 취하게 하여 그 절도를 보고, 좋고 싫음을 살펴 장단점을 보고, 친구와의 사귐을 보아 어진 사람인지를 알아보고, 남녀를 섞어 있게 하여 색욕에 대한 태도를 본다."

CEO는 상황을 고려하여 그에 적합한 방법으로 인재를 식별하고 이용해야 한다. 덕이 있는 사람은 돈을 탐하지 않으므로 물질로 유혹해서는 안 되고, 재무 관리를 맡기면 좋다. 용감한 사람은 곤경을 두려워하지 않으므로 위험한 상황으로 강압하지 말고 긴급한 일을 처리하도록 한다. 슬기로운 사람은 예의범절을 잘 지키고 사리에 밝으므로 기만해서는 안 되고, 중요한 일을 맡기는 것이 좋다. 어리석은 사

람은 쉽게 속으므로 협상이나 판단을 요하는 일을 하게 해서는 안 된
다. 충성심이 없는 사람은 쉽게 흔들리므로 사업상의 기밀을 숨겨야
한다. 물욕이 강한 사람은 유혹에 잘 넘어가므로 돈 관리를 맡겨서는
안 된다. 감정적인 사람은 생각이 잘 바뀌므로 결정하는 일을 하지 못
하게 해야 한다. 논리적이지 않고 정리를 잘 못하는 사람은 일을 복
잡하게 만들므로 장기적이고 치밀하게 처리해야 하는 일에 투입하지
말아야 한다. 사람은 누구나 자신이 매우 중요한 존재라고 생각하고,
남들에게서 중요한 인물로 인식되기를 바란다. 그래서 사람들은 상
대가 나를 중요한 사람이라고 생각해 주면 그를 위해 최선을 다한다.

인문에서 경영의 지혜를 배우다

믿지 못할 사람은 쓰지 말고, 일단 쓴 사람은 의심하지 말라

공자가 말했다. "예전에 나는 사람을 판단할 때 그 사람의 말을 듣고 그의 행동을 믿었는데, 지금은 그 말을 듣고도 그 사람의 행동을 살피게 되었다. 재여 때문에 사람 대하기를 고치게 되었다."

(子曰, 始吾於人也, 聽其言而信其行, 今吾於人也, 聽其言而觀其行, 於予與改是.)

— 《논어》 '공야장公冶長' 편에서

중국 최대 컴퓨터업체 렌상聯想 그룹의 류촨즈柳傳志 회장은 "인재를 알아보고 키우는 방법은 바로 일을 시켜 보는 것이다"라고 말했다.

이상적인 방법은 실행을 통해 발견된다. 실행, 즉 실제로 일을 시켜 봐야만 인재인지를 판별할 수 있다. 멍뉴蒙牛 그룹의 뉴건성牛根生 회장도 "진위를 가리는 가장 좋은 방법은 사용해 보는 것이다"라고 했다. 뛰어난 인물을 둘러싼 이야기와 인재를 활용하는 방법은 언제나 흥미진진한 얘깃거리가 된다. 인재를 발굴하고 키우는 목적은 유용하게 쓰기 위해서다. 인재를 아끼고 중요하게 생각한다면 더욱 합리적으로 활용해야 한다. "인격과 능력이 있는 사람은 파격적으로 중용하고, 인간성은 좋지만 무능하다면 능력을 키워서 쓰면 된다. 능력은 있지만 인격적으로 문제가 있다면 제한적으로 쓰면 되고, 능력도 인성도 문제가 있다면 절대로 고용해서는 안 된다." 이는 멍뉴 그룹의 용인 원칙이다. 1999년에 설립된 멍뉴유업 그룹은 민영기업으로서는 기적적으로 몇 년 만에 업계 최고로 올라섰다. 성공의 비결은 젊은 엘리트들을 심혈을 기울여 육성하고 요직에 앉혀 핵심 경쟁력으로 키운 데 있다.

멍뉴 그룹은 인성과 능력을 겸비한 젊은 인재들을 파격적으로 기용하였기 때문에 경영진의 평균 연령이 낮다. '모범 노동자'로 선정되는 영예를 얻은 바 있는 멍뉴의 양원쥔楊文俊 부회장은 젊은 나이에도 불구하고 중국 유업계에서는 '원로'로 불릴 정도다. 액상 우유 기술 분야에서 이룩한 '최초' 기록들과 기술 혁신이 모두 그의 머리에서 나왔기 때문이다.

멍뉴를 창업한 초기에 뉴건성이 32세의 양원쥔을 액상 우유 부문 사장으로 임명하자 많은 사람이 고개를 갸웃거렸다. 양원쥔이 이미 괄목할 만한 성과를 보여 주기는 했지만 아직 더 '험한 산'을 넘어 봐야 하는데 하루아침에 사장 자리에 앉는 것은 시기상조라 여겼기 때문이다. 그러나 뉴건성은 기업의 활력은 젊은 사람들에게서 나오는

인문에서 경영의 지혜를 배우다

것이고, 그룹 회장이 젊은 마인드를 유지하려면 젊은 세대를 적극 육성해야 한다고 확신했다. 그는 젊은 사람들에게 참신함을 기대했다. "젊은 사람은 경험이 부족하지만, 그들에게 일을 맡기지 않는다면 어떻게 경험을 쌓겠는가? 큰 방향을 정하고 나면 손을 놓고 젊은이들에게 믿고 맡겨야 한다. 그들에게 어려운 문제를 풀도록 하면 나이든 사람들이 생각지도 못했던 새로운 해결책을 내놓을 것이다."

뉴건성의 신뢰와 지도를 받은 양원쥔은 닝샤宁夏와 헤이룽장黑龍江 지역 우유회사들의 설비를 이용하여 멍뉴의 제품을 생산했다. 이로써 제품에 들어가는 원유 확보에 성공했고, 자금과 설비가 부족하다는 외부의 비판을 불식시켰다. 멍뉴가 300만 위안의 투자로 3억 위안 이상이 소요되는 생산 능력을 구비하게 된 것은 양원쥔의 아이디어 덕분이다. 또한 생산 시설 확보는 멍뉴의 고속 성장에 날개를 달아주었다.

'인재 양성의 가장 좋은 방법은 일을 시키는 것이다'라는 원칙은 직원들에게는 최고의 훈련을 받는 기회가 된다. 업무에서 부닥치는 도전을 통해 직원들은 경험을 쌓고 해결책을 모색하며 배우게 된다.

기업이 인재를 활용하려면 책임과 권리를 위임해야 한다. 기업은 '믿지 못할 사람은 쓰지 말고 일단 쓴 사람은 의심하지 말라(疑人不用 用人不疑)'는 용인술의 기본 원칙에 따라 인재들을 적재적소에 배치해야 한다. 이에 덧붙여 경쟁체제를 만들어서 실적과 능력에 따른 인사 제도를 운용하면 구성원들은 조직에 활력을 불어넣고 잠재력을 발휘하게 된다. 뛰어난 직원들에게는 더 많은 압력을 가해 위기를 이겨 내는 내성을 키워 주고, 불필요한 장애요소들을 제거하여 마음 놓고 일할 수 있는 환경을 조성해 주어야 한다. 사람이 모든 능력을 가질 수는 없으므로 인재의 장점을 한껏 살리기 위해서는 그 사람의 장점과 능력에 걸맞은 직무를 주어야 한다. 그러면 개인은 성과를 올리고 이것은 조직 전체에 시너지 효과를 가져온다.

인재를 쓸 때는 시기와 분위기를 살피는 것도 중요하다. 아무리 뛰어난 인재라도 일직선을 그리며 수직 상승하듯 발전할 수는 없다. CEO는 인재라는 용광로의 '불길'을 잘 조절하여 창의력이 최고조에 달했을 때 중책을 맡겨 한껏 능력을 발휘하도록 이끌어야 한다. 이 밖에도 인재를 잘 활용하려면 인재가 발전하는 과정과 그 속에서 겪는 굴곡을 지켜보는 인내심이 필요하다.

결론적으로, 기업은 직원들에게 적극적으로 일을 맡기고 그들을 관찰하는 과정에서 옥석을 가리고 인재를 발굴할 수 있다.

인문에서 경영의 지혜를 배우다

성공적인 사회생활을 위해서는 예의에 밝아야 한다

공자가 말했다. "군자가 널리 학문을 배우고 예로써 스스로를 단속한다면 도리에 어긋나지 않을 것이다."

(子曰, 君子博學於文, 約之以禮, 亦可以弗畔矣夫!)

– 《논어》 '옹야雍也' 편에서

공자는 고대의 전적典籍을 섭렵하고 '예'로써 스스로를 절제하라고 가르쳤다. '학문을 익혀 예를 아는 군자가 되는 것', 이것이 공자가 생각한 이상적인 인간상이었다. 공자의 가르침에서 알 수 있는 사실은 폭넓은 독서를 해야 '예'에 밝아진다는 점이다. 복잡한 현대사회에서 자신의 입지를 마련하려면 실력을 갖추고, 인간과 세상사에 대한 통찰력도 있어야 한다. 인간과 세상 돌아가는 배경을 이해하려면 먼저 '예'를 배우고 익혀야 한다. 공자가 "예를 배우지 않으면 (세상에) 설 수 없다"고 말한 것도 이런 이치에서다.

다른 시각에서 '예'를 이해하자면, 가령 선물을 줄 때는 다음과 같은 점을 유의해야 한다.

우선 예를 표시하기 위해 주는 '예품(禮品, 즉 선물)'의 가격은 상식에서 벗어나지 않아야 한다. 중국인은 '중용'의 정신이 투철해서 매사에 지나쳐서는 안 된다는 행동 원칙을 갖고 있다. 따라서 선물을 주고받을 때도 중용을 지키려는 경향이 강하다. 선물의 가격이 너무 비싸면 뇌물이 될 수 있고, 너무 싸면 실례가 될 수 있다. 예로부터 중국에서는 "영웅에게는 명검을, 미인에게는 연지와 분을 선물한다"는 말이 있다. 선물의 가격은 너무 비싸거나 싸지 않고 적당해야 한다는 의미다.

선물은 받는 사람의 신분과 지위에 맞아야 한다. 노인에게 스케이트를, 처음 만나는 사람에게 명품 옷을, 보수적인 사람에게 록 음악 CD를 선물하는 것 등은 예의에 어긋나는 일이다. 선물을 고를 때에는 받는 사람에게 맞는 것인지 고민해 보고, 특히 가격과 종류가 적당한지 심사숙고해야 한다.

선물을 줄 때는 시점과 장소를 고려해야 한다. 일반적으로 선물은 얼굴을 맞대고 건네주기 때문에 장소와 때가 중요하다. 사람들이 많이 있는 곳에서 한 사람에게만 선물을 주면 받는 사람은 '뇌물'을 받는 것 같은 불쾌감을 느낄 수 있다. 다른 사람들 역시 무시당했거나 냉대를 받는다는 기분이 들 수 있다. 친밀한 사이, 예를 들어 연인에게 공개적인 장소에서 꽃다발을 선물하면 두 사람의 관계가 마치 물질적인 것으로 유지된다는 느낌을 줄 수도 있다. 만일 친구에게 책 한

인문에서 경영의 지혜를 배우다

권, 비싸지는 않지만 가치가 있는 기념품을 선물할 때는 여러 사람이 있는 곳도 괜찮다. 같은 장소에 있던 사람들이 두 사람의 우정을 지켜보는 증인이 되는 효과가 있기 때문이다.

선물을 줄 때는 화기애애하고 우호적인 태도를 취해야 한다. 선물을 그냥 탁자 위에 놓고 나가 버린다면 그것은 선물이 아니라 절교나 다른 의미가 있다고 해석될 수 있다. 부드럽고 친근한 태도, 예의 바른 몇 마디의 말이 건네질 때 받는 사람도 기뻐하는 법이다. 선물을 줄 때 '작은 성의야!' '미안하지만……' 등의 말은 하지 않는 편이 낫다. 물론 '이것 아주 비싼 물건이야' '내가 이거 사느라 얼마를 썼지' 등의 말을 하는 것도 상당한 결례다. 선물이 무엇인지를 이야기해야 할 경우에는 상대에게 고마운 마음과 호감이 있어 그런 것이라는 점을 강조해야 한다. 그렇지 않고 선물의 가치에 대해 은근하게, 혹은 노골적으로 말한다면 받는 상대는 뇌물을 받는다는 기분을 떨치기 힘들다.

선물을 할 때는 관습과 예의를 지켜야 한다. 상식적으로 볼 때 선물은 사교와 예의의 규범에 따르는 것이 무난하다. 사람, 장소, 사안에 따라 선물을 달리하는 것도 중요하므로 경제적으로 어려운 사람에게는 실속 있는 것을, 돈이 많은 사람에게는 실용적인 것보다는 미적 가치가 있거나 희귀한 것을, 연인이나 부부 사이에는 기념이 될 만한 것을, 친구에게는 취미나 기호에 맞는 것을 선물하는 것이 좋다.

선물이 역효과를 발휘할 수 있다는 사실도 잊지 말아야 한다. 국적, 생활 습관, 종교, 성격, 기호 등은 선물을 할 때 반드시 고려해야 할 사항이다. 같은 종류의 선물이라도 받는 사람에 따라 선호도가 다를 수 있고, 심지어 반감이나 혐오감을 일으킬 수도 있다. 선물이 적합한지를 따져 보고, 상대가 꺼리는 것은 절대적으로 피해야 한다. 의도적으로 혹은 모르고 그랬더라도 불쾌감을 주는 선물을 하면 상대는 모욕당했다고 오해하거나 불만을 갖게 된다.

선물을 주는 시점을 잘 포착하면 그 효과는 더욱 커진다. 소크라테스는 "성공할 가능성이 가장 높은 사람은 남들보다 재능이 뛰어난 사람이 아니라 참신한 방법을 만들어 내는 자다"라고 말했다. 인간관계에 능하고, 사업에서 성공을 거두고자 하는 사람에게 선물로 인사를 차리는 것은 매우 중요한 일이다. 적절하게 예의를 차리는 선물을 잘 한다면 이미 성공의 길로 들어섰다고 할 수 있다.

매순간 자신의 본분에
최선을 다하라

공자가 말했다. "지위가 없음을 근심하지 말고, 그 자리에 설 수 있는 능력이 있는지를 근심하라. 사람들이 나를 알아주지 않음을 걱정하지 말고 남에게 알려질 수 있는 능력을 키워야 한다."

(子曰, 不患無位, 患所以立, 不患莫己知, 求爲可知也.)

― 《논어》 '이인里仁' 편에서

군자는 이해받지 못함을 걱정하지 않고 자신을 완성하는 데 끊임없이 매진한다. 아름다움은 내적으로 충만한 것이 밖으로 표출된 것이고, 마음에서 우러난 것은 겉으로 모습을 드러내므로 다른 사람들도 자연스럽게 (군자의) 가치를 알게 된다. 공자의 가르침에서 CEO가 깨우쳐야 할 사실은 자신의 본모습을 끝까지 잃지 않으면서 사람과 세상을 대해야 한다는 것이다.

공자는 제자인 자로를 이렇게 칭찬했다. "낡고 헤진 솜옷을 입고 있으면서 호사스런 가죽옷을 입은 사람에게 조금도 자신의 행색을 부끄러워하지 않는다면, 그런 사람은 오직 자로뿐이다." 자로는 농부의 아들로 태어나 어렵게 살면서도 나쁜 생각을 한 적이 없고, 공자의 가르침을 받으면서 자존감과 강한 의지를 갖춘 훌륭한 인물이 되었다. 사람의 본색과 진정한 본성은 이런 것이다.

《중용》에서는 "오로지 천하의 지극한 정성을 성性이라 한다. 지극한 정성은 천지가 만물을 낳고 기르게 만든다"라고 했다.

이른바 '물아일체物我一體' '천인합일天人合一'은 인간이 수양을 하면서 궁극적으로 지향하는 경지로서, 본성을 다하는 것이다. 스스로를 믿고 아끼고 존중하면서 다른 사람과 평등하게 인격적인 교류를 하는 사람은 스스로를 낮추지 않으면서 타인에게 '인애仁愛'를 베풀며 당당하게 자연과 만물 속에서 자신을 세운다.

주자朱子는 인간이 본성에 포함된 '진眞'을 제대로 발현하면 자연, 만물, 인간의 진을 발휘할 수 있다고 했다. 진(참됨) 이외에도 인간 본성 속의 선(善, 선함)과 미(美, 아름다움)는 궁극적으로 자연, 만물, 인간 등에 내재된 선함과 아름다움과 일체화될 수 있다. 맹자는 '공자는 천지(=자연)와 같다'고 찬탄했다. 비단 공자만이 아니라 모든 사람이 본성을 유지하면서 진·선·미를 최대한 발현하면 자연, 혹은 우주와 같아질 수 있는 것이다.

"가장 나다운 사람이 되라"는 말은 미국의 작곡가 어빙 베를린이 후배 작곡가 조지 거슈인에게 한 충고다. 두 사람이 처음 만났을 때 베를린은 명성이 높았지만, 거슈인은 아무도 알아주지 않는 무명의 작곡가였다. 베를린은 거슈인의 천부적인 재능을 알아보고 받고 있는 임금의 3배를 줄 터이니 자신의 음악 비서로 일해 달라고 제안했다. 그러면서 베를린은 진심어린 충고를 잊지 않았다. "내 제안을 받아들이면 당신은 아무리 잘되어도 제2의 어빙 베를린 정도겠지요. 하지만 고생을 견뎌 내면 언젠가 최고의 조지 거슈인이 될 수 있을 겁니다." 거슈인은 베를린의 충고를 받아들였고, 결국 최고의 작곡가가 되었다. 찰리 채플린은 처음 배우로 활동할 때 감독의 지시대로 유명 배우들의 연기를 모방해 연기했다. 참담한 실패를 수없이 반복한 그는 자신의 개성을 살린 연기를 하면서 주목받기 시작해 세기의 희극 배우가 될 수 있었다.

미국의 철학자이자 시인인 랄프 왈도 에머슨은 '자기 신뢰'라는 글에서 이렇게 썼다.

"언젠가 질투는 쓸모없는 짓, 모방은 자살이나 다름없다는 사실을 깨닫게 될 것이다. 좋고 나쁨을 떠나 인간은 자신의 재능으로 스스로를 도울 수 있을 뿐이다. 자기의 땅을 경작해야만 온전히 자기 몫의 옥수수를 수확할 수 있다."

본성은 '정情'의 주체이고, '정'은 본성이 행동화된 것이다. 사람은 '마음의 바탕을 밝게 유지하면서 진실함을 잃지 않으면' 충분하다. 명나라 말기의 유학자로서 어록집 《채근담》을 남긴 홍응명洪應明은 본성에 대한 보통 사람들의 잘못된 인식을 지적했다. "사람들이 업적을 뽐내며 문장을 자랑함은 모두 바깥 사물에 의지하는 것이다. 사람의 마음은 원래 밝아서 본래의 모습을 잃지 않으면 비록 공적이 전혀 없고, 글을 모른다 해도 저절로 훌륭한 사람이 되는 법인데 사람들은 이를 알지 못한다."

시인 더글러스 말로흐 역시 개인의 귀중한 존재감을 이렇게 노래했다.

"당신이 산꼭대기의 늠름한 소나무가 될 수 없다면
산골짜기의 수풀이 되어라.
하지만 계곡 옆의 가장 아름다운 수풀이 되어야 한다."

> 공자는 말했다. "그 직위에 있지 않은 사람은 그 자리와 관련한 일에 대해 논하지 말라."
> (子曰, 不在其位, 不謀其政.)
>
> — 《논어》 '태백泰伯' 편에서

자신의 신분과 지위를 의식하지 않고 능력에서 벗어나는 일을 해서는 안 된다. 공자는 신념이 있고 정도를 걷는 사람만이 군주를 도와 나라를 다스릴 자격이 있다고 말했다. 또 세상에 정의가 넘치고 정치가 바로 섰을 때는 관리가 되어 백성을 다스리지만, 도의가 없고 암울한 세상에서는 폭군을 위해 헌신하지 말고 은신하여 책과 벗하라고 했다. 국가가 원칙에 입각하여 잘 굴러가는데도 자신이 여전히 빈곤하고 빛을 보지 못한다면 최선을 다하지 않은 것이므로 부끄럽게

인문에서 경영의 지혜를 배우다

여겨야 한다. 반면, 불의가 횡행하는 나라에서 부유하고 높은 자리를 차지하고 있다면 영혼을 팔아넘기고 세상을 더럽힌 결과이므로 수치스러워 해야 한다. 사심으로 가득 차고 비굴하며 우매한 사람은 '중용'의 도를 지킬 수 없다. 그래서 공자는 이렇게 말했다.

"중용의 도가 널리 행해지지 않는 까닭은 총명한 사람이 늘 중용의 도를 넘어서고, 어리석은 사람은 중용에 미치지 못하기 때문이다. 중용의 도가 널리 세상에 알려지지 않는 까닭은 어질고 유능한 사람이 중용을 벗어나고, 못난 사람이 중용에 미치지 못하기 때문이다."

세상에서 자신의 입지를 세우려면 사심과 잡념을 버리고 어리석음과 무지함에서 벗어나 '중용의 도'를 실천해야 한다. 또한 '중용의 도'를 지키면서 자신의 지위와 역할에 맞춰 사고하고 행동해야 한다.

사람이 없으면 기업도 없다

공자가 말했다. "사람이 도를 넓힐 수 있는 것이지 도가 사람
을 넓힐 수는 없다."
(子曰, 人能弘道, 非道弘人.)

― 《논어》 '위령공(衛靈公)' 편에서

인간이 부단한 수양으로 '도'를 깨달아 자신의 수준을 높이고 중생을
어진 마음으로 사랑하는 것이 바로 '사람이 도를 넓힌다'는 의미다.
진정한 깨달음 없이 '도'를 자신을 꾸미는 수단으로 이용하여 사람들
을 현혹하고 인의를 실천하지 않는다면 위선의 극치가 아닐 수 없다.
인간이 도의 근본이지 도가 인간의 근본이 될 수는 없다. 공자의 말을
통해 CEO들은 인간 중심의 경영 철학을 행해야 한다는 믿음을 가져
야 한다.

마쓰시타 그룹의 마쓰시타 고노스케 회장은 "사업의 성패는 사람에게 달려 있다" "사람이 없으면 기업도 없다"라며 사람이 가장 중요함을 누누이 강조했다. 마쓰시타는 전자제품을 제조하는 회사이지만 '인재를 만드는' 회사이기도 하다. 인재의 발굴, 교육, 훈련, 격려 등에서 마쓰시타 고노스케는 독특한 철학과 실천으로 일가를 이루었다.

공자의 제자 번지가 지혜로움이 무엇인지를 묻자 공자는 "사람을 아는 것"이라고 대답했다.

마쓰시타 고노스케에게 '사람을 아는 것'은 경영자의 중대한 임무이자 기본적인 직책이었다. 그는 내부적으로 '사람과 사람 사이의 거리를 극복'하고, 고객을 포함한 인간관계에서 '모든 문제를 소통할 수 있게 하라'고 주문했다. 사람의 마음을 얻는 것만큼 중요한 것은 없다. 마음을 얻으면 일의 반은 해결된 것이기 때문이다. 1930년대 세계적인 경제공황으로 인해 일본의 공장들이 속속 문을 닫고, 회사들이 연쇄 파산할 때 마쓰시타전기도 매출액이 급감하고 재고가 쌓이는 위기 상황에 빠졌다. 마쓰시타 고노스케가 내놓은 방침은 동종 업계의 사장들과는 완전히 다른 것이었다. 재고품이 늘어나지 않게 생산량은 줄였지만, 직원들을 해고하거나 월급을 삭감하지 않았다. 근무 시간은 절반으로 줄였지만 임금은 그대로 지급한 것이다. 그리고 직원들에게 회사가 겪고 있는 어려움을 그대로 알리고 회사 제품을 최선을 다해 판매해 달라고 부탁했다. 그의 진심에 감격한 직원들은 두 달 만에 산처럼 쌓였던 제품들을 모두 판매하는 성과를 올렸다. 파산 직전까지 몰렸던 상황에서 마쓰시타 고노스케가 비상식적인 것처럼 보이는, 직원들을 희생하지 않는 방침을 실행할 수 있었던 배경에는 경영에 대한 깊은 사색과 철학이 있었다.

그는 사람을 쓸 때 남들과 다른 지혜를 갖고 있었다. 당시에는 콜타르, 석면, 석회 등으로 만든 연소성 자재의 제작 기술을 일반 기업들은 극비로 취급했지만, 마쓰시타 고노스케는 신입 직공들에게도 이 기술을 전수했다. "기술을 기밀로 하는 고충을 납득시키면 신입 기술자들도 외부로 발설하는 배신을 하지 않는다. 중요한 것은 서로가 믿는 것이다. 그렇지 않으면 사업에 성공할 수도, 인재를 만들 수도 없다"라는 것이 그의 신념이었다. 직원들에 대한 마쓰시타의 믿음과 기대는 적중했다. 직원들은 회사 기술을 밖으로 빼돌리지도 않았고, 회사로부터 받는 신뢰에 보답하기 위해 애사심으로 똘똘 뭉쳐 생산성을 높였던 것이다.

직원 관리의 노하우에 관한 질문에 마쓰시타 고노스케는 이렇게 대답했다. "직원이 100명일 때 나는 항상 맨 앞에 서서 솔선수범하면서 명령을 내렸다. 직원이 1,000명으로 늘어났을 때는 직원들의 중간에 서서 최선을 다하고 서로 돕자고 정중하게 부탁했다. 직원이 1만 명에 달했을 때, 나는 직원들의 뒤에 서서 감격했다. 만약 직원이 5만 혹은 10만 명 이상으로 늘어나면 나는 감격하는 것은 물론이고, 두 손을 모아 부처님께 합장하듯 경건한 마음으로 그들을 관리할 것이다."

마쓰시타 고노스케는 경영자가 회사의 발전 단계별로 해야 할 역할을 이해하기 쉽게 설명했다. 사업 규모가 작을 때는 경영자가 모든 일을 직접 지휘할 수 있다. 중간 규모로 성장했을 때는 조수 역할을

인문에서 경영의 지혜를 배우다

하는 사람이 필요하다. 사업 규모가 방대해지면 반드시 정신력에 의지하여 관리해야 한다. 마쓰시타전기는 3명으로 사업을 시작하여 22만 명의 임직원을 거느린 세계 3대 가전업체로 발전했다. 마쓰시타 그룹의 성공은 마쓰시타 고노스케 회장의 인재관이 옳았음을 증명한 셈이다. 그가 인재들에게 반드시 요구하는 것은 의지력, 업무 능력, 도덕성이다.

언젠가 마쓰시타에서 관리직 사원을 모집하여 수백 명의 응시자 가운데 10명만을 채용한 적이 있다. 이때 전산 착오로 종합 성적 2등을 거둔 청년이 탈락하는 일이 벌어졌다. 회사에서는 뒤늦게 높은 점수를 받은 청년이 떨어진 것을 발견하고 합격통지를 보냈다. 그런데 이 청년은 입사 시험에 떨어지자 비관한 나머지 그만 투신자살하고 말았다. 이 소식을 들은 마쓰시타 회장은 자신이 아까운 인재를 잃은 것이 아니라고 말했다. 의지가 박약한 사람이 앞으로 큰일을 해낼 수는 없기 때문에 그 청년은 인재가 아니라고 한 것이다. 마쓰시타는 인재를 볼 때 재능보다는 의지력을 훨씬 더 높게 평가했다.

공자는 말했다. "배우고 때때로 그것을 익히면 이 또한 기쁘지 아니한가?"

(子曰, 學而時習之, 不亦說乎?)

− 《논어》 '학이學而' 편에서

인재라고 발탁한 사람이 기대만큼 역할을 다한다는 보장은 없다. 업무 경험과 기업 문화에 대한 이해가 뒷받침되어야 진정한 인재로 성장할 수 있는 것이다. 이를 위해 경영자는 인재를 적절히 교육하고 훈련시켜야 한다.

마쓰시타는 사람의 능력은 한계가 있으므로 뛰어난 한 명에게만 의존하면 일시적으로 큰 성과를 올릴 수 있지만, 분명히 더 이상 발전하지 못하는 단계에 이르게 된다고 믿었다. 그래서 마쓰시타 그룹은 인재를 양성하고 직원들의 훈련을 강화하는 데 많은 힘을 기울였다. 과장, 주임 이상의 관리자들은 대부분 마쓰시타에서 직장 생활을 시작하면서 단련된 사람들이다. 상시적으로 직원들을 교육하기 위해 본사에는 '교육 훈련 센터'가 있고, 산하에 연수원 8개, 고등직업학교 1개가 있다. 8개의 연수원 가운데 중앙 사원 연수원은 주로 주임, 과장, 부장 등의 관리자들을, 제조기술 연구소는 엔지니어와 기술직 사원을, 영업 연수원은 판매 사원과 영업관리직을, 해외 연수원은 해외 직원과 국내의 무역 관련 직원들을 담당한다. 도쿄, 나라, 우쓰노미야, 키타오사카에 있는 사원 연수원은 현지 직원들을 교육시키고, 마쓰시타전기 고등직업훈련학교는 고등학교 졸업자와 청년 생산 직원들의 훈련을 책임진다.

인문에서 경영의 지혜를 배우다

> 공자는 말했다. "날씨가 추워진 뒤에야 소나무와 전나무의 절개(늦게 시듦)를 알게 된다."
>
> (子曰, 歲寒然後知松柏之後彫也.)
>
> — 《논어》 '자한子罕' 편에서

마쓰시타의 생산직 근로자들은 입사하자마자 교육을 받기 시작하여 8개월의 실습을 거친 뒤에야 각 부서에 배치된다.

> "지위가 없음을 근심하지 말고, 그 자리에 설 수 있는 능력이 있는지를 근심하라. 사람들이 나를 알아주지 않음을 걱정하지 말고 남에게 알려질 수 있는 능력을 키워야 한다."
>
> (不患無位, 患所以立. 不患莫己知, 求爲可知也.)
>
> — 《논어》 '이인里仁' 편에서

마쓰시타 그룹은 전문적인 직업 훈련 기구를 만든 것 외에도 '자아계발 훈련' 프로그램을 운영하고 있다. 이 프로그램은 개성에 따른 무의식의 자아계발, 자신의 장점과 단점을 이해하고 개선하기 위한 의식적인 자아계발, 직원 스스로 선정한 계발 과제, 목표에 근거한 자아계발 등의 주제로 구성되어 있다.

마쓰시타의 교육 프로그램은 해외와 국내 두 트랙으로 진행된다.

해외 교육은 매년 일정 인원을 선발하여 외국에서 실시한다. 국내 교육은 회사 내에서 진행된다. 교육 내용은 마쓰시타의 정신, 제품에 관한 지식, 소비심리, 행동, 스피치 기술의 이해 등을 포함한다. 교육의 최종 목적은 직원들이 책임감, 사명감, 소속감을 갖게 하고, 지속적으로 발전할 기회를 주며, 마쓰시타와 공동운명체가 되어 자아를 실현하게 하는 것이다. 결론적으로 말해 교육과 훈련을 통해 인재들이 정체하지 않고 발전을 계속하여 회사의 활력소가 되도록 하고, 전체의 결집력을 높이는 것이다.

인문에서 경영의 지혜를 배우다

진심을 다해 상대의 마음을 얻으면 일의 반은 해결된 것이다

임방이 예의 근본에 대해 묻자 공자가 말했다. "아주 훌륭한 질문이도다! 예는 사치스럽기보다는 검소한 것이 낫고, 상을 치를 때는 형식을 제대로 갖추는 것보다 차라리 슬퍼하는 것이 낫다."

(林放問禮之本. 子曰, 大哉問! 禮, 與其奢也寧儉, 喪, 與其易也寧戚.)

— 《논어》 '팔일八佾' 편에서

임방이 예의 요체가 무엇인지 물었을 때 공자는 형식적이고 보여 주기 위한 것이 아니라 진실한 감정을 담는 것이 중요하다고 대답했다. 사람을 대하거나 어떤 일을 치를 때 최상의 예를 갖추고 싶다면 화려하고 과장되게 표현하지 말고 진심에서 우러난 마음을 표현해야 한다. CEO는 '인성'의 중요성을 인식하여 조직 관리의 핵심으로 삼아야 한다. 인간은 감성의 동물이므로 자신이나 타인에 대해 희비가 엇

갈리는 정서를 갖고 있고, 가정이나 조직에 대해 사랑과 증오가 교차하는 감정을 지니게 된다. 그러므로 경영자가 역지사지로 부하 직원들의 입장을 살펴 돌봐 주면 분명히 '충성'으로 되돌려 받는다.

제갈량이 유비를 도와 손권, 조조와 천하를 삼분하는 유리한 위치를 차지하게 된 데에는 제갈량에 대한 유비의 지극한 정성이 결정적인 요소로 작용했다. 유비가 제갈량을 극진하게 대접하여 마음을 움직였듯이 CEO는 최고결정권자로서 직원들은 물론이고 고객에게도 겉으로만 깍듯하게 대할 것이 아니라 마음속에서 우러난 배려를 해야 한다.

《사기 · 진본기史記 · 秦本紀》에 나오는 이야기다. 진秦나라 목공穆公이 준마 한 마리를 잃어 조사해 보니 기산岐山에 사는 사람들이 말을 훔쳐가 잡아먹었다는 사실이 밝혀졌다. 관원들이 말을 먹은 사람들을 잡아서 중벌을 내리려 했지만 목공이 제지했다. "군자는 짐승 때문에 사람을 해쳐서는 안 된다. 말고기를 먹고 술을 마시지 않으면 몸이 상한다고 하니 술을 먹이도록 해라." 관원들은 목공의 명에 따라 사람들에게 술을 먹이고 죄를 사면해 주었다.

몇 년 후에 목공의 진나라는 진晉나라와 전쟁을 벌이게 되었다. 목공은 친히 군사를 지휘해 싸웠지만 중상을 입었다. 이때 목공의 말을 잡아먹었던 기산 주민 300명이 소문을 듣고 달려와 목숨을 아끼지 않고 싸웠다. 목공은 여러 사람의 도움으로 살아났고, 기산 사람들의 용기에 힘입어 전쟁에서 승리했다. 그가 절체절명의 위기에서 보답을 받을 수 있었던 것은 진심으로 백성을 아끼는 군주였기 때문이다.

인문에서 경영의 지혜를 배우다

제도나 법률과 같은 표면적인 형식에 얽매이지 않고 인간적으로 직원들을 위하는 마음에서 사업 계획을 세우고 집행한다면 이해와 지지를 얻는다. 이것이 중국식 경영의 특징 가운데 하나다. 또한 고객을 상대할 때도 상대의 입장과 시각에서 문제를 생각하고 행동 방안을 마련한다면 회사와 고객 간에 서로 신뢰하는 협력 관계를 구축할 수 있다.

미국의 캐터필러Caterpillar사는 불도저, 굴착기 등을 생산하는 세계적인 중장비 제조회사다. 50년이 넘는 역사를 지닌 캐터필러는 신뢰감을 주는 회사로 정평이 났다.

캐터필러가 광고에서 강조하는 것은 전천후 서비스 정신이다. "우리의 제품을 구매한 고객이 부품을 원하면 세계 어느 곳이라도 48시간 내에 공급합니다. 약속 시간을 지키지 못하면 우리는 무상으로 서비스를 해 드립니다."

고객의 입장을 우선시하는 서비스는 캐터필러의 명성을 높여 주었다. 더 중요한 것은 캐터필러가 말로 한 약속을 반드시 지킨다는 것이다. 50달러에 불과한 부속품을 전해 주기 위해 헬리콥터를 동원할 정도로 캐터필러는 고객의 마음을 얻기 위해 최선을 다한다.

화려한 광고 카피가 아닌 진솔한 표현, 행동이 말보다 앞서는 서비스로 캐터필러사는 경이로운 성공을 거두었다. 일확천금을 노리거나 자극적인 선전의 효과를 기대하지 않고 고객에게 서서히 다가가는 방식이야말로 실속 있는 경영 전략이다.

CEO는 직원과 고객들을 대할 때 마음을 열고 형식에 얽매이지 말아야 한다. 더욱이 기만적인 수법을 동원해서는 안 된다. 예를 들어 상담을 진행할 때 바이어에게 지나치게 호화로운 접대를 하는 것은 바람직하지 않다. 바이어에게 많은 이윤을 보장할 수 있다는 믿음을 주면 상담은 자연히 성공할 수 있기 때문이다. 값비싼 향응을 제공하지만 사업 내용이 부실하다는 인상을 주면 상대는 경계심을 갖게 된다. 따라서 사업 파트너나 고객들에게는 '만족'을 주어야 한다는 신념으로 임해야 한다. 진심이 없이 상대를 대하면 최소한의 믿음 없이 사상누각과도 같은 협력을 하게 될 뿐이다.

인문에서 경영의 지혜를 배우다

인재 확보가 기업의 성공을 가른다

중궁이 계씨의 가신이 되어 정치에 대해 묻자, 공자가 말했다. "담당 관리에게 일을 맡기고, 작은 허물은 용서해 주며, 현명한 인재를 등용해야 한다." 중궁이 물었다. "현명한 인재를 어떻게 알아보고 등용합니까?" 공자가 말했다. "네가 아는 사람을 등용하라. 그러면 네가 알지 못하는 사람을 다른 사람이 추천하지 않고 내버려두겠는가?"

(仲弓爲季氏宰, 問政. 子曰, 先有司, 赦小過, 擧賢才. 曰, 焉知賢才而擧之? 曰, 擧爾所知, 爾所不知, 人其舍諸?)

– 《논어》 '자로子路' 편에서

조직 내에서 구성원들의 직책을 분명히 하고, 인사고과를 공정하게 하면 경영자는 힘을 덜 들이고도 소기의 목적을 달성할 수 있다. 따라서 경영자는 유능한 인재를 얻는 데 심혈을 기울여야 한다. 물론 전제조건은 경영자가 인재를 알아보는 안목이 있어야 한다는 것이다. 인재를 발탁하여 좋은 대우를 해 주는 분위기가 형성되면 직원들은 직장 내에서 희망을 갖고 적극적으로 업무에 임한다. 인재를 쉽게 찾지 못하더라도 스스로 인재를 자처하는 '모수자천毛遂自薦'을 통해 유능한 직원을 발견할 수도 있다.

일본 히타치사의 CEO는 기업은 사람이 만드는 것이므로 경영에서 가장 중요한 과제는 인재 양성이라고 말한다. 인재를 양성하지 않으면 기업은 발전할 수 없다. 또한 인재는 CEO로부터 능력과 자질을 인정받고 적절한 지도와 격려를 받으면 한껏 능력을 발휘한다.

히타치사의 연구 개발은 대규모의 전문 기술 인력이 맡고 있다. 인재 양성과 활용에 큰 관심을 갖고 국내외 인재들을 연구한 히타치사가 얻은 결론은 '하고 싶은 일을 하게 하라'는 것이다. 따라서 히타치는 전문성 높은 엔지니어들은 본인이 원하는 일을 할 수 있도록 안배한다.

히타치는 '사람은 목표가 있으면 정신력이 생긴다'는 특성을 감안하여 엔지니어들에게 경영 환경의 변화를 학습하고 신속하게 첨단 기술을 익히도록 독려한다. 그 밖에도 개인의 책임을 강조하고 회사의 경영 방침과 각종 제도를 이해하여 자신의 발전에 도움이 되도록 하고, 학습 정도와 업무 성적을 수시로 평가하여 자극을 주고 있다.

인재를 초빙하기 위한 노력은 다방면으로 이루어진다. 세계 최대의 화장품 회사인 로레알은 인재 발굴에 열성을 다했다. 다국적 기업들이 주로 헤드헌팅 회사에 의뢰하여 고액 연봉으로 인재들을 유치하는 관행과는 대조적으로 로레알은 산학협동 방식에 주력하고 있다.

    한 명의 인재라도 더 확보하려는 경쟁이 치열한 가운데 로레알은 우수 인력의 초빙을 경영 전략의 중요한 일환으로 여기고 있다. 다국적 기업들이 그러하듯이, 로레알의 발전과 인재 확보는 불가분의 관계가 있다. 세계적으로 110개 대학과 긴밀한 협력 관계를 맺고 있고, 매년 세계 각국에서 1,900명의 관리직 직원들을 충원하는데, 46%는 해당년도에 대학을 졸업한 경우이고, 10%도 경력이 일천하다. 유럽 최고의 MBA로 꼽히는 파리고등상업학교HEC는 로레알에 수많은 인재를 공급했다.

    로레알은 직원을 선발할 때 상당히 개방적인 태도를 유지하고 있다. 다국적 기업들이 대부분 몇 차례의 테스트와 심사를 거치는 것과는 달리, 로레알은 필기시험보다는 응시자의 실전 능력과 면접관의 직감을 중시한다. 직원 채용을 보물찾기로 비유하는 로레알은 사전에 합격자 수를 정하지 않고 융통성 있게 자격을 갖춘 응시자들을 선발한다. 전 세계를 대상으로 온라인 경영 전략 게임을 실행하는 것도 향후 우수 인력을 확보하기 위한 전략의 일환이다. '인재를 발견하고 육성해 입사로 연결'시키는 전략은 로레알의 효과적이고 지속적인 인재 확보 정책이다.

기업 성공의 원동력은
인재 양성이다

공자가 말했다. "내가 하루 종일 먹지도 않고 밤새도록 자지도 않고 생각해 보았지만 유익함이 없었으며, 배우는 것만 못하였다."

(子曰, 吾嘗終日不食, 終夜不寢, 以思無益, 不如學也.)

– 《논어》'위령공衛靈公' 편에서

공자의 가르침에서 CEO가 배워야 할 것은 직원 교육의 필요성이다.

로레알의 사장은 처음 입사한 직원들에게 상세한 교육 프로그램 매뉴얼에 대해 설명한다. 1998년 로레알은 싱가포르에 최초로 고위 관리자들을 교육시키기 위한 '아시아태평양 매니지먼트 트레이닝 센터'를 설립했다.

인문에서 경영의 지혜를 배우다

> 자하가 말했다. "널리 배우고, 뜻을 돈독히 하며, 간절하게 묻고, 자기 주변의 일을 반성하면, 인이 그 가운데 있다."
> (子夏曰, 博學而篤志, 切問而近思, 仁在其中矣.)
>
> — 《논어》 '자장子張' 편에서

로레알은 이미 입사했거나, 입사할 뜻이 있는 사람들에게 상세한 교육 프로그램을 제공하고 있다.

첫 직장으로 로레알에 들어온 젊은 직원들에게는 3단계의 트레이닝을 시킨다. 1단계는 2주 동안 업무 시작 전의 훈련과 회사 소개를 진행한다. 2단계는 6개월 간의 현장 실습으로 시장에 나가 판매를 경험하게 한다. 3단계는 1년 6개월의 업종 학습으로 주로 자사 제품에 대한 지식을 폭넓게 배우도록 한다. 신입 사원들에게 가장 효과적이고 깊이 있는 훈련을 시켜 좋은 결과를 내면 회사는 중책을 맡겨 실력을 발휘하도록 한다.

전문성 트레이닝은 시장 기획, 세일즈, 재무 등으로 전문 분야를 나눈 뒤 적합한 직원들을 선발하여 교육을 받게 하는 것이다. 이 교육을 통해 직원들은 전문 지식을 업그레이드하고 경쟁력을 높인다. 로레알은 뉴욕, 싱가포르, 브라질에 트레이닝 센터를 만들어 세계 각지에서 선발된 직원들에게 미디어, 마케팅 등을 가르치고 있다.

맞춤식 트레이닝 제도는 '수요에 맞춘' 교육이다. 로레알에는 커리어 발전 매니저라는 직책이 있다. 매니저는 직원이 입사했을 때부터 지속적으로 발전 과정을 관찰하면서 훈련을 담당하는데, 매년 3, 4월에 담당 직원의 직속 상사와 접촉하여 필요한 훈련 계획을 세운다.

잠재력이 높은 직원들에게는 특별한 관리 기술 트레이닝을 실시한다. 일반 직원들에 비해 능력이 월등한 직원에게는 집중적인 교육으로 고위 경영자가 되도록 지원하는 것이다.

이 밖에도 분야별 전문 트레이닝 프로그램을 진행한다. 로레알은 '젊은 영업 사원 대상 강좌'와 같은 세미나를 자주 열어 협상 기술, 대인관계에서의 기교와 같은 업무에 필요한 능력을 향상시킨다. 이와 동시에 팀워크를 중시하는 로레알은 흥미로운 내용으로 구성된 트레이닝을 통해 직원 간에 자연스럽게 신뢰, 단결, 경쟁과 협력의 관계가 이루어지도록 한다.

마쓰시타 그룹의 직원들도 3단계, 6포인트, 5개 목표의 트레이닝을 받는다.

3단계는 직원 교육에서의 계획Plan, 실시Do, 검사See의 과정을 말한다.

1단계는 직원들에게 능동적으로 업무에 임해 앞으로의 발전 가능성에 자신감을 갖도록 하는 것이다. 그다음으로는 자신이 노력하고 보강해야 할 점들을 이해시키고 능력을 발휘할 기회와 여건을 만들어 준다. 훈련의 중점 사항을 확정하기 위해 마쓰시타는 다음 사항에 역점을 둔다.

(1) 직원들의 직책에 따라 업무를 상세히 파악한다.

인문에서 경영의 지혜를 배우다

(2) 업무에 필요한 지식과 기능을 구체적으로 파악하여 교육시킬 표준안을 마련한다. 이를 위해 현재의 업무 진척 상황과 성과를 검토하고, 난도가 더 높은 업무를 수행할 때 부닥칠 수 있는 문제들을 찾아내어 보강할 수 있는 방안을 모색한다.

(3) 이미 찾아낸, 강화해야 할 항목은 교육으로 해결될 수 있는지, 다른 해결책을 찾아야 하는지 결정한다.

(4) 개별 면담으로 피교육자의 생각을 이해하고, 스스로 개선 방안을 찾도록 한다.

(5) 개별 면담으로 피교육자의 업무 목표와 자기계발 계획 및 커리어 트레이닝 계획을 확정한다.

(6) 직원의 능력과 수준에 맞는 프로그램을 정해 주고, 경험과 직위에 적합한 내용을 교육한다.

2단계는 1단계에서 정한 계획을 실행한다. 교육의 목표는 '일상의 관리'이므로 이에 맞춰 구체적으로 다음과 같이 지도한다.

(1) 솔선수범.

(2) 효과적인 교육 방법은 4단계로 분류할 수 있다. 첫째, 직원들에게 학습을 준비하게 한다. 둘째, 교육 계획을 설명하여 이해시킨다. 셋째, 피교육자가 스스로 공부하게 만든다. 넷째, 피교육자의 성과를 관찰하여 평가한다.

(3) 업무에서 범한 작은 실수에 대해 반복해서 언급하지 않는다.

(4) 직원들에게 주체적으로 행동할 여지를 준다.

(5) 교육 기간 중에는 서로 목표의 이행 정도를 체크하게 한다.

3단계에서는 그동안의 교육을 점검하고 결론을 내린다. 교육의 마지막 작업인 이 단계에서는 교육 책임자가 다음과 같은 방식으로 최종 점검을 진행한다.

(1) 피교육자가 자신이 받은 교육을 스스로 평가하게 한다.

(2) 책임자가 전체적인 평가를 내린다.

(3) 자료에 근거하여 피교육자와의 면담을 준비한다.

(4) 피교육자가 받은 평가를 중심으로 면담한다.

트레이닝의 6포인트는 다음과 같다.

첫째, 최대한 권한을 위임한다.

둘째, 직원들이 계획에 참여하도록 한다.

셋째, 단순히 교육을 시킨다는 생각에서 벗어나 소통을 한다.

넷째, 서로 믿음을 갖는다.

다섯째, 이상적인 집단이나 조직은 단순히 화목을 유지하는 데 그치지 않고 활기차게 목표를 위해 매진한다.

여섯째, 현실에 맞는 훈련의 기준을 마련한다.

5개 목표는 다음과 같다.

첫째, 업무 목표의 중점 사항을 구체화하고 모든 직원이 일상적

행동을 좀 더 나은 방향으로 개선하도록 도와준다.

둘째, 직원들이 '내적으로 성찰하는 사람'이 되도록 지도한다.

셋째, 직원들이 스스로 목표를 세워 자아를 실현하려는 결심을 하게 만든다.

넷째, 직원들을 발전시키는 데에는 오랜 시간이 걸린다는 사실을 명심한다.

다섯째, 회사의 목표 달성에 매진하고, 강력한 지휘 시스템을 확립한다.

공자는 말했다. "군자가 도를 배우면 사람들을 사랑하고, 소인이 도를 배우면 부리기가 쉽다."
(子曰, 君子學道則愛人, 小人學道則易使也.)

- 《논어》'양화陽貨' 편에서

마쓰시타의 직원들은 사내 교육을 통해 '마쓰시타 사람'으로 변신해 주인의식을 가지고 회사를 위해 열정을 바친다. 이렇게 양성된 직원들은 경영진과 한마음이 되어 회사에 활력을 불어넣는다.

마쓰시타가 세계 시장에서 치열한 경쟁을 뚫고 승자가 될 수 있었던 원동력은 인재 양성이라 할 수 있다. 사마광은 《자치통감資治通鑑》에서 "통치의 비결은 무엇보다도 용인이다"라고 했다. 마쓰시타는 이말을 그대로 실현했다. 동서고금을 막론하고 역사 속의 영웅들이 이론 업적, 특히 한 나라를 세우고 다스리는 배후에는 항상 걸출한 인재가 있었다. 인재가 대업을 이루고, 대업은 인재를 낳는다. 이것은 역사를 관통하는 하나의 법칙이다.

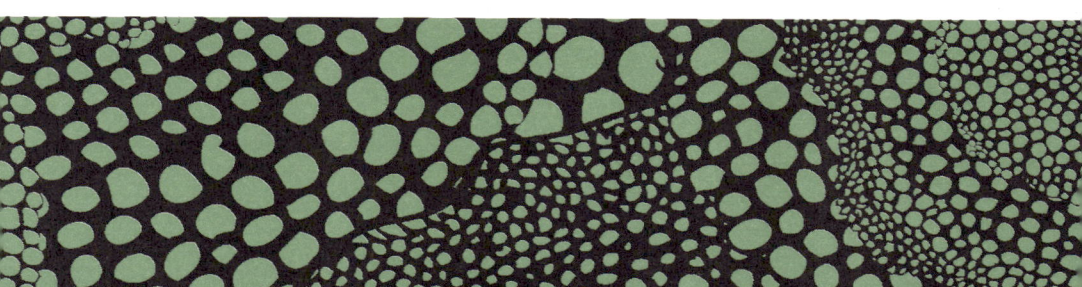

제 6 장

CEO는 학식, 지혜와 함께 인격을 갖추어야 한다

회사에 공헌을 많이 한 사람이 더 큰 보상을 받고, 발전을 주도하는 사람이 권력을 행사해야 한다. CEO는 소유 지분이 기업을 주도하는 근거라고 생각해서는 안 된다. 만약 회사가 발전하지 못하고 경영이 악화되면 아무리 많은 주식도 모두 휴지 조각이 된다. 하지만 회사에 이득이 된다면 어떠한 희생도 감수하고 회사의 발전에 매진하면 결국 경영권에 힘이 실리게 된다. 경영자는 경영과 이익 분배의 관계에 대해 정확하고도 대담한 발상을 할 수 있어야 한다.

눈앞의 이익보다는
장기적인 발전을 꾀할 때 더 많은
이익이 돌아온다

공자가 말했다. "군자로서 어질지 않은 사람은 있으나, 소인이
면서 어진 사람은 아직 없었다."

(子曰, 君子而不仁者有矣夫, 未有小人而仁者也.)

— 《논어》 '헌문憲問' 편에서

군자임에도 덕이 없는 경우는 있지만, 소인이 어질 수는 없다는 공자
의 말은 '인'을 갖춰야 성공할 수 있다는 말로 해석된다. 이는 '비열하
지 않으면 부상富商이 될 수 없다'는 세간의 인식과 정면으로 배치되
는 것이다. 하지만 공자의 말에서 배워야 할 점은, 사업을 하기에 앞
서 인간이 되어야 한다는 것이다. 인격이야말로 최대의 자본이기 때
문이다.

　유상儒商은 선비(지식인) 출신의 사업가, 혹은 학식과 인격을 갖춘

인문에서 경영의 지혜를 배우다

사업가를 일컫는 말이다. 저따란더浙大蘭德의 창업자 천핑陳平이 이룬 경이로운 성장은 바로 유상의 장점을 잘 살렸기 때문이다. 천핑은 리스크가 큰 투자로 증시에 상장했을 뿐만 아니라, 자신의 지분이 큰 손해를 보는 것을 감수함으로써 기업의 성장을 이룩했다. 많은 유상이 그러하듯 천핑은 자신의 이익을 희생하는 '용기'를 보여 주었다.

많은 창업자가 경영권 장악에 사활을 거는 것과는 달리, 천핑은 회사에 공헌을 많이 한 사람에게 더 많은 보상이 돌아가고, 발전을 주도하는 사람이 권력을 행사해야 한다는 경영관을 가지고 있다. 그는 소유 지분이 회사를 이끄는 근거라고 생각하지 않았다. 회사가 발전하지 못하고 경영이 악화되는 상황에서는 아무리 많은 주식을 소유하고 있더라도 결국에는 휴지 조각이 될 뿐이다. 천핑은 자신의 지분을 내놓아 거래량을 늘림으로써 회사의 자금력을 높여 성장 동력으로 삼았다. 천핑의 경영과 이익 분배에 대한 올바른 인식이 현실로 증명된 것이다.

천핑은 창업 당시의 기업가 정신을 잃지 않고 있다. 자기 자본만으로 회사를 설립했지만, 천핑은 지분의 3분의 2를 창업 동반자에게 넘겨주었다. 사업이 궤도에 올라 규모를 확장할 때는 우수한 인력을 유치하기 위해 자기 지분을 내놓아서 창업자 3명이 소유한 지분은 75%로 떨어졌다. 리스크가 큰 투자를 한 다음에는 다시 지분을 내놓아 3명이 각각 16%의 지분만을 소유하게 되었다. 2002년 상장 직전 다시 지분을 조정하여 천핑은 10%의 지분만 보유하게 되었다. 저따란더의 대주주 중 하나지만 천핑의 지분 비율은 외부에서 보기에는 지극히 위험한 수준이다.

스스로를 자극하고 격려하는 방법 중의 하나가 자신을 위기 상황에 몰아넣는 것이다. 천핑은 업무 수첩에 '권력은 회사에 더 헌신하기 위해 필요한 것이다. 헌신할 수 없으면 권력을 되돌려 주어야 한다'라는 글귀를 써 넣었다. 권력에 대한 그의 생각은 권력의 속성을 꿰뚫고 있음을 보여 준다. 2002년에 천핑은 "내 지분을 7%까지 낮추겠다. 이 정도가 가장 이상적인 소유라고 생각한다"라고 해 사회적으로 큰 반향을 불러일으켰다. 이후에 그는 자신의 말을 그대로 실천했다.

개인 지분을 줄여 나가면서 견실하게 경영한 결과 저따란더는 지속적으로 성장했고, 인력과 취급 업종도 증가했다. 2002년에 저따란더는 홍콩 증시에 처음 진출하여 공모주청약에서 신주 발행의 8배, 주가수익률PER 20배를 기록하며 9,000만 홍콩 달러(우리 돈으로 약 126억)의 자금을 조달했다. 천핑은 주식 상장은 새로운 출발선에 서는 1단계 목표를 달성한 것에 불과하고, 저따란더는 재도약을 할 필요가 있다고 생각했다. 자산이 수억 위안이 된 시점에서 수백만 위안의 자산으로 운용되던 시스템을 그대로 적용해서는 안 되기 때문이다. 사실 천핑은 홍콩 증시 상장에 성공하면 모바일 부가가치 서비스WVAS에 진출할 계획을 일찌감치 세워 두었다.

천핑은 저따란더가 아직 대기업이 아닌 상황에서 새로운 업종에 도전하는 것이 무리라는 사실을 잘 알고 있었지만, 자금 조달에 문제가 없고 첨단 기술과 기술 인력을 확보하고 있으므로 전망이 밝다고 판단했다. 특히 휴대전화 시장이 꾸준히 성장하고 있으므로 모바일

인문에서 경영의 지혜를 배우다

부가가치 서비스는 황금알을 낳는 거위가 될 수 있는데다, 저따란더는 대기업들이 부러워하는 기술력과 영업력을 갖추고 있었다. 천핑의 가장 큰 장점은 개방적인 마인드로 안정적이고 효율성 높은 경영을 하고 있다는 것이다. 돈으로 환산한다면 천문학적 가치에 해당하는 엘리트 직원들은 연구개발 분야에서 타의 추종을 불허하는 실적을 올렸다. '왕신網新'이라 불리는 기술 인력은 8,000만 위안의 매출을 올렸고, 스마트오피스 시스템을 개발하여 저따란더 총 매출의 50%를 차지했다. 천핑이 지분을 양보한 대가는 회사의 발전으로 보상받았다. 사업을 하기에 앞서 참된 인간이 되어야 한다는, 인격이 최대의 자본이라는 진리는 천핑의 성공에서 확실히 입증되었다.

역지사지의 태도는
사람을 얻는 기술이다

공자가 말했다. "어진 사람은 자신이 서고자 하면 먼저 남을
세우고, 자신이 이루고자 하면 먼저 남을 이루게 해 준다."
(夫仁者, 己欲立而立人, 己欲達而達人.)

– 《논어》 '옹야雍也' 편에서

너그럽게 남을 용서하는 것이 바로 '인'의 실천이다. 용서가 인의 소
극적인 표현이라면, 적극적인 표현은 '자기가 서고자 하면 남을 일으
켜 주고, 자신이 이루고자 하면 남을 이루게 해 주는 것'이다. 공자가
말하는 인의 핵심은 '사람을 사랑하는 것'으로, 관용의 정신으로 상대
를 용서하는 행위도 사랑이라 할 수 있다. 사람을 대할 때 자신의 생
각과 입장을 기준으로 상대를 대하려면 넓은 가슴을 가져야 한다. 자
신이 싫어하는 일을 억지로 남에게 하게 한다면 인간관계가 무너질

인문에서 경영의 지혜를 배우다

뿐만 아니라, 상황이 수습하기 힘든 정도까지 악화된다. 역지사지의 심정으로 사람을 대하는 원칙은 상대를 대등하게 여기고 존중하는 것이다. 즉 자신의 존재를 귀하게 여기는 만큼 타인을 소중하게 대하고, 자신이 하기 싫은 것을 남에게 강요해서는 안 된다.

증국번은 자신이 온전히 서기 위해서는 다른 사람도 당당히 설 수 있게 해 주어야 한다고 말했다. 또한 자신의 행동이 인정을 받으려면 타인도 인정을 받을 수 있게 해야 한다. 인간사의 이런 원칙을 깨달으면 타인과 공감할 수 있고 바르게 세상을 살 수 있다. 증국번은 항상 '헤아리고 용서하는 마음'으로 스스로를 다잡았다. 이것이 중용 사상 중의 '충서(忠恕, 자기의 성심을 다하고 남을 헤아린다는 의미)'가 지닌 함의다.

북송 시대(960~1126년)의 장군 한기(韓琦)는 너그럽고 자비로운 마음으로 부하들을 다스려 충성을 이끌어 내고, 나아가 '역지사지'의 미덕이 무엇인지를 보여 주었다.

한기가 전쟁터에 나갔을 때의 일이다. 한밤에 한기가 일을 하는 옆에서 시종이 촛대를 들고 있었는데, 잠시 방심하는 바람에 촛불이 한기의 수염에 옮겨 붙었다. 시종이 놀라 어쩔 줄 몰라 했지만 한기는 아무 말도 하지 않고 옷소매로 불을 끄고는 계속해서 일을 했다. 얼마 후에 한기가 고개를 들어 보니 촛대를 다른 시종이 들고 있었다. 순간적으로 그는 촛대를 제대로 들지 못한 시종이 벌을 받고 있을 것이라 생각하여 시종장을 불러들인 뒤 한마디 했다. "아까 그 시종이 계속 내 옆에 있게 하라. 그도 이제는 촛대 드는 방법을 잘 알고 있다." 이 일이 알려지자 군사들은 한기의 인자함에 감동을 받았다. 한기의 행동은 수하들에게 너그러운 마음을 표현했다기보다는 '사람의 마음을 샀다'는 편이 더 정확할 것이다. 부하를 걱정하고 아끼는 한기의 마음이 전해지면서 군대의 사기가 올라갔고 전력은 한껏 상승했다.

경영자는 사람의 마음을 이해하여 잘 이용할 수 있어야 한다. 미국의 한 여행사 사장은 "최고의 서비스는 마음에서 나오는 것이다. 경영자가 직원의 마음을 얻기만 한다면 최상의 서비스를 제공할 수 있다"라고 했다. 심리학자들은 "스스로 깨닫는 능력이 있는 사람들은 관리할 필요가 없다. 그들은 마음만 먹으면 어떤 일이라도 해낼 수 있기 때문이다"라는 말로 자발성의 가치를 인정한다.

직원들이 일에 몰두하는가의 여부가 기업의 성공을 좌우한다. 경영자는 사람, 그중에서도 마음을 잡아야 한다.

경영자는 크게 두 부류로 나눌 수 있다. 한 부류는 엄격한 성격의 소유자로 목소리를 높이고 거친 말투로 사람들을 부리며, 위엄으로 부하 직원들을 독촉한다. 다른 한 부류는 부드러운 태도와 유머감각으로 사람들을 움직인다. 후자에 속하는 사람들도 자신의 명령이 효과적으로 이행되기를 원하지만, 엄격하고 권위적이지는 않다. 그들은 자신이 상대하는 대상이 '인간'이라는 사실을 알고 있으므로 인간적인 목소리로 지시를 내린다.

세계적인 석유 재벌 폴 게티는 대부분의 시간을 유전에서 노동자들과 함께 일하며 보냈다. 한번은 그가 자신이 부리는 사람들과 좋은 관계를 유지하는 것이 얼마나 중요한지 깨닫는 경험을 하게 되었다.

그날, 폴 게티는 유정에서 운반공 행크가 굼뜨게 행동하는 것을 보고 소리를 질렀다. "뭐 하는 거야? 빨리 움직이란 말이야, 이 바보야!" 험한 소리를 들은 행크는 담담한 목소리로 "알았습니다"라고 대답했다. 행크의 눈빛이 이상해서 주위 사람에게 사정을 알아본 폴 게티는 미안한 마음을 갖지 않을 수 없었다. 행크가 몸을 다쳐 치료를 받아야 하는데도 동료와 상사를 실망시키지 않기 위해 일을 한 것이었다. 폴 게티는 행크에게 다가가 "화를 내서는 안 됐는데, 미안하네. 내가 운전해서 병원에 데려가 치료해 주겠소." 폴 게티의 사과에 행크와 다른 노동자들은 놀라 멍하니 쳐다보다가 웃음을 지었다.

고용주인 폴 게티가 사정도 모르면서 다짜고짜 화부터 냈을 때 근로자들은 감정이 상했다. 그러면 결국 일에도 지장을 초래할 수 있었다. 그러나 폴 게티는 바로 자신의 실수를 인정하고 진심으로 사과하여 껄끄러운 상황을 모면할 수 있었다.

경영자와 직원들은 복잡한 관계가 아니다. 성공한 경영자들은 두 가지 노력을 통해 직원들의 마음을 얻는다.

첫째, 직원들을 즐겁게 해 준다. 회사 분위기가 먹장구름이 낀 듯 어둡고 가라앉아 있으면 직원들은 서로 담을 쌓고 지내고, 일에 대한 의욕도 사라진다. 빌 게이츠는 "만약 새롭게 시작한다면 어떤 회사에서 근무하고 싶은가?"라는 질문에 구체적인 회사 이름을 대지는 않았지만, 기분 좋고 일에 흥미를 느낄 수 있는 회사로 출근하고 싶다고 대답했다. 유능한 인재를 오랫동안 자신의 회사에 남게 하려면 경영자는 반드시 근로 의욕이 넘치고 기분 좋은 사내 분위기를 만들어야 한다.

둘째, 일과 가정 모두 잘 챙겨야 한다. 가정은 사회라는 유기체를 구성하는 세포라고 할 수 있다. 가정이 안정되어야 일에서도 성공할 수 있다. 한 보고서에는 "CEO의 90%가 일거리를 집으로 가져간다. 그들은 직원들이 일과 가정을 잘 꾸려 나가도록 세심한 주의를 기울여야 한다고 주장한다. 그렇지 않으면 기업이 인재들을 잃을 수 있다고 말한다"는 내용이 실려 있다. 사회적으로 경쟁이 치열해질수록 사람들의 살아남기 위한 스트레스도 극심해지고 있다. 직원들의 마음을 얻기 위해서는 적극적으로 그들의 일과 가정을 보살펴야 한다.

인문에서 경영의 지혜를 배우다

직원을 만족시키는 것은 소비자를 만족시키기 위한 첫걸음이다

번지가 인에 대해 묻자 공자가 말했다. "거처할 때는 공손하고, 일을 할 때는 공경하며, 사람을 대할 때는 진실해야 한다. 비록 오랑캐 땅에 가더라도 이런 마음을 버려서는 안 된다."
(樊遲問仁. 子曰, 居處恭, 執事敬, 與人忠. 雖之夷狄, 不可棄也.)

— 《논어》 '자로子路' 편에서

공자는 공손함, 공경, 진실 속에 인이 있다고 했다. 어느 곳에 있든지 이런 미덕을 잃지 않으면 인에서 멀어지지 않는다. '인'을 추구하는 사람이라면 일상에서 '나부터 먼저'라는 마음으로 행동해야 한다. 경영자는 '인'을 우선으로 하여 어질다는 소리를 듣는 것을 영광으로 여겨야 한다. 인에 이르려고 노력하고, 마음을 어질게 가지면 경영이 순조로워질 수 있다.

증자는 하루에 세 가지를 스스로 반성한다고 했다. 첫째, 남을 위하여 일을 도모할 때 정성을 다하였는가? 둘째, 친구와 더불어 사귈 때 신의를 다하였는가? 셋째, 전수받은 가르침을 제대로 익혔는가?

CEO는 '인'을 자기 수양과 행동의 목표로 삼고, 다른 사람들이 인을 행하도록 도와야 한다. 맹자는 "인이란 활쏘기와 같다. 활을 쏠 때는 먼저 자세를 바르게 해야 한다. 화살이 과녁에 맞지 않으면 자기를 이긴 자를 원망할 것이 아니라 과녁을 맞추지 못한 까닭을 자신에게서 찾아야 한다"라고 말했다. 주자는 《사서집주四書集注》에서 《중용》을 분석하면서 이렇게 지적했다. "군자는 자신의 내적 세계를 이해하면 외부 자극에 반응할 수 있고, 자신의 마음과 행동을 조절하여 평온한 상태를 유지한다. 소인은 그렇게 할 수 없고 함부로 행동하며 꺼리는 것이 없다." 군자의 마음속에는 '인'이 자리 잡고 있으므로 정확한 판단을 내릴 수 있다.

평소에 기꺼이 남을 돕던 어떤 사람이 어려운 일을 당하자 자신이 도와주었던 사람들을 찾아가 도와 달라고 부탁했다. 한데 그들이 하나같이 도움을 거절하자 그는 '배은망덕한 놈들'이라고 욕을 퍼부었다. 그러자 카네기는 이 사람의 잘못을 지적해 주었다. "먼저, 당신의 잘못은 사람 보는 눈이 없다는 것이오. 은혜를 모르는 사람은 도와줄 가치가 없는데 그걸 몰랐던 거지. 그다음 잘못은 그들을 도와줄 때 감사한 마음을 느끼도록 해야 하는데 그러지 못했다는 것이오. 그 사람들은 당신이 도와주는 것이 당연하다고 생각했는데, 그게 잘못된 생각이라는 사실을 깨우쳐 주지 못한 거지. 세 번째 잘못은 평상심을 갖지 못한 거요. 그들을 도우면서 자기가 선행을 베풀고 있고, 도덕적

인문에서 경영의 지혜를 배우다

으로나 물질적으로 내가 훨씬 낫다는 교만한 마음을 가진 것이 사실이잖소. 그저 자신의 능력껏 할 수 있는 일을 해야지."

도요타 자동차의 사장은 직원들이 새로운 부서로 옮기면 그 가족에게 축하 전보를 보낸다. 사장이 직접 전보 문구를 작성하지는 않지만 받은 사람들에게는 큰 격려가 된다. 과장 이상의 간부 사원들은 매년 결혼기념일에 회사로부터 축하 카드와 꽃을 받는다. 회사의 관심을 표현하는 이 작은 선물은 직원들에게는 큰 기쁨을 준다. 물론 일반 직원들도 회사로부터 세심한 관심과 배려를 받는다. 한 직원이 집에서 쉬고 있는데 초인종 소리가 울려 나가 보니 작업반장이 문 앞에 서 있었다. 무슨 일로 찾아왔는지를 묻자 작업반장은 "오늘이 자네 아들의 여섯 번째 생일이라서 축하하러 왔네"라며 장난감을 건넸다. 직원은 자신도 깜빡하고 있는 아이의 생일을 기억해 준 회사의 세심함에 연신 고맙다는 인사를 했다. 감동을 받은 이 직원이 회사를 위해 어떻게 일을 할지는 가히 짐작할 만하지 않은가?

미국의 매니코티Manicotti 호텔의 CEO는 주주, 직원, 고객 중에서 가장 먼저 만족시켜야 할 대상은 직원이라고 강조한다. 그의 주장에 의하면, 직원들이 자부심을 가지고 일을 열심히 해야 고객에게 더 좋은 서비스를 제공할 수 있다. 직원들이 경영주로부터 만족할 만한 대우를 받으면 그들은 고객이 필요로 하는 상품과 양질의 서비스를 제공한다.

이것은 곧 고객 만족으로 이어지고 그 결과 기업의 이윤은 높아지게 된다.

성공한 CEO들은 직원들을 만족시키는 것이 첫째 과제라고 입을 모은다. 기업에는 직원을 고객으로 생각하여 이들과 기업 간의 적절한 마케팅 의사전달 체계를 유지함으로써 외부 고객들에게 양질의 서비스를 제공하려는 '내부 마케팅'이 있다. 만약 내부 마케팅이 제대로 이루어지지 않아 직원들의 불만이 쌓이면 고객을 만족시키려는 회사 방침은 결국 수포로 돌아가게 된다.

경쟁에도 도가 있다

공자가 말했다. "군자는 다투는 것이 없으나, 활쏘기에서 만큼은 반드시 다투어야 한다. 절을 하고 겸양하며 활 쏘는 자리에 오르고, 내려와서는 술을 마시니, 그런 다툼이야말로 군자의 모습이다."

(子曰, 君子無所爭, 必也射乎! 揖讓而升, 下而飲, 其爭也君子.)

— 《논어》 '팔일八佾' 편에서

중국에는 전통적으로 '먼저 사람 되는 법을 배운 뒤에 일을 한다'는 관념이 있다. 이런 사고방식은 기업에도 그대로 적용된다. 기업 내부에서 혹은 타사와의 경쟁은 불가피하지만 한편으로는 함께 협력을 해야 하는 부분도 있다. 일은 어디까지나 인간이 하는 것이기 때문이다.

《송사宋史》에 기록된 일화다. 송 태종이 대신 두 명과 술을 마시면서 기탄없이 대화를 나누었다. 만취한 신하들이 황제 앞에서 공로를 늘어놓는 등 군신간의 예절을 완전히 잊은 추태를 부렸다. 다음 날 술이 깬 신하들은 궁에 들어가 어젯밤 부린 주사에 대해 벌을 내려달라고 사죄했다. 태종은 신하들이 전전긍긍하는 모습을 보자 아무렇지 않은 듯이 자신도 술에 취해 전혀 기억이 없다고 말했다.

아랫사람들과의 관계를 잘 처리하는 것은 경영자의 큰 과제인데, 많은 사람이 자신의 우월한 지위와 권력으로 그들을 거느리려고만 한다. 심지어 이런 관계 뒤에는 많은 문제가 있다는 사실조차 인지하지 못한다. 부하 직원을 자신이 부리는 아랫사람으로만 볼 것이 아니라, 협력이 가능한 친구로 생각해야 하고, 태종처럼 '모른 척' 넘어가는 아량을 발휘할 줄도 알아야 한다.

경쟁에서는 반드시 규칙과 에티켓을 지켜야지 이기려는 목적으로 극단적인 방법을 써서는 안 된다. 일상적인 일을 할 때도 이런 규칙은 유용하다. 경영자로서 엄격히 관리하고 독려할 수는 있지만 과도하게 압력을 가하거나 디테일에 얽매여 전반적인 흐름을 파악하지 못한다면 결국 바람직하지 못한 결과를 맞게 된다.

CEO라면 자신의 임무는 목표를 관리하는 것이지, 일시적인 옳고 그름을 가리는 것이 아니라는 사실을 기억해야 한다. 아랫사람들을 이해하고 화기애애한 분위기를 만드는 데도 최선을 다해야 한다. 리자청은 근면함과 뛰어난 두뇌로 중국인 최고의 부자가 되었지만, 자신의 성공이 화제에 오르면 처세 철학과 사람을 쓰는 원칙을 역설한다.

리자청을 보좌하는 고위 경영진은 금융 전문가, 업계 최고의 실력자, 젊은 홍콩인, 서양인 등 다양한 출신으로 구성되어 있다. 최고결정권자로서 리자청은 이들과 두터운 신뢰와 파트너십을 형성한 뒤 각자의 특기와 장점을 발휘하게 하여 거대한 비즈니스 제국을 건설했다.

CEO는 경영과 관리를 위해 제도와 규칙을 만들고 효과적으로 사람을 쓰고 관용, 존중, 신뢰 등의 덕목을 배워 이상적인 협력관계를 맺어야 한다. 대외적으로 경쟁 상대와 다투더라도 '군자의 다툼'처럼 예의와 품위를 잃지 않아야 한다.

"같은 업종의 사람들은 원수나 다름없다"는 말을 흔히 하지만, CEO는 신사도를 지키고 군자다운 품격을 유지해야 한다. 그래야 회사에도 도움이 되고 적수들의 직접적인 공격도 피할 수 있다.

1994년 9월에 휴렛팩커드는 AS/sault 프로젝트를 발표했다. 이는 IBM이 중형 컴퓨터 AS/400으로 시장을 석권한 것에 대한 공세적인 마케팅 전략이었다. 휴렛팩커드의 목표는 가격을 낮춰 IBM 구매자들을 자사 고객으로 끌어들이는 것이었다. 이를 위해 그들은 '월스트리트 저널'에 대대적인 광고 공세를 펼쳤다. 하지만 IBM의 반격은 매우 신속하고 강력했다. IBM은 휴렛팩커드로 인해 오히려 위기의식이 높아졌고, 결국 막강한 실력과 우수한 제품력으로 휴렛팩커드에 승리를 거두었다.

IBM은 경쟁이 아무리 치열해도 결코 '군자'의 품격을 잃지 않았다. 이 회사의 CEO는 라이벌 기업을 넘어뜨린다고 해서 자사의 시장 우위가 더 강해지지 않는다는 사실을 잘 알고 있었다. 무소불위의 기세로 독주하는 것보다는 끊임없는 경쟁에서 느끼는 압박이 기업의 성장을 촉진한다. CEO는 경쟁을 정확히 인식하고 라이벌과 친구는 되지 못하더라도 적이 되지 않도록 노력해야 한다. '군자의 다툼'을 직접 실천할 때 적대적인 상대를 만들지 않고 많은 사람과 우호적인 관계를 맺어 기업의 성공을 이끌어 낼 수 있다.

인문에서 경영의 지혜를 배우다

가정에 대한 관심은
직원들의 소속감 증대로 이어진다

공자가 말했다. "제자들은 집에서는 부모에게 효도하고, 밖에 나가서는 윗사람에게 공손하며, 행동거지를 삼가고, 사람들에게 믿음을 주어야 하며, 널리 뭇사람들을 아끼면서 어진 사람을 가까이 해야 한다. 이 모든 것을 실천하고도 여력이 있으면 글을 배워야 한다."

(子曰, 弟子入則孝, 出則悌, 謹而信, 汎愛衆, 而親仁, 行有餘力, 則以學文.)

- 《논어》 '학이學而' 편에서

위의 구절은 혈연을 기초로 한 가족 윤리에서 비혈연적인 사회적 윤리로의 발전을 이야기하고 있다. '집에서는 효도하고, 밖에서는 널리 사람을 아끼고 인한 사람과 가까이 하는' 것은 인을 바탕으로 도덕을 구현하는 것이다.

어떤 의미에서 보면 관리는 인간관계의 결정체라 할 수 있다. 강성적 관리와 연성적 관리는 각기 장단점이 있지만, 인간관계를 중시하는 동양에서는 줄곧 상대의 존중을 이끌어 내는 방식이 선호되고 있다.

화교계 말레이시아 재벌 궈허녠郭鶴年은 원칙과 감성을 결합한 경영 방식을 고수하고 있다. 가훈인 가화만사성家和萬事成을 내세워 가족적 색채가 강한 기업을 일궈 낸 그는 경영과 관리는 제도가 아니라 사람에게 더 의존해야 한다는 신념을 가지고 있다. 조직의 위아래가 정을 나누면서 협력해야 모두가 능력을 발휘할 수 있다는 것이다.

소니 그룹의 모리타 아키오 전 회장은 "일본 회사의 가장 중요한 사명은 직원들과 좋은 관계를 맺어 가족과 같은 정을 키워 나가는 것이다. 임원들은 직원들을 가족처럼 보살피면서 기쁨과 슬픔을 같이하는 끈끈한 유대감을 형성하는 법을 배워야 한다"라고 강조했다.

이제 '가정에 대한 직원들의 관심'은 경영자들의 필수요건이 되고 있다. 유엔은 1994년 매년 5월 15일을 '세계 가정의 날'로 제정했다. 가정은 사회 성원을 배출하는 기본 단위이고, 건강하고 즐거운 가족 생활은 삶의 의욕을 높여 위기와 도전을 극복하게 만든다. 또한 조직에서 받는 관심은 직원들의 정체성과 소속감을 높인다.

갈수록 격화되는 경쟁에서 오는 스트레스를 이겨 내도록 경영자가 직원들의 가정에 더 많은 관심을 보이면 직원들은 안심하고 일에 열중하기 때문에 생산성이 높아진다.

오스트레일리아 맥도널드는 판매 사원들에게 1년에 두 번, 그리고 6월에 보너스를 지급한다. 특이한 점은 보너스를 직원의 배우자에게 준다는 것이다. 그들의 내조와 헌신에 대한 존중이자 가정에 대한 관심을 이렇게 표현하는 것이다. 회사 측의 따뜻한 관심은 가정불화로 업무에 지장을 초래할 가능성을 낮추는 효과를 발휘한다. 가정에 문제가 있으면 회사에도 부정적인 영향을 미치고, 동료들과 마찰을 빚을 수도 있다. 따라서 경영자는 직원들에 대한 관심이 결국에는 기업을 위한 것이라는 의식을 가져야 한다.

가족적 개념의 관리는 사회의 기본 구조인 가족 관계를 경영에 반영하는 것이다.

지금은 은퇴한 일본 세이부 철도 그룹의 쓰쓰미 요시아키 회장은 어떤 직원을 중역으로 내정하면 정식으로 승진시키기에 앞서 반드시 그 아내와 면담을 했다. 부장을 이사로 승진시킬 때는 자녀도 불러 대화를 나누었다.

직장인들은 상사에게 잘 보이기 위해서 자신의 결점이나 안 좋은 습관을 감추지만, 가족들에게는 이런 자제를 하지 않는다. 그렇기 때문에 쓰쓰미 요시아키는 직원 가족들과 대화하면서 해당 직원의 진짜 성격과 인품을 파악했다.

중국은 전통적으로 가정의 역할을 매우 중요하게 여긴다. 《대학》에서는 가정을 국가의 근본으로 보면서 가정의 도덕과 윤리가 국가의 치안과 사회적 도덕성의 근간이 된다고 강조했다. 따라서 《대학》은 부모에 대한 효심으로 군주를 섬기고, 형에 대한 공경심으로 윗사람을 모시고, 자식에 대한 자애심으로 백성을 다스리라고 가르쳤다.

한 사람의 직원은 가정에서 남편, 아들, 아버지 등의 여러 역할을 수행한다. 회사도 가정과 유사한 사회조직이므로 한 사람이 상사와 부하 직원의 역할을 동시에 떠맡는다. 따라서 가정 내에서 직원이 어떻게 행동하는지를 알면 CEO는 그 직원의 대인관계, 팀워크, 위기 대처 방식, 책임감, 근면성 등을 판단할 수 있다. 부모에게 효도하지 않고, 배우자에게 무관심하고, 자녀를 아끼고 보호하지 않는 사람이 회사에 충실하기 힘들고, 다른 사람들과 무난하게 지낼 수는 없는 법이다.

한漢나라를 기점으로 중국은 유가를 통치 이념으로 하여 예와 효로 천하를 다스리고자 했다. 예와 효를 중시하는 원칙은 관리를 선발할 때도 적용되었다. 한 무제는 지방관의 추천을 받아 효자와 청렴한 사람들에게 관직을 하사하는 '효렴제孝廉制'를 시행했다.

효렴제는 관리가 가족을 잘 보살피고 가정을 화목하게 이끌어 '타의 모범'이 된다면 한 지역의 백성을 다스리는 데 부족함이 없다는 발상에서 만들어진 것이다. 만약 관리가 효성스럽지 못하고 집안을 제대로 챙기지 못하면 관리로서의 기본적 자질과 자격이 없는 것이다.

특별한 재능이 없어도 효자에게 한 마을을 책임지는 관리로 임명한 데서 알 수 있듯이, 부모를 극진하게 모시는 사람이라면 조직에 대해서도 책임을 다할 수 있다. 그리고 청렴한 사람은 조직을 공정하고 깨끗하게 이끌 것이다. 가정 내의 갈등을 잘 해결하는 사람은 조직의 구성원들과 좋은 관계를 유지할 수 있다.

현대인들에게 가정과 직장은 중요한 활동 무대이고, 그중 직장은

인문에서 경영의 지혜를 배우다

명실상부한 대가정이다. 만약 오만하고 남들을 우습게 여기는 사람이 고위 관리자가 된다면 업무에 차질이 생기고, 내부적으로 분열을 조장하여 회사의 발전을 가로막게 된다. 하나를 보아 전체를 짐작할 수 있듯이, 인격이나 도덕성에 하자가 있는 직원은 회사를 무너뜨리는 화근이 될 수 있다. 그래서 직원을 가장 잘 아는 그 가족과 접촉하여 성격과 평소 문제점을 알아두면 도움이 된다.

렌상 그룹은 규모가 커지면서 제도와 시스템에 따라 조직이 움직이는 것도 중요하지만, 소통과 협력이 더욱 절실하다는 인식하에 직원들에게 '작은 회사는 일을 하고, 큰 회사는 사람을 만든다'는 경영자의 신념을 알리고, "서로에게 고객이 되자"고 호소했다. 이와 함께 각 부서와 직급 간에 긴밀한 협조가 이루어지도록 했다. 1999년에서 2000년까지 렌상은 평등, 신뢰, 가족애, 상호 존중을 내용으로 하는 '가족적인' 기업 문화를 선포했다. 이로써 직원들은 개인 지향적인 목표에서 벗어나 인생의 가치와 사회 존중에 관심을 가지는 한 단계 높은 층위로 발전할 계기를 맞이했다.

돈벌이가 아닌 사명감으로
기업을 운영하라

공자가 말했다. "군자는 도에 뜻을 두지 먹는 것에 뜻을 두지 않는다. 농사에 힘써도 굶주릴 수 있지만, 배우면 그 속에 녹봉이 있다. 군자는 도를 걱정하고 가난을 걱정하지 않는다."
(子日, 君子謀道不謀食. 耕也, 餒在其中矣, 學也, 祿在其中矣. 君子憂道不憂貧.)

– 《논어》 '위령공衛靈公' 편에서

학문을 익혀 세상에 유익한 일을 하려는 군자는 생활을 걱정하지 않는다. 땅을 가진 사람이 농사를 지으면 수확할 수 있고, 도를 추구하며 열심히 공부하는 사람은 관리가 되어 녹봉을 얻을 수 있다. 자신의 일에 전념하는 사람은 먹고살 걱정을 해서는 안 된다. 물고기들은 먹이를 찾다 낚시꾼에게 잡히고, 개는 고기 한 덩어리 때문에 목숨을 잃기도 한다. 행복은 스스로 만들어 내는 것이고, 천재는 '고통' 속에서

인문에서 경영의 지혜를 배우다

완성된다. 경영자가 작은 이익만을 챙기는 데 혈안이 되어 남과 사회를 생각하지 않는다면 그 기업은 크게 성장할 수 없다.

오늘날 유상儒商들, 즉 유교적 가치관을 가지고 이를 실천하는 상인들이 활발히 활동하는 것은 사회적 책임감과 무관하지 않다. '국가의 흥망은 평범한 필부에게도 책임이 있다'는 말에서 알 수 있듯이 중국인들은 자신에게 주어진 책임과 의무를 잘 인식하고 있다. 유상은 직업적으로 경영하는 사람이자 사회적 책임을 다하는 문화인이라 할 수 있다.

한자 입력은 자판을 최대 다섯 번 눌러 글자 하나가 구성되는 5필자형五筆字型보다 더 획기적인 방법이 없다는 것이 정설이다. 지금까지도 5필자형보다 간단하고 쉬운 입력 시스템을 개발하지 못한 것이다. 지식인 출신 유상의 대표격인 왕융민王永民은 민족적 사명감으로 돈을 포기한 사람이다. 그는 개인의 이익과 사회적 이익 중 한쪽을 선택해야 하는 순간에 중국의 5천 년 역사를 통해 면면히 이어진 도덕관에 입각한 '사회적 이익'을 택했다.

왕융민은 허난河南성 난샤오南召현의 푸뉴산伏牛山에서 '낫 놓고 기억자도 모르는' 가난한 농민의 아들로 태어났다. 그의 부모는 아들이 열심히 공부해 세상에서 당당히 한몫하기를 바라는 마음으로 눈물겨운 뒷바라지를 했다. 왕융민은 부모의 기대에 어긋나지 않게 학업에 전념해 1962년에 중국과기대학中國科技大學에 입학했다. 공학을 전공했지만 고전 문학과 고문에 깊은 흥미를 가졌던 왕융민은 한자의 입력 시스템 개발에 혼신의 힘을 기울였다. 후에 5필자형 연구에 성공한 왕융민에게 한 외국의 전문가가 이런 질문을 던졌다. "이렇게 완벽한 입력 시스템이 왜 인재가 즐비한 대도시가 아니라 낙후된 시골에서 만들어졌는가?" 한자 입력 시스템은 결코 단순한 일이 아니었다. 글자 하나하나가 의미를 가지고 있고 조형미가 뛰어난 한자는 중국 역사와 문화의 결정체다. 하지만 컴퓨터 시대를 맞이하여 한자는 큰 도전에 직면했다. 수만 자에 달하는 한자를 26개의 키로 모두 입력하는 것은 실로 난제 중의 난제였다. 조상 대대로 전해 내려온 문화 전통인 한자가 현대 문명의 이기인 컴퓨터라는 벽에 부딪쳐 표현되지 못하는 것은 민족적 수치였다. 그래서 왕융민은 이 고난도 연구에 열정을 쏟아부었고, 실패에 부닥칠 때마다 사명감을 가지고 계속해서 도전했다.

군자는 도에 이르지 못하는 것을 걱정하지 가난을 두려워하지 않는다. 왕융민은 몸이 상하는 것도 아랑곳하지 않고 5필자형 연구에 매달렸다. 심각한 영양실조로 신장에 물이 차고 간에도 이상이 왔지만 그는 간편한 입력 체제를 만들기 위해 고심을 거듭했다. 몇 년 동안 그는 매일 20시간 가깝게 연구에 매달렸다. 연구실에서 기숙하면서 한편에서는 죽을 끓이고, 한편에서는 데이터를 쌓아갔다. 만약 왕융민이 단순히 장사꾼이었다면 분명히 중도에 포기했을 것이다. 하지만 그는 과학을 공부한 지식인으로서의 도전 정신이 강한 인물이었다. 이런 도전 정신은 유상의 필수 조건이기도 하다. 그는 눈앞의 이익을 포기하면서 더 높은 목표를 지향했다. 누추한 연구실에서 조수들과 함께 자료를 산처럼 모은 뒤 2개월 동안 상용자 7,000개, 코드 3

만 개, 숫자 6만 개를 일일이 입력하고 테스트하여 1983년에 중국인 최초의 한자 입력 시스템인 5필자형을 완성했다. 미국의 언론들은 중국인이 컴퓨터에 한자를 입력하는 난제를 결국 해결했다고 보도했다.

이후에 왕용민은 베이징에 올라와 약 14㎡의 협소한 지하방을 구해 신 버전 개발에 들어갔고, 동시에 5필자형을 번체자로 바꾸는 연구에도 착수했다. 이 무렵 간장, 신장, 심장 등 장기가 모두 상한 상태였던 왕용민은 조수에게 유언장을 써서 간수하도록 했다. 해외에서 그를 만나러 온 손님은 "중국의 과학자는 모두 이렇습니까? 완전히 목숨을 걸고 연구에 매달리는군요!"라고 아연실색했다.

5필자형을 개발한 뒤 보급의 필요성을 절감한 왕용민은 시골에서 미친 듯이 연구에 매달렸던 열정으로 다시 베이징을 누볐다. 낡은 자전거를 타고 기관, 군부대, 공장, 학교 등을 찾아다니며 5필자형을 소개하고 사용 방법을 가르쳤다. 그리고 무료로 소프트웨어를 나누어 주면서 사용한 뒤 피드백을 달라고 부탁했다.

1989년에 왕용민은 쉬전루許振露, 왕서우하이王壽海, 허타이쑹何太松, 둥수왕董書旺과 함께 동업으로 베이징의 신기술산업시험구에 왕마王碼 컴퓨터 회사를 설립하여 5필자형의 보급과 시장 진출에 나섰다. 왕마 컴퓨터는 왕용민에게 부를 안겨줌과 동시에 큰 전환점이 되었다. 즉 연구자의 신분에서 경영자로 변신하여 개인의 가치를 사회적으로 극대화하는 길로 들어선 것이다.

이보다 앞서 1984년에 미국의 한 컴퓨터 회사가 왕용민의 연구에 호감을 가지고 연봉 10만 달러를 제시하며 입사를 권유했다. 왕용민은 이 회사에 들어가면 5필자형을 개발하여 시장에 진입할 수 있다고 생각했지만 거절했다. 연구비 조달에 시달리고, 연구 가치를 인정받지 못하는 이중고를 겪고 있었지만 '5필자형'은 중국인의 자산이라는 자부심이 있었기 때문이다. 당시 전국인민대회(우리의 국회에 해당) 부위원장 옌지츠嚴濟慈는 왕융민에게 감사와 치하를 아끼지 않았다. "막대한 금전적 손실을 감수하고 현대화 작업에 기여한 컴퓨터 회사는 국내외를 통틀어 한 군데도 없습니다. 우리 사회는 이런 정신을 기리고 표창을 해야 합니다."

과학의 힘은 무궁무진하다. 1990년대 초에 왕융민은 20여 개의 회사와 200개 이상의 대리 기구를 거느리는 왕마 그룹의 총수가 되었다. 하지만 그는 재벌 총수답지 않은 소박함을 잃지 않았다. 스스로 '서생 겸 농부'라 생각하는 왕융민은 지적인 분위기가 풍길 뿐 속물적인 부자의 모습은 전혀 보이지 않는다. 왕마 그룹의 발전을 이야기할 때면 왕융민은 평소와는 달리 완전히 딴사람인 양 열변을 토한다. 왕융민을 위시한 유상들의 공통점은 순수한 목적으로 창업하기 때문에 이해를 받지 못해도 초조해하지 않고, 큰 성공을 거두어도 지식인의 본질을 유지하며, 호화로운 생활을 하지 않는다는 것이다.

인덕이 최고의 리더십이다

공자가 말했다. "덕으로 다스린다는 것은, 비유하자면 북극
성이 자리를 지키고, 많은 별들이 그것을 중심으로 도는 것과
같다."
(子曰, 爲政以德, 譬如北辰, 居其所而衆星共之.)

— 《논어》 '위정 爲政' 편에서

위의 말을 풀이하면, 군주가 덕치德治를 하면 신하와 백성은 자발적
으로 군주를 위해 움직인다는 뜻이다. 도덕은 정치의 성패를 결정짓
는 중요한 요인이므로 나라를 다스리려면 도덕으로 교화해야 한다.
유교의 정치사상은 엄격한 법과 형벌이 아닌 덕으로 세상을 다스리는
것이다.

공자가 주장한 덕치를 기업에 비유하면, 경영자는 높은 도덕성으
로 직원들과 융화하면서 인간관계를 소중히 여겨야 한다는 것이다.

경영자가 인간관계를 잘 처리하기 위해서는 자신이 약속한 바를 그대로 실행하면서 진심으로 모든 사람의 인격을 존중해야 한다. 조직에서의 인간관계에는 직원에 대한 처우, 즉 실적 평가, 업무 환경과 인센티브, 건강 문제 등이 포함된다. 노사가 갈등 없이 좋은 관계를 유지하려면 양측이 진심으로 소통하고, 직원들의 기여에 대해 칭찬과 격려를 아끼지 말아야 한다. 막스앤스펜서는 이런 면에서 귀감이 될 만하다.

막스앤스펜서의 공동 창업자 가운데 하나인 마이클 막스는 경영의 원칙을 한마디로 정의했다. "모든 일에서 직원을 우선으로 하면 큰 실수를 저지르지는 않을 겁니다. 사업도 이와 다르지 않습니다."

막스앤스펜서의 경영자와 종업원들의 원만한 관계는 결코 쉽게 얻어진 것이 아니다. 얼마나 큰 투자를 했는지 회장인 스튜어트 로스 경은 다음과 같이 말했다. "우리가 미쳤다는 말에 동의한다. 하지만 우리가 매년 올리는 수익을 알면 그런 생각이 잘못이라고 느낄 것이다". 막스앤스펜서는 사람에 대한 투자가 없었다면 오늘날과 같은 성과를 얻지 못했을 것이라고 확신한다. 수많은 유통회사가 막스앤스펜서와 같이 인력에 과감히 투자하고 싶지만 용기를 내지 못한다. 투자로 얻을 수 있는 효과에 대해 믿음이 부족하기 때문이다.

막스앤스펜서의 인적 자원 관리가 추구하는 목표는 회사에 대한 직원들의 구심력과 단결력을 키우는 것이다. 이 목적을 달성하기 위한 기본 원칙은 바로 직원들의 개인 가치를 인정하고 존중하는 것이다. 인력 관리의 성패는 직원 개인의 목표와 기업의 목표를 유기적으로 결

인문에서 경영의 지혜를 배우다

합하는 데 달려 있다. 이를 위해 막스앤스펜서는 항상 직원들의 요구를 파악하고, 그들의 의견과 건의를 경청한다. 특히 불만 사항에서 문제를 발견하여 개선함으로써 노사 간에 화해와 신뢰를 구축한다.

내부적인 소통, 정보 전달, 직원들과의 관계 개선 등에서 막스앤스펜서는 풍부한 경험을 갖고 있고, 이를 바탕으로 관리의 10대 원칙을 설정했다.

(1) 경영자는 책임을 다하고 솔선수범함으로써 직원들의 호감을 얻고, 그들의 행동과 계획을 지원한다.

(2) 직원들과의 소통에 막힘이 없도록 유의하고, 활발하게 교류한다.

(3) 좋은 소식과 나쁜 소식을 가리지 않고 모두 직원에게 알려 회사 현황을 정확히 인지하도록 한다.

(4) 쌍방향 소통으로 직원들이 경영자의 지시와 결정에 대해 피드백하도록 한다.

(5) 대화의 기술에 유의하여 간명한 전달로 오해가 생기지 않게 한다.

(6) 단기적, 장기적 문제들의 원인을 직원들에게 모두 이야기해서 납득시킨다.

(7) 직원들의 가정을 방문하여 애로사항을 듣는다.

(8) 직원들의 알 권리를 충족시키고, 그들의 질문과 의견에 대해 성심껏 회답한다.

(9) 직원들에게 회사 내에서 일어난 사건들을 정확히 설명해 주고, 이로 인한 회사와 직원의 이해득실을 가감 없이 알린다.

(10) 최상의 채널과 방식을 동원하여 중요한 정보를 전달한다.

막스앤스펜서의 인력 관리 원칙은 현재 약 80개 국가의 수많은 기업이 채택하고 있다. 인력 관리의 교과서라 불리는 이 원칙은 스튜어트 로스 회장이 제시한 다음의 다섯 가지 사항을 토대로 만들어진 것이다. 첫째, 직원들의 모든 문제에 관심을 가져라. 둘째, 모든 직원을 존중하라. 셋째, 노력과 기여에 대해서는 칭찬과 격려를 아끼지 말라. 넷째, 솔직하고 성의 있는 자세로 쌍방향 소통을 하라. 다섯째, 끊임없는 교육과 훈련으로 성장을 기하라.

막스앤스펜서의 노사관계를 이해하는 가장 좋은 방법은 직접 이 회사의 임직원들과 대화해 보는 것이다. 직원들을 잘 이해하는 막스앤스펜서가 유념하는 몇 가지 점들이 있다. 첫째, 직원들이 존중받고 있다는 느낌을 갖고 있는가. 둘째, 직원들이 지속적으로 교육을 받고, 발전 기회를 갖고 있는가. 셋째, 경영진과 같은 입장을 취하고 있는가, 아니면 적대적인 생각이나 입장에 서 있지 않는가. 넷째, 경영자가 내세운 목표와 원칙이 실행되고 있다는 사실을 알고 있는가.

막스앤스펜서는 공자의 '덕으로 다스려 따르게 하라'는 가르침을 '직원을 우선으로' 하는 경영으로 실천했다. 구체적으로 말하면, 직원들의 개인적인 존엄성을 인정하고, 책임감·신뢰·협력자세·업무 능력·발전 가능성·자기 격려 등을 세밀히 관찰하는 것이다. 회사는 업무 환경이나 관리에 신경을 쓰는 것은 물론이고, 절대적으로 직원들의 모든 문제에 관심을 가져야 한다. 물론 이런 관심은 인적 자원이 얼마나 중요한 자산인지를 정확히 알아야 가능하다. 기업 내의 이상적인 인간관계를 위해서는 장기적인 인력 계발 계획을 세우고, 기존의 조직 구조와 업무 제도 이외의 규칙을 만들어야 한다. 새로운 조직 구조는 상하 관계의 격차를 최소화하여 허물없이 소통할 수 있게 하고, 분야가 다른 부서들도 자유롭게 협력하도록 해야 한다. 부서를 조정할 때는 단지 자리 이동이 되지 않도록 직원들의 조건과 특성을 고려해야 한다. 이렇게 해야 관리자들은 부하 직원들의 능력을 제대로 파악하고, 업무에 적합한 환경을 만들 수 있다. 쾌적한 업무 환경은 직원들의 기대와 요구를 만족시키는 중요한 요인이다.

독일의 세계적인 응용화학 전문기업 헨켈 그룹 역시 막스앤스펜서처럼 공자의 '덕으로 다스리는' 원칙을 경영에 도입했다. 헨켈 그룹은 '완벽을 추구하여 이윤을 최대화하라'는 모토로 기업의 목표를 달성함과 동시에 직원, 고객, 지역사회 등을 만족시켜 공동 발전을 꾀한다는 경영 이념을 갖고 있다.

직원들에게 관심을 가지고 격려하여 소속감을 높이는 헨켈의 기업 문화는 성공의 요인이자 경영 전략의 하나다. 헨켈은 인재 양성을 '전략 자원의 비축'으로 인식하여 교육과 훈련에 많은 투자를 하고 있다. 교육을 통해 직원들의 자질을 높이고, 현지화 전략을 가속화하며, 직원들 간의 교류를 장려함과 동시에 환경보호와 안전의식을 높이는 것도 헨켈의 중요한 인력 관리 항목이다.

헨켈은 직원 교육에서 가족적인 협동 정신을 키워 조직 내의 소속감을 강화하고 있다. 무엇보다도 직원들이 서로 신뢰를 바탕으로 협력할 때 개인과 회사가 발전하고, 성취감을 느낄 수 있다. 직장이 '대가족'과 같은 분위기라면 직원들은 안정감, 자존감, 귀속감 등을 갖게 된다. 따라서 헨켈 그룹은 다양한 활동과 행사를 통해 직원들이 직장을 집처럼 느끼게 만든다. 이 밖에도 생산직 직원들의 안전 문제에 큰 관심을 기울이고 건강보험, 사회보험, 주거 기금, 기타 복리를 보장하여 가족에게서 얻는 안정감을 직장에서도 느끼게 해 준다. 헨켈은 '우리는 관리에서 이룬 개혁과 성과에 자부심을 갖는다'라는 캐치프레이즈를 내세우고 있다. 이를 실천하기 위해 우수한 직원의 확보와 활용에 많은 노력을 기울이고 있다.

자신이 아닌 남의 입장에 서서 생각하고 행동하라

공자가 말했다. "자신이 하기 싫은 것을 남에게 시키지 말라."
(子曰, 己所不欲, 勿施於人.)

– 《논어》 '안연顔淵' 편에서

"자신이 하기 싫은 일을 남에게 강요하지 말라"는 말은 공자의 중용적인 처세에서 중요한 덕목으로 '극기복례(克己復禮. 자기의 욕심을 누르고 예의범절을 따른다는 뜻)'를 행동으로 실천하는 것이다. 자신을 위하는 마음처럼 다른 사람의 입장을 고려하고, 상대의 입장에서 생각하는 사람들이 늘어나면 사회는 한층 정화된다.

공자의 제자 자공子貢은 모든 면에서 뛰어난 인물로, 공자보다 서른한 살이 적었다. 상인 집안 출신인 자공은 노魯나라의 계손季孫씨

밑에서 높은 벼슬을 했다. 자공은 공자가 말년에 어렵게 살자 적지 않은 도움을 주었다. 공자가 죽은 후 대부분의 제자들은 존경심을 표현하기 위해 마치 자식처럼 삼년상을 치렀다. 특히 자공은 공자의 묘 옆에서 3년 동안 시묘侍墓하는 지극정성을 보였다. 풍수지리가들 사이에 전해지는 바에 의하면 공자의 묘지는 원래 전설 속의 황제 소고少皞가 묻힌 자리로 정해졌었다. 하지만 자공은 그 자리는 제왕에 맞는 풍수이지 위대한 성인인 공자에게 적합하지 않다고 생각하여 곡부曲阜에 묘소를 정했다.

상대의 처지를 이해하여 안쓰럽게 생각하고 보살피는 것은 인간의 고결한 본성이자 인류사회를 진보하게 한 동력이라 할 수 있다.

고인이 된 중국과학원과 중국공정원 원사院士 왕쉬안王選은 상대의 입장을 잘 헤아리는 사람이었다. '북경만보北京晚報'와 젊은이의 성장담을 주제로 인터뷰할 때 그는 많은 젊은이를 예로 들었다. 인터뷰가 끝나자 왕쉬안은 종이에 자신이 거론했던 젊은이들의 이름을 적어 주었다. 기자가 귀로만 들은 이름을 어떻게 쓰는지 모를까 염려하여 세심하게 배려한 것이다. 기자는 왕쉬안의 친절함에 감동하여 기사에 이렇게 썼다. "왕쉬안 원사는 몸이 약하고 말투나 행동이 조심스러워서 지위가 높은 사람들에게서 흔히 볼 수 있는 거침없고 위압적인 태도는 찾아볼 수 없었다. 하지만 그는 매사를 깔끔하고 정확하게 처리함으로써 사람들과 좋은 관계를 유지한다. 아마도 이런 점은 다른 사람의 입장을 잘 헤아리는 성격에서 비롯되었을 것이다."

왕쉬안은 "이른바 호인이라 불리는 사람들은 자신을 위하는 만큼 다른 사람들을 위하는 마음을 가진 것이다"라는 말을 했다. 또 베이징대학의 지셴린李羨林 교수는 "호인은 자신보다 남을 위하는 마음이 더 큰 사람이다"라고 했다.

우리는 흔히 빈곤, 역경, 좌절, 고통 등을 경험한 사람들이 남의 처지를 더 잘 이해한다고 생각한다. 이에 비해 인생을 순탄하게 산 사람들, 좋은 조건을 타고난 사람들, 명성과 지위가 높은 사람들, 유능하고 힘 있는 사람들, 실패를 모르는 사람들, 고생을 안 해 본 사람들, 쉽게 목표를 이루고 산 사람들은 일반적으로 상대의 입장에서 생각하는 역지사지를 잘하지 못한다. 심지어 자신이 지닌 알량한 권력을 대단한 권력으로 착각하여 상대를 헤아리지 못하는 사람들도 있다. 편안한 사무실에서 일하는 사람들 중에는 부탁하는 사람들의 힘든 사정을 짐작도 못하는 경우도 있다. 환자의 고통을 제대로 살필 줄 모르는 의사들도 있다. 당연히 그렇지 않은 경우도 있지만, 대체로 어려움을 아는 사람들이 동병상련의 정을 더 많이 갖고 있는 것이 현실이다.

때때로 타인을 생각하는 것이 문명이다.

정신문명은 인간 사회에서 꼭 필요한 것이다. 사회에는 일정한 규범이 있어야 질서가 유지되고, 사람들은 규범을 지켜야 사회생활을 잘 해나갈 수 있다. '자신이 하기 싫은 바를 남이 하도록 요구하지 말라'는 공자의 가르침은 인간다움의 출발점이자 문명사회를 위한 가장 기본적인 정신이라 하겠다.

제 7 장

CEO는 수신이 경영보다 우선이다

공자는 "제 몸이 바르면 명령하지 않아도 사람들이 따르고, 제 몸이 바르지 않으면 명령을 내려도 사람들이 따르지 않는다"라고 했다. 경영자는 큰 영향력을 가지고 있으므로 앞장서서 모범을 보이면 직원들은 스스로 직분을 다한다. 하지만 경영자가 탐욕적이고 불의를 저지른다면 직원들이 어떻게 최선을 다할 수 있겠는가? 기강을 바로잡기 위해서는 경영자가 먼저 자신을 다스리고 자제할 줄 알아야 한다. 기업을 경영하는 사람은 하루라도 몸가짐이 흐트러져서는 안 된다. 항상 자신의 권력과 영향력을 상기하여 스스로를 경계하고, 반성하고, 격려하면서 모든 유혹에 초연하되 호연지기를 길러 경영인으로서의 품격을 높여야 한다.

윗물이 맑아야 아랫물도 맑다

(노나라) 애공이 물었다. "어떻게 하면 백성이 복종합니까?" 공자가 대답했다. "정직한 사람을 천거하여 비뚤어진 사람들 위에 두면 백성은 복종하겠지만, 비뚤어진 사람을 뽑아 정직한 사람 위에 두면 백성은 복종하지 않을 것입니다."

(哀公問曰, 何爲則民服? 孔子對曰, 擧直錯諸枉, 則民服, 擧枉錯諸直, 則民不服.)

— 《논어》 '위정爲政' 편에서

경영자는 자신의 직책을 수행하는 데 필요한 권력을 가지고 있으며 도덕적 자질, 사고방식, 행위에 따라 도덕적 영향력을 미친다.

관리의 품성과 인격은 도덕성과 분리할 수 없는 밀접한 관계가 있다. 도덕성을 갖추지 못한 관리는 자신의 사리사욕을 채우는 데 급급한다. 하지만 도덕적인 관리는 많은 사람의 삶을 윤택하게 만든다. CEO도 도덕지수가 높아야만 아랫사람들의 두터운 믿음과 지지를 받

인문에서 경영의 지혜를 배우다

아 조직을 순조롭게 이끌어 갈 수 있다.

맹자는 "천하의 근본은 나라에 있고, 나라의 근본은 집에 있고, 집의 근본은 자신에게 있다"라고 말했다.

유가는 사람들을 부리기 위해서는 자기 수양을 해서 덕을 쌓아야 한다고 강조했다. 덕으로 사람들의 복종을 이끌어 내야 한다는 사상은 오랜 세월 빛이 바라지 않는 전통이 되었다. 실제로 많은 CEO가 굳은 의지로 직무에 충실하면서 수많은 난관을 돌파하고 도덕적 영향력을 키워 나간다. 하지만 권력을 남용하고, 향락에 빠지며, 비리를 저지르는 등 떳떳하지 못한 행실을 일삼으면서도 전혀 수치심을 느끼지 못하는 CEO도 있다. 이런 CEO들은 큰 권력을 쥐고 있어도 도덕적으로 부정적인 영향을 미친다. CEO의 도덕성은 결코 작은 문제가 아니다.

"인격이 높은 사람은 평생 벼슬을 하지 않을 수 있지만, 관직에 앉은 사람은 하루라도 덕이 없으면 안 된다"라는 속담이 있다.

CEO는 자신의 권력은 물론이고 도덕적 영향력에 대해서도 항상 유념하여 스스로 반성하고 물욕, 사리사욕, 정욕 등의 유혹을 뿌리치면서 경영자로서의 덕을 쌓아야 한다.

"윗물이 맑지 않으면 아랫물이 맑을 수 없다"는 말은 크고 작은 집단이나 조직에서 아랫사람들은 윗사람을 따라한다는 의미다. 특히 윗사람의 좋지 못한 습관이나 잘못된 생각은 아랫사람들을 망치게 된다.

전국시대 제齊나라의 선왕宣王은 생황 연주를 좋아했는데, 반드시 300명이 함께 불게 했다. 왕의 취미가 민간에도 영향을 미쳐 생황을 연주할 줄 아는 사람은 악대에 들어가 돈을 벌 수 있었다. 이를 알게 된 많은 사람이 생황을 배웠다. 300명의 악사들 중에는 당연히 실력이 떨어지는 사람도 섞여 있었다. 남곽南郭처사도 생황을 잘 불지 못했지만, 먹고살기 위해 악대에 들어간 그의 행동을 크게 탓할 수는 없었다. 그런데 새 왕이 등극하자 남곽처사는 실력이 들통 날 것이 두려워 악대를 그만두었다. 최소한 자신을 돌아보는 능력은 있었던 것이다.

제의 위왕威王은 지방관의 정치를 살펴볼 때 잘 다스리지 못하는 것으로 보고된 즉묵대부(卽墨大夫. 즉묵은 현縣의 이름)와 잘 다스리고 있는 것으로 보고된 아대부(阿大夫. 아는 읍邑의 명칭)에 대해 직접 조사를 했다. 그 결과, 사실과 반대임을 알고 즉묵대부에게는 상을 내리고, 아대부는 삶아 죽였다. 이 일을 계기로 충신과 간신을 가려내고, 선과 악을 구분하여 상과 벌을 내리는 현군이라는 칭송을 받았다. 그러나 위왕의 신하들은 군주를 두려워하지 않고 위세를 떨며 거짓 상소를 올리곤 했다.

위왕이 조금만 더 예리하게 신하들의 거짓말과 암투를 알아차리고, 충신들을 비방하고 음해하는 상소의 진위를 판별했다면 간신들이 득세하지는 못했을 것이다. 간신들이 뇌물을 받아 부를 쌓고, 왕에게는 아부로 총애를 받는 상황을 위왕이 과연 눈치채지 못했을까? 설령 불의가 판을 치게 만든 데에 직접적인 책임이 위왕에게 없다하더라도 현명한 왕이라고 말하기는 힘들다.

공자는 "자신이 몸을 바르게 하면 명령을 내리지 않아도 행해지고, 몸을 바르게 하지 않으면 비록 명령을 내려도 따르지 않는다"라

인문에서 경영의 지혜를 배우다

고 했다.

영향력을 가진 CEO가 모범이 되는 행동을 한다면 아랫사람들도 몸가짐을 바르게 하고 직분에 충실할 것이다. 하지만 CEO가 탐욕적이고 규율을 무시한다면 아랫사람에게 제대로 명령이 먹혀들 리 없다. 한 기업이 우량한 전통을 세워 나가려면 먼저 CEO가 스스로를 돌아보며 자제할 줄 알아야 한다.

관용은 조화를 이루기 위한 전제다

계강자가 공자에게 정치에 대해 물었다. "만약 무도한 사람을 죽여 도가 있는 세상이 되도록 하면 어떻습니까?" 공자가 대답했다. "대부는 정치를 하는 데 어찌 사람을 죽이는 방법을 쓰려고 하십니까? 대부께서 선해지려 한다면 백성도 선해질 것입니다. 군자의 덕은 바람이고 소인(백성을 비유)의 덕은 풀입니다. 풀은 바람이 부는 대로 반드시 눕게 될 것입니다."

(季康子問政於孔子曰, 如殺無道, 以就有道, 何如? 孔子對曰, 子爲政, 焉用殺? 子欲善而民善矣. 君子之德風, 小人之德草. 草上之風, 必偃.)

— 《논어》 '안연顔淵' 편에서

공자는 정치를 할 때 사람을 죽여서는 안 되고 '덕으로 정치를 해야 한다'고 강조했다. 높은 자리에 있는 사람이 어질게 정치를 하면 백성은 믿고 따른다. 여기서 말하는 '인치人治'는 어질고 덕이 있는 사람이

인문에서 경영의 지혜를 배우다

나라를 다스리는 것이다. 공자의 '덕치'를 기업에 대입한다면 직원들을 평가하여 상은 많이, 벌은 적게 주는 것이다.

고대의 위대한 성자들은 사람들에게 예를 가르쳐 도덕과 인의라는 깨우침을 주어 인간답게 살게 했다. 인간이 짐승과 유일하게 다른 점은 바로 예의를 지킬 줄 안다는 것이다. 예의를 지키는 것이 만물의 영장인 인간의 특징인 만큼, 예의를 모르는 사람은 짐승과 별로 다를 바가 없다. 예나 지금이나 사람답게 살기가 쉽지 않다고 하는 이유는 예를 실천하기가 어렵기 때문이다. 달리 말하면, 예를 잘 알고 실행하면 사람답게 살 수 있고, 사람들로부터 존경받을 수 있다. 예의 바른 사람들은 사회적으로 모범이 되고, 성공한 사람들의 생각과 언행은 사리에 맞는다. 따라서 CEO도 예의를 익히고 실천하면 아랫사람들이 잘 따르고, CEO가 권위를 세우지 않아도 저절로 경외심을 갖는다.

"너그러우면 사람들을 얻게 되고, 성실하면 나를 의지하는 이가 생기고, 민첩하면 공을 세우고, 은혜로우면 남을 부릴 수 있다."

유가의 중용 사상은 관리들에게 많은 덕목을 갖출 것을 요구하는데, 그중에서 가장 중요한 것이 '너그러움'이다. 너그럽다는 것은 중국의 전통문화 가운데 주요한 특징인 '조화'를 이루는 바탕이다. 너그러움, 즉 관용을 베푼다는 것은 인간사의 지혜가 쌓여 만들어진 미덕이다. 관용의 정신으로 만물을 포용하여 조화를 이루면 새로운 사물을 잉태하게 된다. 다섯 가지 소리(五聲)가 조화를 이루면 아름다운 소리가 되고, 다섯 가지 색(五色)이 조화를 이루면 아름다운 무늬를 만들며, 다섯 가지 맛(五味)이 어우러지면 좋은 음식이 된다. 정치에서 조화를 이루려면 다양한 이익을 조율하고, 복잡한 의견과 여러 갈등을 화해로 이끌어야 한다. 같은 사물들끼리만 뭉치면 활기를 잃고, 새로운 것이 탄생할 수 없다. '같은 종끼리의 결합은 영원할 수 없다'는 것은 하나의 법칙이다.

사람들이 서로에게 관용을 베풀어 신뢰가 굳건해지면 자연스럽게 '화합'이 이루어진다. 정치적으로도 화합이 이루어지면 역사가 진보하고 문화도 꽃을 피우게 된다. 또한 조화로운 사회에서는 새로운 사상들이 자유롭게 제 목소리를 내며 발전한다. 경제에서도 화합은 생산성을 높이는 힘을 발휘한다. 중국의 많은 왕조는 건국 초기에 앞선 왕조에서 피폐된 경제를 살리기 위해 부역을 낮추고 생산력을 회복시키기 위해 '화합을 위한 정책'들을 시행했다. '화합'을 외교적 측면에서 보면 나라들이 함께 협력과 평화를 지켜 나가는 것이다. 즉 각기 독립을 유지하면서 침략하지 않는 원칙을 지키는 것이다. 인간과 자연의 관계에서 '화합'이란 각기 생명을 평화롭게 지키고 키워 나가는 것이다. 인류의 발전은 합리적으로 자연을 이용하고 조화를 이루어 나갈 때 가능하다.

조직을 경영하기 이전에
자신을 먼저 경영하라

계강자가 물었다. "백성이 윗사람을 공경하고 충성하며 부지
런하게 하려면 어떻게 해야 합니까?" 공자가 말했다. "백성
을 대할 때 행동거지를 바르게 하면 공경할 것이고, 자신이 먼
저 효도하고 자애로우면 백성이 충성을 다할 것이며, 착한 사
람을 등용하여 능력 없는 사람을 가르치도록 하면 부지런해질
것입니다."

(季康子問, 使民敬忠以勸, 如之何? 子曰, 臨之以莊則敬, 孝慈則
忠, 擧善而敎不能則勸.)

– 《논어》 '위정爲政' 편에서

CEO는 높은 지위와 큰 권력에 따르는 막강한 영향력을 갖게 된다.
영향력을 긍정적 혹은 부정적으로 행사하느냐는 순전히 CEO의 결정
과 행동에 달려 있다.

　　미국 앨라배마 주의 몽고메리에 사는 로자 파크스라는 흑인 여성

이 버스 안에서 "흑인은 뒷좌석에 앉아라"라는 기사의 명령을 거부하는 사건이 일어났다. 당시에는 버스 내에서 흑인과 백인의 자리를 분리하는 차별적 좌석제가 법적으로 아무런 문제가 되지 않았다. 로자 파크스는 몽고메리의 인종 분리법을 위반했다는 이유로 구속되었다.

흑인 목사 마틴 루터 킹은 로자 파크스 사건을 접하고는 이런 불평등한 상황이 반드시 개선되어야 한다고 생각했다. 얼마 후 마틴 루터 킹은 몽고메리에서 흑백 인종을 분리하는 버스를 타지 말자는 운동을 벌였다. 비폭력적인 시민운동으로 시작한 버스 보이콧은 382일 동안 계속되었다. 이 사건을 계기로 마틴 루터 킹은 흑인들의 열렬한 지지를 받으며 민권운동의 지도자로 자리매김했다.

마틴 루터 킹은 권력을 부여받지 않았고, 스스로 권력을 추구하지도 않았는데 어떻게 민권운동의 지도자가 되었을까? 정치학자 로버트 C. 터커는 《리더십과 정치》에서 킹 목사와 같은 인물을 '위임받지 않은 리더'로 정의했다. 위임받지 않은 리더는 직위 권력position power이 없음에도 불구하고 사람들을 이끄는 정치적 리더가 된다. 사람들도 기꺼이 위임받지 않은 리더를 지지하고 따른다.

서구의 주류 경영학에서는 경영자를 이렇게 정의한다. "경영자는 영향력과 동의어라 할 수 있다. 경영자는 사람들에게 영향을 미치고, 그들이 전체의 목표를 달성하기 위해 노력하게 만드는 기술이나 방법을 갖고 있다."

경영관리학자 H. 페욜은 "사람들은 경영자가 직위에 맞게 부여받은 권력과 경영자가 자신의 지혜, 학식, 경험, 정신, 도덕성, 지휘 능력, 하는 일 등으로 획득한 개인적 권력을 구분해야 한다. 출중한 경영자에게 개인적 권력은 부여받은 권력을 보완하는 요소이다"라고 했다.

경영자가 어떻게 영향력을 갖게 되는가 하는 문제에 대해 서구의 전통적인 관리학은 직위 권력과 개인 권력에서 비롯된 것으로 해석한다. 경영 교과서에서는 대부분 '직위 영향력'과 '비非 직위 영향력'으로 나누어 분석한다. 사실상 내용은 동일하다. 즉 경영자의 영향력을 직무에서 생겨난 것과 개인적 요인에서 생겨난 것으로 분류하는 것이다. 뉴턴 역학의 전통적 해석 방법에 의하면 하나의 실체가 다른 하나의 실체에 미치는 작용력이 곧 영향력인 것이다.

이에 대해 미국의 경영학자 워렌 블랭크는 역학적 관점에서 경영자를 설명했다. "대부분의 사람들은 경영자의 능력과 물리학의 관계를 인식하지 못하지만, 사실상 둘 사이에는 확실히 공통점이 있다. 물리학은 에너지와 물질의 관계를 해석하고, 우주가 어떻게 운행되는지를 설명하고 있다. 이와 마찬가지로, 경영자가 능력을 발휘하는 것은 인체 물리가 작동되는 것이다."

경영자의 영향력은 단순히 '직위 권력과 개인 권력'에서 비롯된 것이라고 단정 지을 수 없다. 경영자의 권력은 개인적 특징에서 형성된 것이 아니라, 아랫사람들과의 특별한 관계에서 생겨난 것이다. 《좌전左傳》에서는 "자신의 욕망으로 다른 사람을 복종시킬 수는 있지만, 다른 사람을 복종시켜 자신의 욕망을 채우는 경우는 극히 드물다"라고 했다. 맹자는 "사람의 병폐는 스승 되기를 좋아하는 데 있다"라고 했다. 쉽게 말해, 사람의 가장 큰 병은 아는 체하는 것이다. 사람들은 흔히 자신이 높은 자리에 있으면 아랫사람들보다 뛰어나다는 착각을 하고, 자신의 바람을 원칙이나 기준으로 삼아 아랫사람들을 가르치고 받아들이도록 강요한다. 맹자는 "남을 공경하는 사람은 다른 사람들로부터 공경을 받는다"라고 가르쳤다. 경영자가 아랫사람들을 아끼고 존중하지 않으면, 그들도 당연히 경영자를 존경하지 않는다.

> 공자는 말했다. "제 몸이 바르면 시키지 않아도 사람들은 하고, 제 몸이 바르지 않으면 시켜도 사람들은 따르지 않는다."
> (子曰, 其身正, 不令而行, 其身不正, 雖令不從.)
>
> — 《논어》 '자로子路' 편에서

경영자가 영향력을 행사하고자 한다면 먼저 자신의 몸가짐이 어떠한지 냉정하게 살펴보아야 한다.

인문에서 경영의 지혜를 배우다

공익 추구는 기업의 장기적인 발전을 뒷받침한다

자장이 공자에게 인에 대해 묻자, 공자가 말했다. "다섯 가지를 천하에 행할 수 있으면 인이라 할 수 있다." 자장이 그 내용을 묻자 공자가 대답했다. "공손함, 너그러움, 믿음, 영민함, 은혜로움이다. 공손하면 모욕당하지 않고, 너그러움을 베풀면 많은 사람의 마음을 얻으며, 믿으면 사람들이 신임하고, 영민하면 공을 세우게 되며, 은혜로우면 사람을 충분히 부릴 수 있다."

(子張問仁於孔子. 孔子曰, 能行五者於天下爲仁矣. 請問之. 曰, 恭寬信敏惠. 恭則不侮, 寬則得衆, 信則人任焉, 敏則有功, 惠則足以使人.)

－《논어》 '양화陽貨' 편에서

휴렛팩커드는 회사의 사훈을 정할 때 시민의 의무를 다해야 한다는 원칙을 세웠다. 이에 따라 사회적인 공익사업에 헌신하기를 원치 않는 사람은 직원으로 채용될 수 없다. 공익사업에 열성적인 휴렛팩커드의 태도는 중국의 휴렛팩커드에서 증명되었다. 1995년 12월 8일, 휴렛팩커드사는 중국 현지법인 10주년 기념행사의 일환으로 헌혈 운동을 벌였다. 사장부터 일반 직원, 외국인 직원 120여 명이 적극적으로 참여한 이 운동에서 46명이 헌혈했다. 1996년 6월 21일에는 상하이 지사의 직원들이 휴렛팩커드 회장의 제의에 호응하여 '휴렛팩커드 무상 헌혈일' 행사를 벌였다. 120여 명이 참석한 가운데 그중에 62명의 직원이 헌혈한 이 행사는 중국 최초의 외국계 기업의 무상 헌혈 운동이라는 기록을 세웠다.

휴렛팩커드의 공익사업은 여러 분야에서 진행되었다. 1990년 베이징에서 제11회 아시안 게임이 열렸을 때 휴렛팩커드는 총 50만 달러에 달하는 HP3000/925 기종 컴퓨터를 기부했다. 이후로 중국에서 열린 스포츠, 음악회, 학술·경제 교류 등의 행사를 꾸준히 후원했다.

교육은 휴렛팩커드가 큰 관심을 갖고 있는 분야다. 1997년에 기부한 설비와 현금은 4,650만 달러에 달했다. 중국의 과학기술과 교육 발전을 위해 베이징대학에 네 차례에 걸쳐 154만 달러 상당의 컴퓨터, 프린터, 분석기기, 전자계측기 등을 기증했다. 칭화대학에는 세 번에 걸쳐 67만 달러 상당의 전자계측기, 프린터, 컴퓨터 등을 기증했다. 이 밖에도 난징의 항공항천航空航天대학, 상하이의 자오퉁대학, 청두의 전자과기대학, 항저우의 계량대학과 국가행정대학, 서북공업대학, 하얼빈공대, 베이징의 76개 고등학교 등에 81만 6,000달러에 달하는 컴퓨터와 과학 기자재를 기증했다.

공자는 말했다. "군자는 두루 사귀면서도 편을 가르지 않고, 소인은 편을 가르면서도 두루 사귀지 않는다."
(子曰, 君子周而不比, 小人比而不周.)

- 《논어》 '위정爲政' 편에서

제너럴일렉트릭스GE의 기업 문화는 사람을 소중하게 생각하면서 탁월함을 추구하고, 끊임없이 혁신하면서 가치관을 공유하는 사람들끼리 단결하여 팀워크를 이루는 것이다. 기업의 핵심 가치관을 전파하고 강화하기 위해 GE는 세계 각국의 현지법인 CEO들에게 'A급 인재 기준', 즉 '4E'를 갖춘 인재를 발굴하고 양성하도록 했다. 4E는 Energy, Energizer(남에게 에너지를 불어넣는 사람), Edge(개성적이고 특출한), Excute(집행력이 있는)를 뜻한다. GE는 직원들에게 회사의 가치관이 적힌 전자카드를 나누어 준다. 여기에는 직원들이 관심을 가지고 추구해야 할 사항으로 관료주의의 배척, 개방적인 자세, 신속한 업무 처리, 자신감 키우기, 장기적인 안목, 과감한 목표 설정, 변화를 기회로 바꾸기, 글로벌화에 대한 적응 등이 적혀 있다. 이 항목들을 요약하면 '탁월함의 추구와 끝없는 혁신'이다. 이런 가치관은 GE가 직원들을 인재로 양성하는 데 있어 지향점이자 승진을 결정하는 가장 중요한 평가 기준이다.

GE의 전 회장 잭 웰치는 가치관의 형성은 장기적인 도전이므로 직원 개개인이 용감하게 회사의 가치관을 알리도록 요구했다. GE에 입사한 사람들은 회사의 가치관에 관한 교육을 받는다. 교육 담당자는 단순히 회사의 가치관을 암기하는 데 그치지 않고 행동으로 실천하고 체화하도록 직원들을 훈련한다.

> 공자는 온화하면서도 엄숙했고, 위엄이 있으면서도 사납지 않았으며, 공손하면서도 자연스러우셨다.
> (子溫而厲, 威而不猛, 恭而安.)
>
> ─《논어》'술이述而' 편에서

잭 웰치 회장은 '탁월함을 추구하고 끊임없이 혁신하라'는 핵심 가치관이 뿌리내리도록 하기 위해서 직원들에게 안전의식을 갖도록 강조했다. 입사 후 가장 먼저 안전 교육을 시키고, GE에서 열리는 모든 회의에서 사회자가 맨 처음 하는 말은 "회의에 앞서 출구가 어디인지 소개하겠습니다"이다. 그리고 매년 직원들에게 "안전 수칙을 잘 지킬 수 있는가?"라는 질문으로 안전의식을 환기시킨다.

GE의 직원들은 자사가 다른 기업들보다 안전 기록이 평균 10배 이상 높고, 근무 시간 중의 안전이 퇴근 후보다 10배 이상이라는 사실에 큰 자부심을 갖고 있다. 중대한 환경사고의 통계를 살펴보면 1990년대 초기에는 매년 100건 이상이었지만, 1998년에는 거의 '제로' 수준으로 감소했다. 세계 각국의 GE 현지법인들은 유해가스와 발암물질 배출을 각기 60%, 80% 줄였다. 2000년 말에 GE 그룹 전체가

인문에서 경영의 지혜를 배우다

배출한 온실가스량은 1990년에 비해 60%가 감소했다. 이 밖에도 모든 공정에서 철저한 안전 검사를 의무화했고, 안전 매뉴얼 작성과 영상 기록을 통해 직원들이 생동적이고 쉽게 안전 조치와 규칙을 숙지하도록 했다.

> 공자는 말했다. "군자는 덕을 마음에 품지만 소인은 편안히 살 땅을 마음에 품는다. 군자는 법도를 생각하고 소인은 이익과 혜택을 생각한다."
> (子曰, 君子懷德, 小人懷土, 君子懷刑, 小人懷惠.)
> – 《논어》 '이인里仁' 편에서

GE는 기업이 책임을 지고 환경, 보건, 안전 분야에서 지속적으로 개선활동을 약속하는 '책임 관리RC, Responsible Care'제도를 실시하여 사회적으로 인정을 받았다. 기업과 이익을 공유하는 관련 단체들이 공동으로 참여한 이 프로그램 덕에 제품의 품질도 향상되었다. 이 제도는 공장의 설계, 건설, 가동, 포장, 제품 운송까지의 전 과정에 적용된다.

1994년 GE는 회사의 새로운 목표가 '산업재해, 직업병, 사고의 제로화'임을 선포했다. 책임 관리제가 기업의 기획, 전략, 실행과 결합되면 기업의 발전에 긍정적으로 작용한다.

직원에게 이익을 나누어 주면
결국 기업의 이익으로 돌아온다

공자가 말했다. "윗사람이 예를 좋아하면 백성은 감히 공경하
지 않을 수 없고, 윗사람이 의로움을 좋아하면 백성이 감히 복
종하지 않을 수 없으며, 윗사람이 신의를 좋아하면 백성이 감
히 진정으로 행하지 않을 수 없을 것이다. 이렇게만 한다면 사
방의 백성이 그들의 자식을 포대기로 싸서 업고 찾아오게 될
텐데 농사짓는 법을 어디에 쓰겠느냐?"

(子曰, 上好禮, 則民莫敢不敬, 上好義, 則民莫敢不服, 上好信, 則
民莫敢不用情. 夫如是, 則四方之民襁負其子而至矣.)

－《논어》 '자로子路' 편에서

인간답고 올바르게 처신하기 위해서는 먼저 인간다움의 기준을 알아
야 한다. 메리케이Mary Kay 화장품의 메리 케이 애시 회장은 본격적으
로 사업을 시작하기 전에 한 가지를 결심했다. 자신이 세운 회사에서
어떤 직원도 불공평한 제도로 피해를 입거나 부당한 대우를 받지 않

인문에서 경영의 지혜를 배우다

도록 하겠다는 것이었다. 그녀는 다음과 같은 말을 한 적이 있다. "메리케이 화장품은 1963년 9월 13일에 세워졌습니다. 그날부터 문제가 있어 내 도움을 필요로 하는 사람을 만나면 '내가 이 사람이라면 어떤 대접을 받고 싶어할까?'라고 자문을 해 보았습니다." 메리케이는 34개국 130만 명이 넘는 뷰티 컨설턴트가 활동하고 있으며, 매출은 연 20억 달러가 넘는다.

메리케이사는 창립 당일부터 직원들의 이익을 지켜 주는 것이 회사의 이익을 창출하는 것보다 더 중요하다고 여겼다. 하나의 기업으로서 이익과 손실에 민감하지 않을 수 없지만, 메리케이는 수익이 아닌 '사람People과 사랑Love'을 최우선으로 삼았다.

메리케이의 경영진은 직권을 남용하면 직원들이 능력과 적극성을 발휘할 수 없다고 믿고 있다. 경영자가 진심으로 직원들을 대하면 효율이 더욱 높아져 수익으로 연결되지만, 적극성이 사라지면 회사에 막대한 손실을 초래하는 부작용이 나타난다.

메리케이사는 직원들에게는 물론 고객들에게도 항상 성실한 자세로 임한다. 품질이 떨어지는 제품과 불친절한 서비스를 제공하는 것은 고객들을 몰아내는 행위나 마찬가지다. 제품의 가격이 합리적이고 양질의 서비스를 제공하면 장기 고객을 확보할 수 있을 뿐만 아니라, 나아가 장기 고객의 입소문 덕에 새로운 고객층이 형성된다.

대부분의 사업가는 다른 사람에게서 이익을 취하려고 생각하지만, 사실상 사업의 비결은 상대방에게 더 큰 이익과 관심을 주는 것에 있다. 이렇게 하면 상대는 자신에게 큰 이익과 관심을 준 파트너가 아닌 다른 사람과 거래할 때 자연스레 미안한 마음을 갖는다. 거래할 때는 당장의 이익만을 생각해서는 안 된다. 자신이 얻을 이익만 생각하면 상대는 그 마음을 알아차리고, 진정으로 협력할 생각이 있는지 의심한다. 그 결과, 적대적인 감정으로 발전하여 불신의 벽이 높아진다. 고객과 영업 사원, 고용인과 경영자 사이에 선이 그어지면 경계심이 생겨 거래가 어려워진다. 이것이 메리케이사의 기본적인 사업관이다.

메리 케이 애시가 사업을 시작한 동기는 여성에게 양질의 서비스를 제공하기 위해서였다. 여성에게 생활의 질을 높일 기회를 주자는 것이 기본적인 생각이었다. 그녀는 성공하고 싶은 여성에게 좋은 화장품, 좋은 교육, 성공의 동력과 용기를 주고자 했다.

메리케이사의 오너인 매리 케이 애시는 평생 동안 고품질을 추구했기 때문에 메리케이사를 방문한 사람들은 높은 품질의 제품, 일류급 관리, 최상의 서비스를 만끽할 수 있다. 메리 케이 애시는 소비자에게 뿐만 아니라 직원들에게도 최고의 복지와 보상을 해 주었다. 1966년부터는 가장 성공적인 뷰티 컨설턴트에게 핑크색 캐딜락을 선물했다. 직원들은 핑크색 캐딜락을 받은 것을 큰 영광으로 생각한다. 이것은 경제학자들로부터 창의적인 마케팅 보상 프로그램으로 인정받았다.

인문에서 경영의 지혜를 배우다

공자는 말했다. "어진 사람은 자신이 서고자 하면 먼저 남을 세우고, 자신이 이루고자 하면 남을 이루게 해 준다. 이렇듯 자신의 처지를 헤아려 남을 이해할 수 있다면 인을 행하는 방법이라 일컬을 만하다."

(子曰, 夫仁者, 己欲立而立人, 己欲達而達人. 能近取譬, 可謂仁之方也已.)

— 《논어》 '옹야雍也' 편에서

탁월함을 추구하기 위해 메리케이의 모든 직원은 지속적인 자기 발전 계획을 세운다. 회사의 평생교육 계획에 맞춰 직원이 대학의 커리큘럼을 이수하여 A 혹은 B 학점을 취득하면 회사에서는 학비를 전액 지급해 준다.

메리케이의 급여는 타사에 비해 높은 수준이다. 메리 케이는 "우리 회사의 많은 여성이 세계 유수의 기업들보다 1년에 5만 달러를 더 벌게 해 주겠다"고 말한 바 있다. 급여 외에도 직원들은 완벽한 건강 보험 제도의 혜택을 받고 있어 값비싼 의료비 부담을 걱정할 필요가 없다.

메리케이사에서는 1년에 한 번씩 성대한 파티를 연다. 직원들을 위로한다는 취지의 파티는 최고급 호텔에서 세심한 기획과 다채로운 프로그램으로 진행된다.

직원들의 복지에 심혈을 기울이는 메리케이사는 퇴직금은 물론이고, 매년 200달러 상당의 상품을 주고, 추수감사절과 크리스마스와 같은 명절에는 보너스를 지급한다. 근무 기간에 따라 5년차 직원에게는 회사 주식 20주, 만 10년이 되면 80주, 15년이 되면 120주를 나누어 준다.

　메리케이의 우수한 처우는 인재들을 끌어들이는 역할을 한다. 그러나 메리케이는 자선기구가 아니므로 제 몫을 하지 못하는 직원들에게는 해고나 정직 조치를 한다. 메리 케이 애시는 "나는 임원들에게 전체 업무시간 중 45%를 신입 사원들을 관찰하고 보살피는 데, 또 다른 45%는 업무 실적이 좋은 부하 직원들에게, 나머지 10%는 도태된 직원들을 관리하는 데 쓰라고 지시한다"라고 했다. 비록 능력에 따라 엄격한 관리를 하지만 한편으로는 업무 실적이 부진한 직원들에게도 기회를 주기 위해 최소한의 배려를 하는 것이다.

기업은 경영자가 개인의 꿈을 추구하는 곳이 아니다

공자가 자산을 이렇게 평했다. "그는 네 가지 군자의 도를 갖추고 있었다. 그는 몸가짐을 공손하게 했고, 윗사람을 섬기는 데 정성을 다했으며, 백성을 다스리는 데 은혜롭고, 백성을 부리는 데 의로웠다."

(子謂子産, 有君子之道四焉, 其行己也恭, 其事上也敬, 其養民也惠, 其使民也義.)

– 《논어》 '공야장公治長' 편에서

경영자가 직원들을 자애롭게 다스려 법도가 서면 그 기업은 행복한 기업이라 할 수 있다.

인생의 질곡과 자수성가는 교세라의 명예회장 이나모리 가즈오稻盛和夫에게는 일장춘몽 같은 것이었다. 그는 삶과 사회에 대한 해답을 얻기 위해 출가하여 승려 생활을 한 적이 있다. 그는 '사상+열정+능력=성공'이라는 성공 방정식을 피력한 바 있다. 그는 천성적으로 능력이 뛰어나지 않은 사람이라도 풍부한 열정과 올바른 사고방식을 가지고 있으면 성공할 수 있다고 말한다. 이나모리 회장은 기업은 사람과 똑같이 윤리적인 원칙을 가져야 한다고 믿고 있다. 예를 들어, '경천애인敬天愛人' '성실공정誠實公正'과 같은 도덕성이 기업에도 있어야 한다는 것이다. 중국의 저명한 인문학자 지셴린季羨林은 이나모리 가즈오에 대해 다음과 같이 평가했다. "그가 자신의 성공 역정, 인생을 보는 시각, 자신의 전문 분야인 세라믹과 관련된 이야기를 할 때 보면 깊은 철학적 사유가 깔려 있다. 모든 이야기에 도가 깃들어 있어 감동을 준다"

이나모리 가즈오는 기업의 첫 번째 주인은 직원이고 그다음이 주주라고 생각했다.

그는《카르마 경영》에서 기업과 사회의 관계를 이렇게 묘사했다.

"기업은 경영자가 개인의 꿈을 추구하는 곳이 아니다. 현재는 물론이고 미래에도 기업은 직원들의 생활을 보장하는 곳으로 영원히 존재해야 한다. 기업과 경영자는 직원들의 물질적·정신적 행복을 책임지는 동시에 사회 발전과 진보를 위해 헌신해야 한다."

'애인', 즉 사람을 사랑한다는 것은 이타적인 행위라는 것이 이나모리 회장이 지닌 경영 철학의 핵심이다. 이런 철학의 영향을 받은 교세라 그룹의 직원 수만 명은 회사를 '운명공동체'로 생각하면서 지치지 않는 전투력을 발휘하고 있다.

경영하는 사람은 사회와 끊을 수 없는 관계를 맺게 된다. 휴대전화 사업을 하려면 부품 조달을 위해 많은 공장과 관계를 맺고, 판매 과정에서도 수많은 사람과 접촉해야만 한다. 이와 동시에 많은 사람으로 구성된 기업 내에서는 복잡한 관계 때문에 불가피하게 이런저런 문제가 생긴다. 이럴 때는 일정한 기준을 마련한 뒤 그에 따라 기업과 직원들에게 질서를 부여하고 명령해야 한다. 교세라의 기준은 바로 '경천애인'이다. 교세라의 구성원들은 하나의 제품을 만들면서 이익만을 추구한다면 기업이 성공할 수 없다는 인식을 갖고 있다. 부품을 제공하는 수많은 영세업체도 함께 이익을 얻어야 한다는 것이다. 또한 더 많은 소비자가 교세라의 제품을 구입한 다음 '정말로 잘 샀네'라는 생각을 하게 만든다는 목표를 세웠다. 소비자처럼 교세라에 투자한 사람들, 혹은 평범한 근로자들도 즐겁고 행복하기를 원하는 것이 교세라의 경영 철학이다.

1981년에 공업용 정밀 세라믹 기술에서 뛰어난 성과를 거둔 공로를 인정받아 이나모리 회장은 '반 기념상'을 수상했다. 반 이츠키伴五紀 교수는 도쿄 공과대학 소속으로, 그는 자산가는 아니지만 자신의 특허기술 수입으로 과학기술 발전에 기여한 사람들을 치하하고자 상을 제정했다. 상을 받고난 뒤 이나모리 회장은 영광스러움과 함께 수치심을 느꼈다. 상장 회사인 교세라의 오너로서 많은 재산을 가지고 있지만 사회에서 얻은 돈이므로 반드시 사회에 환원해야 한다는 생각이 든 것이다. 기업의 최종 목적은 사회에 기여하는 것이지 오로지 돈만을 벌려고 해서는 안 되고, 자신과 타인에게 모두 이로워야 한다. 사회적 기여에 대한 구체적인 방법을 고민한 그는 경영 인재를 양성하기 위해 '세이와주쿠 경영 아카데미'를 설립하여 3,200여 명의 졸업생을 배출했다. 이나모리 회장은 과학기술 발전에 촉매제 역할을 하기 위해 600억 엔을 출연하여 이나모리 재단과 '교토상'을 만들었다. 교토상은 국내외의 기초연구, 첨단과학, 사상·예술 세 분야에서 뛰어난 성과를 올린 인물들에게 주어진다. 이나모리 회장은 교토상이 노벨상과 같은 세계적 권위의 상으로 인정받는 것을 목표로 하고 있다.

일본과 중국의 우호와 교류에도 이나모리 회장은 많은 노력을 기울였다. 중국이 서부 지역 대 개발 전략을 세운 후, 2001년 2월 이나모리 회장은 중국우호평화발전위원회에 100만 달러를 기부하여 '이나모리 가즈오 교세라 서부개발 장학금'을 설립했다. 장학금의 수여 대상은 중국 서부 지역에 거주하며 빈곤하지만 학업성적이 뛰어난 대학생들로, 서부 지역의 교육 발전과 미래의 과학기술자를 육성하는 데 중점을 두고 있다. 이나모리 회장의 선행에 대해 전 총리 리펑李鵬은 감사의 뜻을 전했고, 중일우호협회는 '중일우호의 사자使者'라는 칭호를 선사했다. 이나모리 회장은 중국 각지를 돌면서 자신의 경영 철학을 소개하는 강연을 했고, 관련 기관들이 경영 인재를 양성하도록 금전적 지원도 했다. 그는 미래의 주역인 청소년들이 일본 사회를 체험하고 시야를 넓혀 국제적인 엘리트로 성장하기를 바라는 마음에서 2002년에 베이징, 상하이, 광저우에서 선발한 30명의 고등학생을 일본에 초청했다. 교세라 그룹은 이 활동을 장기적으로 지속할 계획이며, 일본의 고등학생들이 중국을 방문하는 프로그램도 실시하고 있다.

인문에서 경영의 지혜를 배우다

규율보다 기업 정신이
직원을 움직이는 동력이다

공자가 말했다. "법으로 이끌고 형벌로 다스리면 백성은 형벌을 면하려고만 하고 부끄럽게 생각하지 않는다. 덕으로 이끌고 예로 다스리면 백성은 부끄러워할 줄도 알고 잘못을 바로잡게 된다."

(子曰, 道之以政, 齊之以刑, 民免而無恥, 道之以德, 齊之以禮, 有恥且格.)

— 《논어》 '위정爲政' 편에서

막강한 권력이나 엄격한 법률로 국가(혹은 기업)를 다스려 국민(직원)이 순종하도록 하면 사회는 안정될 수 있다. 하지만 강력한 힘은 사람들로 하여금 수치심을 느끼지 못한 채 법을 지키게 할 뿐이다. 만약 인의와 덕으로 다스려 사람들이 예와 인을 알게 되면 자신의 안 좋은 습관과 추악한 심리를 개선하여 좀 더 나은 인간이 될 것이다. 공자의 가르침에서 알 수 있는 사실은 기업은 제도보다는 정신을 통해 움직여야 한다는 것이다. 즉 기업 정신은 제도보다 고차원적이고 중요하다.

기업 정신은 기업의 뚜렷한 개성을 드러내면서 구성원들의 정신적 지주가 되어 전체의 목표 실현을 위해 매진하도록 만든다. 한 기업의 정신은 오랜 기간의 생산과 경영을 통해 점차적으로 형성된다. 한 경영학자의 연구에 의하면, 뛰어난 기업가 18명의 창업 정신과 경영이념에는 공통된 믿음이 있었는데 그것은 바로 '사람'을 기업의 가장 중요한 자원으로 생각한다는 것이다. 그런데 여기에서 사람을 움직이는 동력은 기업의 모든 구성원이 믿고 따르는 가치체계인 '기업 정신'이었다.

기업 정신에는 단결과 협력의 정신이 포함된다. 미디어 산업은 특히 창조적인 사고를 강조하기 때문에 베르텔스만 그룹은 '사람'을 가장 중시한다. 세계적인 미디어 기업이 된 베르텔스만 그룹의 성공 요인은 공동체정신이다. 베르텔스만의 기업 문화의 기초이기도 한 공동체정신은 고용인과 경영자가 공동의 이익을 감안하여 서로 신뢰하고, 소통하며, 의사결정을 함께 내림으로써 성공의 기쁨을 나누는 것이다. 개인의 실적에 대한 인센티브를 포함한 베르텔스만의 급여 시스템은 동종 업계에서 높은 경쟁력을 갖고 있다.

독립성은 혁신과 자발성을 이끌어 내므로 인정과 격려를 받은 직원들은 회사 발전의 견인차 역할을 한다. 따라서 베르텔스만은 전체 직원에게 충분한 직권을 부여하고 CEO와 같은 주인의식을 심어 주어 창의성을 발휘하도록 한다. 또한 베르텔스만은 경영자에게 협력 의식을 널리 추진하도록 하여 회사의 행위가 집단 이익과 협력 파트너의 이익으로 이어지도록 한다.

기업 정신에는 주인 정신이 포함된다. 베르텔스만은 주인 정신과 창의력이 뛰어난 직원들을 발굴하는 데 전력을 다하며, 그들에게 능력을 발휘할 수 있는 발전 기회를 제공한다. 오랫동안 근무한 직원들에게는 전공, 국적, 부서에 상관없이 커리어를 쌓도록 하는 것이다. 베르텔스만의 목표는 예술가, 작가 등 창의력이 풍부한 인재들을 모아 예술적, 상업적 성공을 거두게 하는 것이다. 이들에게는 재능을 발휘할 수 있는 최대한의 공간을 허용하였고, 이는 베르텔스만의 성공 요인이 되었다. 날로 극심해지는 경쟁과 변화 속에서 실패하지 않으려면 권력을 분산하여 융통성, 책임감, 효율성을 높여야 한다. 이에 따라 베르텔스만은 각 부문에 최대한의 자주권을 허용한다. 다시 말해, 모든 부문이 인적 자원을 개발하고, 시장을 파악하며, 경영 목표를 세우고, 제품 판매의 책임을 지도록 하는 시스템을 운용하는 것이다.

사회적 책임감도 기업 정신에서 중요한 몫을 차지한다. 미디어 산업이 사회적 의무를 다하는 것은 경제적 효과와도 깊은 관계가 있다. 이를 위해 베르텔스만은 직원들에게 회사에 대한 애정과 사회적 책임감을 가지고 사회적 의무를 다하도록 격려한다. 경영은 법을 준수한다는 원칙에 따라 대주주들은 사회와 제도 발전에 협력을 아끼지 않는다. 세계적인 다국적 기업인 베르텔스만 그룹은 시장을 개척할 때 각국의 상황을 매우 중시하여 '현지화'를 전제로 현지의 민족성, 문화유산, 삶의 방식 등을 존중한다. 이와 동시에 각 나라의 문화를 이해하고 공감하면서 우수한 전통문화를 널리 알리는 데도 힘쓴다. 베르텔스만은 적극적으로 세계 각지의 민주주의와 인권을 옹호하고 있다. 민족정신을 존중하는 베르텔스만은 차별과 억압에 반대 입장을 취하면서 직원 모두에게 동참할 것을 권한다.

고객 제일주의는 기업 정신에서 빠질 수 없는 부분이다. 창립 초기부터 베르텔스만은 고객을 최고로 대접하는 것을 기업 문화로 정했다. 고객의 요구에 따라 끊임없이 새로운 제품을 출시하고, 새로운 영역을 개척하기 위해 품질 기준을 높이고, 작업 과정을 최적화하면서 고객과는 좋은 관계를 유지하고 있다. 또한 베르텔스만의 고객인 독자, 관중, 트렌드세터들이 가장 선호하는 '흡인력 있는 존재'가 되려는 노력을 기울이고 있다.

결론적으로 말해, 시장과 외부의 감독을 받는 베르텔스만은 사회적 서비스에 최선을 다하고 사회 발전에 의미 있는 공헌을 하고 있다.

제 8 장

상생이 기업 생존의
첫째 전략이다

경영인은 소통에 필요한 원칙과 기준을 세워 문제와 갈등을 해소하고, 조직의 이익을 해치는 요인들을 제거해야 한다. 또한 공통점을 찾아 합의를 이루되 이견은 서서히 좁히는 여유를 잃지 않아야 한다. "친구를 많이 만들기보다는 적을 만들지 않는 것이 더 중요하다"는 말도 있듯이, 경영자는 바다처럼 넓은 가슴으로 자신에게 적대적인 사람과도 대화를 나누고, 부하 직원들의 고충을 이해해야 한다. "대인은 소인의 잘못을 탓하지 않는다" "재상은 뱃속에 배(船)를 품을 정도로 배포가 커야 한다"라는 옛말을 따르기란 결코 쉽지 않다. 아랫사람들과의 껄끄러운 관계를 풀기 위해서는 CEO가 스스로를 낮출 필요가 있다. '군자의 마음으로 남을 헤아리는' 아량을 지녀야 천의무봉天衣無縫의 경영자가 될 수 있다.

갈등을 만들지 않는 것이
갈등 해결을 위한 최상의 해법이다

자장이 물었다. "선비는 어떻게 해야 통달했다고 말할 수 있습니까?" 공자가 말했다. "네가 말하는 통달이라는 것은 무슨 뜻이냐?" 자장이 대답했다. "나라 안에서 반드시 소문이 나고, 가문 안에서도 반드시 소문이 나는 것입니다." 공자가 말했다. "그것은 소문이지 통달이 아니다. 통달이라는 것은 본바탕이 바르고, 의로움을 좋아하며, 다른 사람의 말을 살피고, 낯빛을 관찰하며, 다른 사람에게 자신을 낮추는 것이다. 소문이 난다는 것은 겉으로는 인을 취하면서도 행동은 인에 어긋나는 것인데도 스스로 인하다고 믿어 의심치 않는 것이다. 그런 사람은 나라 안에서 반드시 소문이 나고 집에서도 반드시 소문이 날 것이다."

(子張問, 士何如斯可謂之達矣? 子曰, 何哉, 爾所謂達者? 子張對曰, 在邦必聞, 在家必聞. 子曰, 是聞也, 非達也. 夫達也者, 質直而好義, 察言而觀色, 慮以下人. 在邦必達, 在家必達. 夫聞也者, 色取仁而行違, 居之不疑. 在邦必聞, 在家必聞.)

– 《논어》 '안연顏淵' 편에서

인문에서 경영의 지혜를 배우다

공자는 정직한 성품의 소유자는 입을 닫고 말을 안 하는 것이 아니라 하고 싶은 말을 그대로 한다고 했다. 말을 하는 시점도 중요하다. 비즈니스를 할 때는 말하는 시점을 잘 포착해야 한다. 시점과 함께 장소를 적절히 고려하고, 상대의 발언을 세심하게 경청하며, 상대의 심리가 드러나는 안색을 잘 살펴서 서로 유쾌한 대화를 나누어야 한다.

사람을 대할 때는 겸손하면서도 온화한 태도를 잃지 않아야 하는데, 특히 아랫사람을 배려하는 태도가 중요하다. 사업을 하면서 마음과 뜻이 맞는 사람을 얻기 위해서는 윗사람의 인정을 받는 것도 중요하지만, 많은 사람과 좋은 인연을 맺어야 한다. 좋은 인연을 만들기 위해서 무조건 호인처럼 굴 필요는 없다. 일에 원칙이 없고, 모든 사람에게 굽실거리고 양보하는 것은 자신이 너그럽다고 착각하는 것에 불과하다.

경영인이 반드시 갖추어야 할 조건은 위신, 지혜, 인맥, 공동체 정신 등이다. 공자의 가르침에 의하면, 기업의 공동체 정신은 사람과 그 소양을 기본으로 한다. 공동체 정신이 공동체보다 더 가치가 있다고 한다면, 사람의 자질이 공동체 정신보다 더 중요하게 여겨지는 것이 바로 '인간이 근본'이라는 사상이다.

사람을 최우선으로 하는 경영관은 휴렛팩커드의 용인用人 정책에서 잘 구현되고 있다. 이 회사에서는 어떤 분야에서든 뛰어난 성과를 올리면 퇴직시키지 않는다는 규정이 있다. 공동 창업자인 윌리엄 휴렛과 데이비드 팩커드는 회사에서 사람이 급히 필요하다고 해서 쉽게 고용하고, 경기가 좋지 않을 때 마구 해고해서는 안 된다는 원칙을 세웠다. 1970년에 미국 경제가 큰 위기를 맞이했을 때 휴렛팩커드는 수익이 급감했지만 단 한 명도 해고하지 않았다. 그 대신 직원들의 급여를 일률적으로 20% 삭감했고, 업무 시간도 20% 줄이는 긴급조치를 취했다. 많은 어려움이 있었지만 이런 조치들은 직원을 해고하지 않는다는 약속을 그대로 지킨 것이었다.

직원 모두가 공동체 의식을 갖고 함께 발전하도록 하기 위해 휴렛팩커드는 직업 훈련을 강화하여 자질 향상을 꾀하고, 변화에 적응하면서 회사에 헌신하도록 유도하고 있다. 이런 목적을 실현하는 과정에서 직원 트레이닝 제도와 격려 기제들이 한층 개선되었다. 모든 자원 가운데 사람이 가장 소중하다고 생각하는 휴렛팩커드는 교육이 기업을 지속적으로 발전시킨다는 신념을 갖고 있다. 매년 거액의 자금이 드는 직원 교육, 직원들의 개별 발전 계획, 논공행상 제도 등을 실시하는 목적은 직원들의 자질 향상과 자아실현을 도와주기 위한 것이다.

공동 창업자인 윌리엄 휴렛과 데이비드 팩커드 모두 명문 스탠포드 대학 출신으로 프레드릭 터먼 교수의 제자들이다. 이런 연유로 스탠포드 대학과 긴밀하게 연계하고 있는 휴렛팩커드는 제품 기술면에서 세계 최고 수준을 자랑한다. 1년에 수억 달러에 달하는 거액을 직원들의 재교육과 트레이닝 비용으로 지출하는 휴렛팩커드는 일찍이 1954년에 스탠포드 대학과 공동으로 '우수인재 협력 계획'을 만들었다. 이 계획에 따라 휴렛팩커드에서 실력을 인정받은 엔지니어는 스탠포드에서 박사 학위 과정을 이수할 수 있어 우수한 인재를 유치하는 데 큰 도움이 되었다. 지금까지 수백 명의 엔지니어들이 이 프로그램에 따라 석사 학위, 박사 학위를 취득하여 휴렛팩커드의 발전에 결정적인 역할을 했다.

사람을 소중하게 여기는 경영관은 결정적인 순간에 빛을 발했다. 1950년에 휴렛팩커드를 1,000만 달러에 인수하겠다는 제의가 들어왔다. 충분히 유혹적인 조건이었지만 경영진은 합병되면 직원들이 낯선 환경에서 고생하거나 해고될 수 있다고 판단하여 인수 제의를 거절했다. 또 다른 일화는 제2차 세계대전 당시 국방부와의 협력을 거절한 것이다. 상당한 이익을 얻을 수 있는 기회였지만 계약 조건에 의하면 12명의 직원을 더 채용해야 했다. 휴렛팩커드가 먼저 고려한 사항은 수익이 아니라 12명의 신규 직원이 계약이 끝나면 할 일이 없으므로 해고해야 한다는 점이었다. 회사는 고심을 거듭한 끝에 12명의 직원 문제를 들어 계약을 거절했다.

조직을 관리하다 보면 모두가 만족하는 일은 존재하지 않고 항상 저변에 불만과 갈등이 존재하게 된다. 따라서 경영자는 조직 내에서 지속적으로 소통이 이루어지도록 하고 합리적으로 갈등을 해소하여 구성원들의 불만을 최소화해야 한다.

우리가 말하는 갈등은 주로 이해관계, 의견, 태도, 행동방식 등에서 생각이 일치하지 않고 협조가 이루어지지 않을 때 발생한다. 갈등과 충돌은 정상적인 질서를 무너뜨리고, 목표를 달성하는 데에도 매우 부정적인 영향을 미친다.

경영자가 부하 직원의 의견을 존중하고 수용하지 않으면서 자신의 의견만 내세우면 감정적으로 대립하기 쉽다. 만약 경영자가 적절하게 감정적인 응어리를 풀지 못하면 문제가 불거져 충돌하게 된다. 따라서 경영자는 갈등이 커지지 않은 상태일 때 너그러운 마음으로 소통에 나서야 한다.

현실적으로 갈등이 격해지는 중요한 원인은 부하 직원들이 불만이 많은 데도 해소할 길이 없고, 문제가 오래도록 해결되지 않아 마치 김을 빼기 직전의 압력솥처럼 감정이 고조되기 때문이다.

갈등을 초기에 해결하지 못해 충돌까지 갔을 때 CEO는 당황하지 말고 과감하고도 신속하게 사태를 수습하여 부정적인 영향을 최소화해야 한다. 갈등의 원인이 심각하여 충돌이 확대되려는 조짐이 보이면 쾌도난마식으로 해결하는 것이 상책이다. 시비를 확실히 가리기 힘들고 충돌이 격화되려 하면 잠시 냉각기를 가진 뒤 효과적인 전략으로 근본적인 해결을 시도해야 한다. CEO가 갈등을 해결하는 강력한 힘을 갖고 있으면 어떤 갈등이나 난국도 잘 대처할 수 있다.

소통도 하나의 예술이다. 소통에서 막힘이 없는 수준에만 머물고 정보를 제대로 통제하지 못하면 작은 일이나 유언비어가 조직의 단결을 무너뜨리는 결과를 낳는다. 따라서 CEO는 소통의 정확한 잣대를 가지고 공개해야 할 정보와 공개되지 않아야 할 정보를 가려서 갈등을 해소하고 공동의 이익을 챙겨야 한다. 무엇보다도 CEO는 넓은 도량을 가지고 부하 직원들의 고충을 이해하고 관용을 베푸는 것이 중요하다.

만일 경영자가 자신은 윗사람이므로 머리를 숙이고 부하 직원과 감정을 소통할 필요가 없다고 생각하거나 진지하게 대화하지 않는다면 경영자로서 실패한 사람이다.

사람은 누구나 개성과 취향, 자기 보호 본능을 가지고 있다. 조직에는 개성이 전혀 다른 사람들이 모여 있으므로 갖가지 상황이 발생하게 된다. 경영자가 부하 직원들과 대립하면서 긴장 국면을 전환하려는 의사가 없으면 자신의 일은 물론이고 주변 사람들에게도 지장을 준다. 사실 도량과 아량을 갖기는 결코 쉽지 않다. 아랫사람과의 껄끄러운 관계를 풀고, 조직을 원만하게 이끌어 나가기 위해서는 CEO가 스스로를 낮출 필요가 있다. '군자의 마음으로 남을 헤아리는' 아량을 지녀야 경영자로서 성공할 수 있다.

경쟁이 아닌 상생이 미래의 기업 생존 전략이다

사마우가 근심스러운 표정으로 말했다. "남들은 모두 형제가 있는데 저만 홀로 없습니다." 자하가 말했다. "내가 듣기에 '죽고 사는 것은 운명에 달렸고, 잘 살고 귀하게 되는 것은 하늘에 달렸다'고 합니다. 군자가 공경하는 마음을 가지고 소홀함이 없으면서, 다른 사람과 공손하게 지내고 예를 갖추면 사해 안이 다 형제입니다. 군자가 어찌 형제 없음을 근심하겠습니까?"

(司馬牛憂曰, 人皆有兄弟, 我獨亡. 子夏曰, 商聞之矣, 死生有命, 富貴在天. 君子敬而無失, 與人恭而有禮. 四海之內, 皆兄弟也, 君子何患乎無兄弟也?)

－《논어》 '안연顔淵' 편에서

위의 구절에서 언급한 '사해'는 당시 사람들이 상상하는 세상 전체를 의미한다. '사해 안이 다 형제'라는 생각을 경영학의 관점에서 보면

인문에서 경영의 지혜를 배우다

'공생共生' 관리라고 할 수 있다.

'공생symbiosis'은 '기업과 세계, 그리고 인류가 함께하는 삶'이다. 공생의 원래 뜻은 같은 곳에서 다른 생물체와 함께 생활하면서 이익을 공유한다는 것이다. 생물학적인 시각에서 보면 '공생'은 생물들끼리 밀접하게 서로 이익을 나누는 관계다. 공생은 또한 종교 용어이기도 하다. 일본인들은 기본적으로 '산천초목이 모두 성불할 수 있다'는 종교관, 즉 공생의 사상을 가지고 있다.

휴렛팩커드가 생각하는 '공생'의 의미는 전체 구성원이 단결하여 어려움을 극복하고 함께 행복해야 한다는 것이다. 이런 이상을 실천하기 위해 휴렛팩커드는 다음과 같은 정책을 펴고 있다.

첫째, 휴렛팩커드는 고임금 정책을 고수하고 있다. 통계 자료에 의하면 휴렛팩커드의 임금 수준은 미국 500대 기업 중 5~10위 사이의 대기업과 대략 동일하고, 10~20위 기업들의 임금보다 5~10% 높다. 일반 기업들의 평균 임금보다는 10~15% 정도 높은 수준이다. 일반 급여 이외에도 두 차례에 걸쳐 직원들에게 보너스를 지급한다. 직원들은 급여의 10%를 회사 주식을 사는 데 사용할 수 있는데, 수익률은 평균 30%에 달한다.

둘째, 복지를 충분히 제공한다. 회사 규정에 따라 직원들의 의료비와 치과 비용을 일괄 지급해 준다. 직원들에게 인기 높은 복지 항목 중의 하나는 피크닉이다. 1950년대에 회사에서는 팔로알토에서 자동차로 1시간 거리의 작은 마을에 땅을 사서 '작은 분지'라는 이름의 휴양지를 만들었다. 이곳에는 2,000명이 바비큐 파티를 즐길 수 있는 시설이 있고, 연중무휴로 운영되어 직원과 가족들이 언제라도 캠핑을 즐길 수 있다. 매년 열리는 피크닉에는 회사에서 풍성한 먹을거리와 맥주를 제공하고, 다른 물품들은 직원들이 필요에 따라 지참한다. 회사의 최고 경영진들이 참석하여 직원들과 교류하면서 유쾌하고 화목한 분위기를 즐긴다.

이제 휴렛팩커드는 현지법인이나 지사가 있는 곳에 직원들을 위한 휴양 시설을 마련하는 복지 혜택을 광범위하게 시행하고 있다. 콜로라도 주 로키산맥 부근, 매사추세츠 주의 해변, 스코틀랜드의 호숫가, 말레이시아의 해변 별장, 독일 남부의 스키장 등에 총 20여 개가 넘는 휴양지와 휴양시설을 보유하고 있다. 이 시설들은 전 세계의 휴렛팩커드 사원들에게 개방되어 있어, 사전에 예약만 하면 최소 비용으로 시설을 이용하면서 마음껏 휴식을 취할 수 있다. 또한 모든 직원 식당을 뷔페식으로 하여 직원들이 직급에 상관없이 3달러(중국 휴렛팩커드는 10위안)라는 저렴한 가격으로 호화로운 점심을 즐기도록 한다. 매일 두 번 무료 커피와 디저트를 제공하고, 비정기적으로 오후에 맥주 파티를 열기도 한다.

휴렛팩커드의 공생 경영이 성공을 거둔 것과 마찬가지로 캐논Cannon사도 공생의 경영관을 잘 실천하고 있다.

캐논사의 공생은 사람과 사람, 사람과 기계, 사람과 자연, 기업과 기업, 기업과 세계, 기업과 인류 등 다층적인 함의를 갖고 있다. 공생의 의미에서 기업의 성장과 발전, 기업의 경영 수익 등은 일종의 수단이고 최종 목적은 지구 상의 인류를 이롭게 하는 것이다. 공생을 중시하는 기업이 커질수록 세상에 대한 공헌도 커진다.

오래전부터 캐논사는 기업 문화 형성에 많은 공을 들였다. 제2차 세계대전 이후 캐논은 '실력주의' '건강 제일주의' '신 가족주의'와 '자발, 자치, 자각'이라는 3자自 정신을 강조했고, 이를 바탕으로 '기업과 개인은 공동체'라는 경영관을 확립했다. 1980년에 캐논의 사장이 된 가큐 류자부로賀來龍三郎는 전격적으로 '캐논의 미래 이미지' 광고를 진행하기 시작했다. 이어서 1984년부터 4년 동안 전문가와 각계각층의 의견을 취합하여 '제2의 창업 플랜'을 발표했다. 1988년에는 정식으로 '기업, 세계, 인류의 공생'을 캐논의 이상으로 하여 '진정한 세계적 기업'이 되겠다는 목표를 세웠다.

가큐 류자부로는 제2의 창업과 공생의 의미를 다음의 몇 가지로 정리했다.

기업은 인류의 이익을 목표로 하여야 하므로 작은 이익에 연연하지 않고 새로운 경영 풍토를 만들어야 한다. 또한 직원 모두가 스스로를 '세계를 경영하는 CEO'로 생각하여 행동하도록 만든다.

진정한 세계적 기업은 다른 문화와 제도권의 사람들과 손을 잡고 '공생'하면서 강한 적응력과 경영 능력을 발휘하는 기업이다.

창조와 개척을 통해 기업의 성장을 가속화하고, 인류를 위해 공헌함으로써 더 많은 사람들의 성원과 찬사를 받는다.

기업의 특성에 맞는 세계적인 임무를 수행하기 위해 제품 개발, 생산, 판매 등의 분야에서 합리적으로 국경을 초월한 분업을 한다.

신념과 사고방식이 비슷한 세계 각지의 우량 기업들과 적극적으로 제휴하여 종합적인 전략을 세우고 기업의 국제적인 네트워크를 만든다.

자신의 일을 통해 사회적으로 기여한다. 가능한 범위 내에서 학술, 교육, 문화 등 각 분야에서 책임을 다하고, 공익사업의 봉사자가 된다.

캐논의 제2의 창업 플랜은 세계 번영과 인류 행복에 기여하는 것을 지향한다. 이러한 이상을 실현하기 위해서는 발군의 기술로 신제품을 개발하여 세계 시장에서 경쟁해야 한다. 캐논은 '공생'이 이루어지기 힘든 꿈이나 헛된 구호가 아니라 경영 전략과 발전을 위한 좌우명이므로 불굴의 노력으로 현실화해야 한다고 믿고 있다.

진정한 글로벌 기업이 되기 위해서는 고객과 지역사회를 벗어나 국가, 지구, 자연과 좋은 관계를 맺고 사회적 책임을 기꺼이 수행해야 한다. 기업은 글로벌 협력 파트너들과 이익을 함께 나누고, 자연환경을 보호하고, 기업들끼리 건전하게 경쟁하고 연합하는 관계를 형성해야 한다. '공생'은 결국 사람과 사람, 사람과 사회, 사람과 자연이 서로 이해하면서 사이좋게 공존하는 것이다.

인문에서 경영의 지혜를 배우다

인재를 얻기는 어렵지만
쓰는 것은 더 어렵다

공자가 말했다. "군자는 다른 사람의 장점은 더욱 완성될 수
있도록 북돋우고, 단점은 버리도록 도와준다. 소인은 이와 반
대로 한다."

(子曰, 君子成人之美, 不成人之惡. 小人反是.)

– 《논어》 '안연顏淵' 편에서

요즘의 기업들은 인적 요소를 대단히 중요하게 여기므로 직원들의 장
점을 살리고 개성과 자주성을 유지하면서 연대하여 기업의 공동 목표
실현에 기여하도록 한다.

히타치 같은 일본 기업이 미국의 권위 있는 기업평가 기관들로부
터 최고 수준의 '3A' 등급을 받을 수 있었던 이유는 경영 실적 이외에
도 인재 양성에 힘을 기울여 출중한 기술 인력과 연구개발 능력을 갖
추었기 때문이다. 일본에서는 초일류기업이라도 은행에 신제품 개발

에 필요한 대출을 신청하면 기술력을 심사받아야 한다.

대기업은 일반적으로 기술 개발과 연구에 필요한 자금과 설비 마련에 별 어려움을 겪지 않는다. 기술 개발에 성공하면 대규모 투자를 받기 때문에 인재들은 기업의 생명으로 여겨진다. 이런 면에서 보면 일본 기업들은 굉장한 행운을 누리고있는 셈이다. 소수의 기초과학 연구소들이 고급 인재들을 확보한 것을 제외하면 잠재력이 뛰어난 다수의 젊은이들이 기업에 근무하기 때문이다.

기업의 규모에 따른 기술 투자와 인재 유치 상황을 보면 산요와 히타치와 같은 세계적 기업들은 대단히 높은 우위를 점하고 있다. 일찍이 1985년에 산요전기가 1년 동안 채용한 유능한 기술 인력이 400여 명, 연구비가 500억 엔이었다. 산요는 창업 이래 60여 년의 역사를 쌓으면서 인재를 기업의 생명으로 여기는 경영 원칙을 지켜왔다. 한 기업의 기술 수준은 인재의 수와 그에 적합한 관리 여부에 따라 차이가 생긴다. 경영자가 인재를 귀하게 여기지 않는 한 기업의 생명력이 오래 지속되기는 어렵다. "인재를 얻기는 어렵고, 인재를 쓰기는 더 어렵다"는 말이 의미하듯이 경영자는 인재를 보는 '혜안'은 물론이고 이를 아끼고 활용하는 '비결'을 가지고 있어야 한다. 이는 기업 경영에서 어떤 것보다도 쉽지 않고 결코 소홀히 해서는 안 되는 난제다.

인재는 길러지는 것이고, 길러진 인재는 적절하게 활용해야 한다. 유능한 직원의 충원으로 기업의 미래가 밝다고 안심하는 것은 큰 오산이다. 상당히 뛰어난 인재라도 상사에게서 충분한 인정을 받지 못하거나 합당한 지시와 감독, 발탁을 받지 못하면 재능을 펼칠 수

인문에서 경영의 지혜를 배우다

없다.

　직원 모두의 자질이 향상될 때 기업이 발전할 수 있다는 측면에서 보면 인재 양성은 경영자와 직원들이 모두 관심을 가져야 하는 중대한 문제다. 경영자가 정확한 인재관을 가져야 하듯이, 직원들도 '자기 발전'에 대한 의식을 가지고 노력해야 한다. 산요는 자기 발전을 위한 동기 부여에서 최상의 방법은 업무에 자신의 의견을 반영할 수 있게 하는 것이라고 말한다. 젊은 직원들은 상사의 지시에 따라 일을 하면서도 자신의 능력을 발휘할 수 있어야 한다. 명령이나 지시를 충실히 따르는 것이 잘못되었다고 비난할 수는 없지만, 능력을 제대로 발휘할 수 없다는 면에서는 바람직하지 못하다. 예를 들어 어떤 일을 맡았을 때 상사에게 "저는 이렇게 하고 싶습니다. 아마도 좋은 효과를 얻을 수 있을 겁니다"라고 말할 수 있을 정도는 되어야 한다.

　직장인이라면 자신의 실력을 정확하게 평가하고, 사물을 관찰하는 능력을 키워야 한다. 경영자는 직원들이 능력을 키우도록 도와주되 전지전능한 존재처럼 모든 일을 혼자서 전결해서는 안 된다. 직원들에게 능력을 발휘하고, 키워 나갈 여지를 만들어 주려면 경영자가 독단적인 지휘를 삼가는 것이 바람직하다.

　기업은 하나의 유기체와도 같다. 오래도록 번영을 구가하려면 차세대 임직원의 선발과 육성에 조금도 소홀함이 없어야 한다. 인재를 양성하고 경영자를 만들어 내는 것은 모든 CEO의 주요 임무이기 때문이다.

　산요의 전임 회장 이우에 가루오는 최소한 7만 개의 눈이 항상 자신을 지켜보고 있기 때문에 말 한 마디, 행동 하나에도 작은 실수가 없도록 조심했다는 말을 한 적이 있다. 여기서 말하는 실수는 경영상의 착오가 아니다. 나날이 기술이 진보하고 변화와 경쟁이 극심한 상황에서 경영에서의 실수를 피하기는 힘들다. 이우에 가루오 회장이 말하는 실수는 인재 양성에서 조금의 실수도 하지 않기 위해 유념했다는 것이다.

대기업에서는 중대한 변화를 맞이하거나 경영상의 난제를 해결해야 할 때 유능한 직원이 실력을 발휘하지만, 이런 방식은 매우 수동적인 인재 발탁이라 할 수 있다. 산요에서는 소위 '물이 불어나면 배도 올라가게 된다'는 수창선고水漲船高 식의 인재 양성 방법을 쓰고 있다. '물'은 전체 직원이고, '배'는 수면 위로 떠오른 특출한 인재를 의미한다. 산요는 먼저 '수위'를 높이기 위해 전체 직원들에게 학습 기회를 준다. '수창선고'는 의식적이고 적극적으로 임원들을 육성하기 위한 완벽한 시스템을 만드는 것이다. 내부적으로 임직원의 선발, 검증, 승진을 위해 이사회가 직접 시스템을 가동한다. 그러나 시스템은 수동적이어서 틀을 깨기가 힘들다. 실제로 산요가 더욱 중요하게 생각하는 것은 적극적으로 직원들을 관찰하고 능력을 계발하는 것이다.

일본의 경제와 기술은 세계화를 지향하고 있다. 세계적으로 활약할 수 있는 인재의 확보는 일본의 대기업들이 전략적으로 큰 의미를 두는 중차대한 일이다. 인재 확보는 기술 개발과 마찬가지로 다국적 기업들이 사활을 걸고 주력하는 과제다. 오늘날 세계는 교통과 통신

인문에서 경영의 지혜를 배우다

의 발달로 연결되지 않는 곳이 없으므로 전통적인 '오지' 개념이 사라졌다. 세계화는 이제 일반적인 개념이 되었다. 산요는 인재의 국제화 추세에 따라 외국에 주재하는 직원들이 세계 어디서나 적응할 수 있는 자기 발전 의식을 높이도록 요구하고 있다. 직원 자신이 원한다면 산요는 현지에서 장기간 체류하는 데 필요한 모든 지원을 아끼지 않는다. 그들의 사고방식, 관념, 행동, 업무, 생활 등이 현지 사회에 완전히 융화되도록 하는 것이다.

남의 장점을 취하여
창조의 밑바탕으로 삼으라

공자가 말했다. "세 사람이 길을 가면 그 가운데 반드시 나에게 스승이 될 만한 사람이 있다. 그 가운데 선한 사람을 가려서 따르고, 선하지 않은 사람을 가려서 자신을 고쳐야 한다."
(子曰, 三人行, 必有我師焉, 擇其善者而從之, 其不善者而改之.)

– 《논어》 '술이述而' 편에서

'세 사람이 길을 가면 그 가운데 반드시 나에게 스승이 될 만한 사람이 있다'는 가르침은 기업에게도 통용되는 금과옥조다. 항상 타인의 장점을 배우고, 단점을 발견하여 자신을 돌아보는 태도와 정신을 갖고 있으면 남들에게 관용을 베풀고 스스로를 엄격히 관리할 수 있다. 무엇보다도 남의 장점을 취하고 자신의 단점을 보완하면 기존의 협력 관계를 돈독히 하면서 더 많은 협력을 이끌어 낼 수 있다.

직접 판매direct sales에 따른 생산 방식은 재고를 없애고 주문에 맞

인문에서 경영의 지혜를 배우다

취 신속히 제조하는 것이다. 컴퓨터 업종의 발달에 따라 부품 생산을 전문으로 하는 회사들이 늘어나고 있다. 따라서 전문성이 높고 고효율을 특징으로 하는 회사들이 성장할 기회가 커지고 있다.

델 컴퓨터의 창업자 마이클 델은 사업 초기에 부품 비용을 지불할 능력이 없었다. 그는 다른 사람들이 이미 진행하고 있는 투자를 이용하면서 제품 공급 방식과 시스템에 주력하기로 결심했다. 치열한 경쟁이 벌어지고 있는 부문에 뛰어들어 힘들게 분투하는 것은 현명한 선택이 아니다. 그보다는 경쟁을 벌이고 있는 사람들 가운데 뛰어난 사람을 선택하여 협력 파트너로 만드는 것이 효과적이다.

마이클 델은 '남의 좋은 점을 찾아서 따라간다'는 전략을 택했다. 자신은 부품을 만들지 않고, 그 대신 부품 공급업체들이 부품을 공급하도록 했다. 예를 들어 하루에 6번, 정해진 시간에 부품을 공급하도록 했다. 마이클 델은 엄격하게 공급업체를 선택해서 파트너 관계를 맺었다. 하지만 일단 협력 파트너가 되면 공급한 부품에 대해서는 재검사를 하지 않음으로써 공급업체에게 무한한 신뢰를 보여 주었다. 델이 생각하기에 공급업체는 자체 생산한 제품에 대한 검수를 하기 때문에 재검사를 하는 것은 시간 낭비에 불과했다. 그는 공급업체들의 기술자들을 자기 회사의 직원들과 동일시하면서 정보와 기술을 공유하도록 했다. 이렇게 하면 공급업체와 델 컴퓨터는 함께 발전할 수 있다고 보았던 것이다. 소비자가 부품 문제를 제기하면 공급업체의 기사가 현장에 가서 해결한 뒤 델 컴퓨터의 연구소에 와서 더 좋은 부품을 만들 방법에 대해 논의했다. 델 컴퓨터와 부품 공급업체가 함께 데이터베이스를 구축하고 품질 향상 방법을 연구하는 방식은 신기술을 시장화 하는 시간을 대폭 줄이는 효과를 가져왔다. 델 컴퓨터가 취한 방식은 정보를 효과적으로 이용하고 수익을 높였으므로 공급업체들에게 큰 호응을 얻었다.

주문에 따른 컴퓨터 조립 방식은 제품 공급 시간을 줄이고 재고와 리스크를 없애는 획기적인 경영으로 인정받았다. 델의 미국 본사에서는 매일 2만여 대의 PC를, 아일랜드 공장에서는 9,000대의 PC를 생산하고 있다. 금융 위기가 발생했을 때에도 아시아 태평양 지역의 주문은 수직 상승하여 하루 평균 1,700~2,000대의 PC를 제조하여 당일에 고객에게 배송했다.

델 컴퓨터의 또 다른 특징은 자기자본을 잠식하지 않는다는 것이다. 회사의 규모가 커진 다음에도 고객의 예약금이 입금되면 즉시 부품을 구매하여 조립했다.

델 컴퓨터는 큰손 고객에 대해서는 기술자를 상주시켜 기술적인 문제를 해결해 준다. 보잉사와 같은 주요 거래처는 델의 컴퓨터를 10만 대 보유하고 있고, 매일 평균 160대를 구매하는 엄청난 고객이므로 30명의 기술자를 상주시켜 기술 정보를 공유하고, 수요에 맞춰 생산한다. 이런 방식은 시장과 직접 정보를 교환하는 '1거 3득'의 효과가 있다. 즉 시효적절하게 제품을 공급하고, 중간 단계의 비용을 절약할 수 있으며, 재고를 낮추는 효과가 있는 것이다.

신뢰와 이익 보장은
협력을 위한 초석이다

공자가 말했다. "이익에 따라 행동하면 원망이 많이 생기게
된다."
(子曰, 放於利而行, 多怨.)

— 《논어》 '이인里仁' 편에서

공자는 사리사욕을 좇아 행동하면 다른 사람의 원한을 사게 된다고
했다. 협력 파트너에게 겸허하게 군자의 도를 다하지 않으면 진정한
협력을 얻어 낼 수 없다.

> 공자는 말했다. "군자는 의로움을 바탕으로 삼고, 예에 따라 행하며, 겸손함으로 드러내고, 믿음으로 이루어야 한다. 이렇게 해야 군자라 할 수 있다."
>
> (子曰, 君子義以爲質, 禮以行之, 孫以出之, 信以成之, 君子哉!)
>
> — 《논어》 '위령공(衛靈公)' 편에서

이상적인 협력 관계는 권리와 의무를 동등하게 적용하는 것이다. 유니레버Unilever는 판매권자distributor가 유니레버의 경쟁사 제품을 판매해서는 안 된다고 생각하므로 한 국가나 지역에서 하나의 판매권자를 선정하여 제품 판매 계약을 체결한다. 양자 간의 협력 관계는 다음과 같은 원칙을 지킨다.

첫째, 판매권자는 유니레버의 모든 제품을 판매해야 한다. 판매권자는 제품을 창고에 보관하여 유니레버가 요구한 소비자 가격에 따라 지정된 지역 내에서 판매해야 한다.

둘째, 판매권자의 영업 사원은 유니레버가 파견한 현지 판매대표의 계획에 따라 상점을 방문한다. 상점의 수와 방문 빈도 등의 판매 계획은 판매권자와 유니레버가 공동으로 결정한다. 이 밖에도 판매권자는 반드시 유니레버가 정한 가격 정책을 지켜 시장 가격의 혼란을 방지한다.

셋째, 판매권자는 충분한 영업 사원을 확보하여 유니레버의 시장 점유율을 높여야 한다.

판매권자의 의무는 다음과 같다.

첫째, 충분한 자본을 갖춰 유능한 영업 사원을 고용하고, 양측이 정한 판매 계획에 의거해 지정된 지역 내에서 판매함으로써 정상적인 업무를 진행한다. 판매 범위는 반드시 공동으로 정하고, 지도상에 판매 범위를 구체적으로 명시하여 어떤 오해도 발생하지 않도록 한다. 반드시 단독 사무실에서 업무를 하고, 유니레버 제품의 창고와 유니레버의 업무를 전담하는 매니저를 둔다.

둘째, 기초설비에서 판매권자는 청결, 습도, 통풍, 면적 등이 규격 조건에 맞는 창고를 제공하여 제품을 보관하고, 운송 차량을 갖춘다. 판매업자는 반드시 제품 1톤당 3㎡의 공간 기준에 맞는 단독 창고를 갖춘다. 제품의 적재와 보호는 규정을 철저히 지키고, 유니레버의 모든 제품을 구비해야 한다. 운송 차량의 종류(대형 트럭, 소형 트럭, 삼륜차 등)는 판매량, 거리, 판매 지역의 특성을 고려하여 결정한다.

셋째, 재고 조절 계획과 주문서에 맞춰 판매 상점의 방문 주기를 결정하고, 판매 정보를 유니레버 전산 시스템에 입력하여 제품 입고와 재고 관리가 용이하게 한다. 방문 계획을 완수하여 모든 소매상과 도매상에서의 판매를 예측한다.

넷째, 유니레버의 거래 조항을 엄격히 이행하고, 고객과의 신용을 지킨다. 판매권자는 유니레버의 모든 제품에 대한 업무를 다루는 단독 부서를 두고, 경쟁사 제품의 판매나 판촉 활동을 엄금한다.

다섯째, 정기적으로 유니레버 영업 사원과 판매, 판촉, 기타 업무 진행 상황에 대해 논의하고 제품 발송과 주문을 체크한다. 또한 한 주에 한 번씩 리포트 형식으로 유니레버 본사에 재고, 신용도, 판매 등에 관한 정보를 보고하고, 유니레버 직원들과 장부를 검토한다.

여섯째, 판매권자는 정기적으로 제품의 기한이 지났거나 기한에 가까운 제품, 파손되었거나 가격 표시가 되지 않은 제품을 처리한 뒤 유니레버에 이들 비용에 대한 지원을 신청한다. 영업을 진행할 때는 반드시 유니레버의 규정과 현지 법규를 준수한다.

일곱째, 유니레버의 허가를 받지 않고 제3자에게 유니레버의 상업적 정보나 기밀을 누설해서는 안 된다. 유니레버의 상표와 브랜드를 광고나 다른 용도에 사용해서는 안 되며, 유니레버의 지적재산권이 침해받았을 경우 즉시 보고해야 한다.

유니레버가 이행해야 할 의무 사항은 다음과 같다.

첫째, 유니레버는 언제나 지역 소비자들의 요구를 만족시키는 것이 경영상의 의무라고 생각한다. 유니레버의 제품이 어느 곳에서나 판매되게 하여 매출을 늘리고, 판매권자와 파트너 관계를 맺는다.

둘째, 유니레버는 일반 가격과 할인판매 가격을 통일하고, 판매권자에게 고품질의 제품을 제공하여 투자대비 수익률을 높이도록 돕는다. 판매권자에게 광고, 판촉 등의 직·간접 지원을 하고, 전산 시스템을 제공하여 효율적인 관리가 이루어지도록 하며, 매출을 늘리고 장기적인 목표를 실현하도록 돕는다.

셋째, 판매권자가 판매와 효율성을 높이도록 협력하고, 전문 지식을 제공하여 업무 수준을 향상하도록 한다. 판매권자와 그 소속의 직원들에게 필요한 기초 훈련을 실시한다. 판매권자에게 전문성을 갖춘 판매 매니저를 파견하여 근무하도록 한다.

넷째, 경쟁력 있고 판매권자가 수익을 창출할 수 있는 재판매가격 resale price의 책정은 유니레버의 권리이자 책임이다. 책정된 가격은 제품의 판매와 브랜드 전략에 적합해야 한다. 판매권자가 적정한 이윤과 투자회수율을 보장받도록 저가 판매와 지정 구역 외의 판매를 금지한다. 도매가격과 소매가격은 전국적으로 동일해야 한다. 유니레버는 시장 예측과 시장에서 갖는 제품의 위상을 감안하여 가격을 책정한다. 판매권자에게 통일된 소비자가격을 고지하고, 도매가격을 건의한다. 이와 동시에, 유니레버는 제품에 따라 각기 다른 할인 가격을 책정하고, 소비자가격에 따라 판매권자에게 할인해 주어 이윤을 남기도록 한다. 판매권자가 통일된 가격으로 판매하도록 정기적으로 변화된 새 가격표를 제공한다. 안정적이고 통일된 시장가격을 제시하는 것은 판매권자가 매출과 이윤을 늘리는 데 유리하다.

과정의 공유는 결과의 공유보다 더 큰 성취를 가져온다

공자가 말했다. "어질지 않은 사람은 오랫동안 가난에 머물지 못하고, 즐거움에 머물지도 못한다. 어진 사람은 인 자체를 편안하게 여기고, 지혜로운 사람은 인 자체를 이롭게 여긴다."

(子曰, 不仁者不可以久處約, 不可以長處樂. 仁者安仁, 知者利仁.)

－ 《논어》 '이인里仁' 편에서

공자는 어진 사람은 인 자체를 편안하게 여기고, 지혜로운 사람은 인을 이롭게 여긴다고 했다. 어진 사람만이 오랫동안 다른 사람과 협력하면서 함께 이익을 실현하는 '생태계'를 유지한다.

자신의 '생태 네트워크'를 잘 유지하기 위해 독일의 소프트웨어 전문기업 SAP는 다른 업종으로의 확장을 고려하지 않고 오로지 소프트웨어 분야에만 전념하고 있다. 또한 합작 파트너의 경영에 간섭하지

인문에서 경영의 지혜를 배우다

않는 원칙을 고수하고 있다. 소프트웨어 엔지니어들은 자신이 기획과 시장 판매의 고수가 아니라, 제품을 가장 잘 이해하는 사람들이라 자부한다. 고객 서비스에서 SAP는 대형 컴퓨터 기술을 보유한 회사나 경영 컨설턴트 회사와 경쟁하는 전략을 취하지 않는다. 컨설팅이 총매출에서 차지하는 비중은 20%정도다.

1998년의 맥킨지 보고서에 의하면 SAP는 업무용 소프트웨어 R/3로 벌어들인 수입의 80%를 합작 파트너에게 주었다. 지속적으로 늘어나는 컨설팅 업무는 외부의 합작 파트너에게 넘겼기 때문에 SAP의 컨설팅 수입은 별로 증가하지 않았지만, 직원들의 노력으로 시장 점유율은 대폭 증가했다.

SAP의 파격적인 행보는 합작 파트너와의 원만한 관계가 자사의 발전에 유리하다는 생각에서 이루어진 것이다. 첫째, 합작 파트너와 이익을 다투지 않는 전략은 SAP로 하여금 제품 개발에만 집중할 수 있게 한다. 1997년에 SAP의 소프트웨어 기술 컨설턴트는 세계적으로 약 2만 명에 달해 내부 고용자의 숫자보다도 많았다. 둘째, 외부의 소프트웨어 유저, 예를 들면 컨설팅 회사들은 R/3시스템을 판매할 수 있는 채널이 된다. 컨설팅 회사들이 고객에게 SAP의 제품을 구입하도록 권유할 수 있기 때문이다. 이런 판매 루트는 제품 판매에 큰 도움이 된다.

1996년에 출간된 《SAP의 글로벌 전략》에서 디트마 호프 회장은 협력 파트너들이 SAP의 성장에 지렛대 역할을 했다고 밝혔다. 1993년에서 1997년까지 연평균 53%의 성장을 기록하면서 기업용 어플리

케이션 시장에서 세계 최고의 자리에 오른 것도 광범위한 협력이 주효했기 때문이다. 협력 네트워크를 구축할 때 SAP는 합작 파트너들이 제공하는 실용기술을 제품과 서비스에 반영하여 시장이 확대되기를 기대한다.

SAP는 기업 차원을 벗어난 하나의 산업이라 할 수 있다. 이제 SAP는 컨설팅, 직업 훈련, 전문가와 수백 명의 소프트웨어 프로그래머를 포함하는 200억 달러 가치의 산업이 되었다. 유저들은 SAP시스템을 사용하기 위해 1년에 70~100억 달러 규모의 하드웨어와 네트워크 장비를 구매하고 있고, 이와 연계된 시장 규모가 300억 달러에 달한다. 기업에서 SAP 소프트웨어를 사는 데 1달러를 쓰면 그에 따른 2~4달러의 컨설팅과 서비스 비용을 치러야 한다고 한다. 이런 구조 덕분에 독일 유수의 컨설팅 회사들은 SAP 소프트웨어의 수혜자가 되었다.

SAP는 연례적으로 미국과 유럽에서 '사파이어 나우'라는 이름의 콘퍼런스를 열어 최신 IT기술을 소개하고 솔루션과 선진 사례를 공유한다. 1998년에 베를린에서 열린 제2회 'SAP 협력 파트너 세미나'는 컨설팅, 기술, 소프트웨어 부문의 세계 50개 협력 파트너사의 대표들, 수백 명의 전문가 등 총 2,500명이 참석하는 성황을 이뤘다.

회의에 참석한 협력 파트너들은 매우 유익한 결과를 얻은 것에 크게 만족한다. iXos는 1988년에 설립된 독일의 문서처리 소프트웨어 중소기업이다. 이 회사는 미국의 Documentum과 FileNET 등 강력한 라이벌 회사와 힘겨운 경쟁을 하느라 1년 수익이 1,000만 달러

이하였다. 그러나 1992년에 iXos는 SAP와 제휴를 통해 아카이브모듈을 개발하여 R/3시스템에 사용함으로써 4년 동안 평균 50%의 성장을 거듭했다.

직원들도 또 다른 의미의 협력 파트너이므로 함께 즐거움을 나누어야 한다. 경영자가 적극적으로 부하 직원들과 함께하면 그들은 참여의식을 가지면서 공동체의 힘을 느끼게 된다. 자신이 조직의 일원이라는 사실을 의식하면 자연스럽게 자부심과 성취감을 느낀다. 그리고 성취감은 조직에 대한 충성심으로 발전한다.

경영자가 공동체 정신과 동료 의식을 심어 주면 모두가 열심히 일하게 되는 결과를 낳는다. 직원들은 자신이 그저 조직의 고용인이 아니라 회사 발전의 파트너라는 인식을 가질 때 책임감과 성취감이 높아진다.

협력의 '생태 네트워크'에서 가장 중요한 것은 성과, 가치, 의무, 권리를 함께 나누는 것이다. 어떤 일을 성사한 후에 부하 직원과 협력 파트너들과 성공의 기쁨을 누리는 것이 아니라, 과정에서 일의 어려움과 권력을 나누는 것이 바람직하다. 경영자가 부하 직원과 협력 파트너들과 더불어 어려움과 성공을 공유하면 그들은 친밀한 파트너 관계가 되어 열정을 갖게 된다. 경영자가 '동고동락'을 철저히 실천하면 어떠한 격려보다 더 큰 결실을 맺는다는 점을 기억해야 한다.

경쟁보다 함께 파이를 키울 때
각자의 몫은 더 커진다

공자가 말했다. "군자는 사람들과 화합하나 부화뇌동하지 않
고, 소인은 부화뇌동하지만 화합하지 않는다."

(子曰, 君子和而不同, 小人同而不和.)

— 《논어》 '자로子路' 편에서

사람들이 모이면 관점의 차이가 생기기 마련이다. CEO의 자격을 갖
추었다면 사람들의 말에 귀를 기울이면서 모든 관점을 존중하고, 자
신의 관점도 견지한다. 이렇게 해야 조직이 서로 다른 견해를 포용하
면서 조화를 이루게 된다. 소인은 이와 완전히 반대로 행동한다. 소
인은 부화뇌동하면서 조화를 이루지 못한다. 회의나 토론하는 자리
에서 높은 사람이 미처 말을 맺기도 전에 "사장님 말씀이 정말 옳습
니다" "높은 안목에 감탄을 금할 수 없습니다" "생각이 깊고 치밀하

인문에서 경영의 지혜를 배우다

십니다" 따위의 낯 뜨거운 아부를 하는 사람이 있다. 이런 부류의 사람은 사장이 나가면 얼굴을 싹 바꿔서 "도대체 무슨 소리를 하는 건지 모르겠네. 나는 도저히 사장 말에 동의할 수가 없어"라고 한다.

'백지장도 맞들면 낫다'는 속담처럼 힘을 합치면 강한 개체를 이길 수 있다. 산시 출신 상인들을 일컫는 진상晉商은 의기투합하는 선비를 '상여相與'라고 부른다. 이들은 상대가 '상여'라고 칭하기에 충분하다고 생각한 다음에야 마음을 터놓고 교류한다. 뜻과 길이 다르면 서로 도모하지 않는다는 말에 꼭 맞는 사귐이라고 하겠다. 진상들은 혼자서 사업을 하는 것은 '험한 파도에 떠 있는 일엽편주—葉片舟'와 같아서 배가 언제라도 뒤집힐 수 있듯이 앞날을 장담할 수 없으므로 서로 도와야 한다는 관념이 강하다. 사업하는 사람은 그야말로 산전수전을 다 겪지만 부정적인 면만을 부각하여 비관적으로 생각할 필요는 없다. 그보다는 전쟁터와도 같은 비즈니스의 세계에서도 전우처럼 협력하는 사이를 눈여겨보는 여유가 있어야 한다. 예로부터 진상들은 경쟁하면서도 서로 관심을 갖고 돕는 '상여'가 됨으로써 발전적인 관계를 맺었다. 이런 관계는 도의를 중시하는 가치관에서 출발한 것이기도 하지만, 장기적으로 좋은 인맥을 만들기 위한 노력의 일환이다.

동종 업계 사람들과 어울리지 않고 독자적으로 경영하면 세력을 형성하지 못해 시장에 대한 영향력이 미약하다. 사업가에게 같은 업종의 사람들은 경쟁관계이지만, 소비자에게 물건을 팔아야 한다는 점에서는 그들과 같은 배를 탄 운명이라 할 수 있다. 따라서 같은 배를 타고 안전하게 항해하려면 집단의식을 가지고 협력해야 한다. 결국 전체의 이익이 보장되면 자신도 그 안에서 이익을 보장받을 수 있기 때문이다. 바꿔 말하면 파이를 키울수록 자신이 가져갈 수 있는 몫도 커지는 법이다. 만약 어떤 사람이 작정하고 시장 질서를 파괴하면 시장은 혼란에 빠지고, 업계 전체가 피해를 입는다. 이런 경우에 개별 사업가의 힘과 노력으로는 판세를 바꿀 수 없다. 다른 각도에서 보면, 서로가 도울 때 같은 마음을 가졌다는 사실이 증명된다. 어려움에 처한 상대에게 실질적인 도움을 주는 것은 공허한 말보다 훨씬 큰 감동을 주고 설득력을 갖는다.

시장이라는 큰 환경은 개개의 사업자들로 구성되므로 모두가 책임감을 가지고 시장의 안정과 질서를 지켜야 한다. 사업가라면 마땅히 자신과 타인을 함께 생각하면서 윈윈하려는 노력을 해야 격랑과도 같은 어려운 환경 속에서 부를 창출할 수 있다.

인문에서 경영의 지혜를 배우다

제 9 장

사람 경영이 CEO의 성패를 좌우한다

비즈니스는 바둑과 같다. 바둑에서의 행보는 정석에서 벗어날 수 없다. 비즈니스를 바둑 혹은 게임과 같이 생각하는 것은 개인에 따라 차이가 있지만, 경영자가 자신의 역할을 수행할 때 게임의 룰을 벗어나서는 안 된다.

중용 사상은 사람들에게 도(道), 규칙, 적당함을 지키라고 요구한다. 자신의 사리사욕을 채우기 위해 사회적으로 지켜야 할 규칙들을 어겨서는 안 된다. 그렇지 않으면 남들로부터 질책과 비난을 받고, 악명이 세인의 뇌리에서 지워지지 않는다. 특히 높은 자리에 있는 사람일수록 일거수일투족이 주목을 받게 되므로 몸가짐을 바르게 해야 한다.

예의는 조화를 이루기 위한 하나의 룰이다

공자가 말했다. "공손하면서 예가 없으면 수고롭기만 하고, 신중하면서 예가 없으면 두려워하기만 하며, 용감하면서 예가 없으면 난폭해지고, 강직하면서 예가 없으면 엄하기만 하다. 군자가 친족들에게 돈독한 감정을 가지면 백성 사이에 인이 널리 퍼질 것이다. 옛 친구를 버리지 않으면 백성이 각박해지지 않을 것이다."

(子曰, 恭而無禮則勞, 愼而無禮則葸, 勇而無禮則亂, 直而無禮則絞. 君子篤於親, 則民興於仁, 故舊不遺, 則民不偸.)

– 《논어》 '태백泰伯' 편에서

예는 다양한 미덕의 기준이자 인간으로서 지켜야 할 마지노선이다. 마음속에 예가 있다면 굽혀야 할 때와 굽히지 않아야 할 때, 굽힌다면 어느 정도 굽혀야 하는지를 구별할 수 있다. 예를 아는 경영자가 가족과 직원들에게 모범이 될 때 사회 분위기도 밝아진다.

인문에서 경영의 지혜를 배우다

중국은 '인정미'를 중시하는 전통이 있다. 인정人情은 일상적으로 사람들과 어울리는 데 필요한 요소이자 일종의 '예'라 할 수 있다. 현대인이 '인정'을 중요하게 여기는 이유는 문화적 영향이지만, 그보다는 사회생활에서 꼭 필요하기 때문이다. 오늘날 사람들의 관계는 갈수록 순수함을 잃고 이해득실에 좌우되는 경향이 강하지만, '인정'이 인간관계의 가교 역할을 하는 점은 지금도 변함이 없다.

현대사회에서는 일반적으로 사람들의 사교 범위가 넓어지고 다양해졌지만, '인정'을 빼고 완전히 현실적인 이해관계로만 엮이지는 않는다. 비록 현대화로 인정은 사라져 가고 인간 소외 현상이 심각해졌지만, 인정이라는 끈끈한 유대감이 결코 사라진 것은 아니다.

실제로 많은 사람이 아직도 살아가는 데 '인정'이 매우 중요하다고 생각한다. '인정'을 잘 활용하면 원만하고 성공적인 사회생활을 할 수 있다.

'인정'은 인간관계에서 친근감과 동류의식을 갖게 만드는 역할을 한다. 또한 인간 사회의 질을 높이는 데 분명 긍정적으로 작용한다. 따라서 인정은 일종의 '예'라고 할 수 있다.

인간관계에서 인정과 더불어 중요한 요소는 '체면'이다. 체면, 혹은 면목은 예의에 속하는 덕목이라 할 수 있는데, 중국 상인들의 거래에서 볼 수 있는 가장 큰 특징이기도 하다. 고대에서 오늘날까지 체면은 중국인의 대인관계를 형성하고 유지하는 핵심이다. 특히 중국 상인들은 일의 성격이나 장소에 따라 자신과 상대의 체면을 위해 예를 갖추거나 선물을 한다. 부의 정도와는 별도로 상인들은 반드시 체면을 차려야 하고, 이를 통해 상대와의 친소 정도가 결정되고, 자존심을 챙기게 된다. 유교 문화에서 중시되는 사람들 간의 신뢰, 겸양, 우의 등의 문화 전통은 미래에 사업을 하는 데 있어 더욱 중요한 역학을 할 것이다.

공자가 말하는 '예'는 인간관계를 유지하는 데 필요한 준칙이다. 예의를 차리는 것 외에도 건강한 인간관계를 맺기 위해서는 다음의 원칙을 지키는 것이 중요하다.

- 호혜互惠 : 중국식 경영을 하기 위해서는 먼저 인간관계의 목적을 확실히 인식해야 한다. 인간관계란 사랑을 표현하는 것이 아니라 서로의 필요를 지속적으로 만족시켜 주기 위해 형성된 관계다. 주는 만큼 얻는 것이 있어야 하는 것이 호혜의 원칙이다.

음식점을 운영하는 A씨는 단기간에 장사가 흥해 주위의 큰 부러움을 샀다. 친구들이 A씨에게 사업가로서의 천부적인 재질이 있는 것인지, 아니면 밀어 주는 누군가가 뒤에 있는지를 물어 보았다. A씨는 "둘 다 아니야. 내가 다른 사업가들보다 뛰어난 점은 없어. 단지 인맥이 탄탄하다고 할 수 있지. 요식업에 뛰어들기 전에 나는 이쪽 사람들과 사귀기 시작해서, 식당을 열 무렵에는 절친한 친구가 되었어. 그 사람들이 도와준 덕분에 사업이 순조로웠지. 앞으로도 나는 이 분야의 사람들과 폭넓게 사귀려고 해. 어려운 문제가 있을 때 도와주는 친구, 도움을 주는 친구, 중요한 손님들을 소개시켜 주는 친구들에게서 많은 도움을 받고 있지. 그들이 없었다면 나 혼자의 힘으로는 이렇게 성공할 수 없었을 거야"라고 비결을 밝혔다.

- 상호 의존 : 얼마 전 여행을 간 곳에서 쓰촨四川 요리가 먹고 싶어 한 옷집에 들어가 식당을 소개해 달라고 했다. 옷집 주인은 그 도시에서 쓰촨 요리를 가장 잘한다는 식당을 알려 주었다. 식당은 손님들로 북적였지만 종업원은 전망이 좋은 좌석으로 안내하고 친절하게 서비스를 했다.

  식사를 마친 후 계산을 하려는데 카운터를 보는 종업원이 미소를 띠고 "저희 가게를 이용해 주셔서 감사합니다. 여행 오신 것 맞으시죠? 이곳에서 기념으로 옷을 사서 여자 친구에게 선물하실 생각은 없으세요? 그냥 옷을 선물하는 것과 여행지에서 산 옷은 의미가 다르니 여자 친구가 틀림없이 좋아할 겁니다. 제가 이곳에서 품질과 가격이 가장 좋은 곳을 소개해드리면 어떨까요?"라며 명함을 건네주었다. 가게로 가는 길도 꼼꼼히 설명해 주었다.

  명함을 보니 이 식당을 소개시켜 주었던 옷집이었다. 이 명함을 받고 옷집에 가서 쇼핑을 하는 사람도 있고, 그냥 무시할 사람도 있을 것이다. 하지만 분명히 가는 사람이 있을 것이고, 이것이 바로 '상호 의존' 방식이다.

- 함께 나누기 : 함께 나누는 것은 사업상 인맥 만들기의 가장 좋은 방식이다. 자기가 가진 것을 많이 나눌수록 얻는 것도 많아진다. 나눌수록 더 커지는 세 가지가 있다. 지혜, 지식, 그리고 역량이 바로 그것이다.

- 지속적으로 관리하기 : 자신의 인간관계가 건전하고 의미가 있다면 군건하게 지켜 나가는 노력을 해야 한다. 우리는 인맥이 언제, 어떤 이익

이나 좋은 일을 가져올지 알 수 없다. 세상이 급변함에 따라 미래에 대한 불확실성은 갈수록 커지고 있다. 이럴수록 가치 있는 것들을 끈기 있게 지켜 나가면 언젠가는 큰 행운이 찾아올 것이다.

인문에서 경영의 지혜를 배우다

신용과 좋은 이미지는
하나의 생산력이다

제나라 경공이 공자에게 정치에 대해 묻자, 공자가 대답했다.
"임금은 임금다워야 하고, 신하는 신하다워야 하며, 아버지는
아버지다워야 하고, 자식은 자식다워야 합니다." 경공이 말했
다. "좋은 말씀입니다. 임금이 임금답지 못하고, 신하가 신하
답지 못하며, 아버지가 아버지답지 못하고, 자식이 자식답지
못하다면 비록 곡식이 있어도 어찌 내가 얻어먹을 수 있겠소
이까!"

(景公問政於孔子. 孔子對曰, 君君, 臣臣, 父父, 子子. 公曰, 善哉!
信如君不君, 臣不臣, 父不父, 子不子, 雖有粟, 吾得而食諸?)

– 《논어》 '안연顔淵' 편에서

경쟁이 날로 치열해지는 환경 속에서 기업은 많은 상대와 원만한 관
계를 맺어야 대중의 지지를 받을 수 있고, 그러다 보면 결국 성공으

로 이어지게 된다. 베이징쉐롄北京雪蓮 캐시미어 주식회사의 리위안정李元征 회장은 "건강한 인간관계도 생산력이다"라고 말한다. 인간관계를 잘 관리하는 것이 예를 잘 차리는 것이므로, 예는 생산력이라 할 수 있다.

리위안정이 말하는 '관계'는 경영학의 범주에 속하는 것으로 기업의 공공관계public relations를 뜻한다. 우리가 일상에서 흔히 말하는 '관계학'과는 거리가 멀다. 성공한 기업은 좋은 이미지와 신용을 쌓고 대중의 이해와 인정을 받아 발전에 필요한 환경을 만든다. 이는 생산처럼 중요한 경영의 일환이다. 따라서 '관계' 역시 일종의 생산력이다.

리위안정은 기업의 공공관계를 상당히 중요하게 여기면서 스스로가 현대적인 공공관계 개념을 지닌 경영인이라 자부한다. 그는 정부와 경제 부처가 기업의 사정을 이해하도록 하는 것이 매우 긴요하다는 점을 잘 인식하고 있다. 그는 자주 경제 부처에 가서 브리핑을 하고, 적극적으로 정부의 공익사업에 찬조를 아끼지 않는다. 법을 준수하고 성실하게 세금을 내고 있다는 이미지를 심는 데도 힘을 쏟았다. 그뿐만 아니라 직원들에게는 단결을 강조하면서 인간관계를 원만히 하여 결집력을 높이도록 했다. 고객과는 약속을 철저히 지키면서 모든 방법을 동원하여 고객의 어려움을 해결해 줌으로써 서로가 윈윈하는 관계를 맺고 있다.

리위안정은 1990년에 베이징모직 공장에서 베이징쉐롄 캐시미어로 자리를 옮겼다. 이 무렵 베이징쉐롄은 1년에 겨우 1만 장의 오더를 받을 정도로 사정이 좋지 않아 직원들의 사기가 떨어질 대로 떨어져 있었다. 리위안정은 전적으로 자신의 인맥을 이용하여 11만 장의 수출 오더를 받아냄으로써 회사를 기사회생시켰다. 그의 인맥은 베이징모직의 부공장장으로 있을 때 만들어진 것이었다. 이때 베이징모직은 계약을 이행하지 못한 상태에서 국가에서 배정한 외환 한도를 다 써서 신용을 잃기 직전이었다. 계약을 이행하려면 외화를 자체적으로 조달해야 하는 어려움이 있어 곤란을 겪고 있을 때 리위안정은 신용을 지키기 위해 계약 내용을 충실히 지켰다. 이 일을 계기로 리위안정은 오퍼상의 호감을 샀고, 어려울 때 큰 도움도 받았다.

공자는 말했다. "군자는 의를 으뜸으로 여긴다."
(子曰, 君子義以爲上.)
— 《논어》 '양화陽貨' 편에서

경영에서 리위안정은 '의리'를 최우선으로 생각하고, 눈앞의 이익을 위해 장기적인 이익을 포기하지 않는다. 한번은 내몽골의 공장장이 그를 찾아와 빚 100만 위안을 갚으라고 했다. 그것은 그가 쉐렌에 오기 전에 전임자가 진 빚이었고, 증빙할 자료도 없었다. 이런 경우에 채무를 이행할 사람은 별로 없을 것이다. 하지만 리위안정은 사실을 확인한 후 부채를 상환했다. 감격한 공장장은 리위안정과 친구가 되었다. 1994년에 전국적으로 캐시미어가 공급이 크게 달렸을 때 채권자였던 내몽골의 공장장은 캐시미어를 보내 주어 리위안정이 급한 불을 끄게 해 주었다.

기업이라는 큰 시스템에는 인적 · 물적 요소가 다 포함되지만, 결정적인 역할은 사람이 한다. 리위안정은 기업들의 경쟁에서 핵심은 인적 요소이고, 인간관계가 생산력의 제반 요소 가운데 가장 중요하다고 생각한다. 공공관계에 큰 무게를 두는 그는 회사가 어려움에 처할 때면 평소에 잘 해왔던 공공관계를 활용해서 난관을 극복한다. 이제 제품의 질, 가격과 같은 유형자산과 신용, 좋은 평판, 이미지 등과 같은 무형자산은 확연하게 분리하기가 어렵다. 특히 무형자산은 경쟁에서 승리의 관건이 되기도 한다. 리위안정이 거둔 성공은 기업의 건강한 '공공관계'를 생산력의 중요한 요인으로 본 안목에서 기인한 것이었다.

먼저 자신의 눈, 귀, 입, 몸을 잘 다스리면 외부의 규범으로 스스로를
삼갈 수 있다.

《시경》은 "너무 높아지려 하지 말고, 모든 것을 원래의 법도에 따
라야 한다는 것을 잊지 말아라"라고 말하고 있다.

맹자는 "이루(離婁, 황제黃帝시대의 전설적 인물)의 밝은 시력과 공수반
(公輸班, 노나라의 목공 장인)의 교묘한 기술로도 원규(圓規, 컴퍼스)와 굽은 자
를 쓰지 않으면 사각과 원을 만들지 못한다. 사광(師曠, 춘추시대 진晉나라의

악사)과 같은 예민한 청력을 가졌어도 육률(六律, 십이율 중 양성에 속하는 여섯 가지 소리)을 쓰지 않으면 오음五音을 바로 다루지 못한다"라고 했다.

경제에는 경제의 규율이, 문화에는 문화의 규율이 있다. 물론 우리의 생활, 일, 인간관계에도 내재된 규칙이 있다. 사람들이 이 규칙을 따르기만 하면 즐거움과 흥취를 느낄 수 있다. 그렇지 않고 자기 멋대로 산다면 사회는 혼란에 빠질 수밖에 없다.

증자는 "부모의 장례를 정성껏 모시고 먼 조상까지 추모하여 제사를 지내면, 백성의 덕이 두터워질 것이다"라고 말했다. 증자의 가르침을 현대적인 관점에서 보자면, CEO는 조직을 위해 헌신하는 사람들을 잘 대우해야 한다는 뜻으로 해석할 수 있다. 만약 그들이 회사를 떠난다면 뒤처리를 꼼꼼히 해 주고 고마운 마음을 가져야 한다. 그러면 다른 직원들은 CEO에 대해 호감을 갖게 되고, 단결력도 강해진다.

"세상에 끝나지 않는 잔치는 없다"는 옛말이 있다. 사정이 생겨 회사를 그만두는 경우는 흔한 일이다. 이때 회사를 떠나는 직원에게 CEO는 '끝이 좋게' 보내는 아량을 보여야 한다. 그렇지 않고 뒤끝이 좋지 않으면 남아 있는 사람들은 CEO에게 경계심을 갖게 되고 팀워크에도 악영향을 미치게 된다.

직원들에 대한 관심과 온정에 대해서는 일본 기업으로부터 배울 점이 많다. 전문가들은 전후 폐허에서 경제 기적을 일으킨 일본의 성공 비결을 독특한 문화와 제도에서 찾았다.

일본 기업은 집단의식을 매우 중시하기 때문에 경영자와 직원들 간에 협력과 신뢰를 바탕으로 단결한다.

인문에서 경영의 지혜를 배우다

종신고용제를 실시하는 마쓰시타전기는 정년퇴직을 하는 60세 전 10년 동안, 즉 50세부터 고향으로 돌아가 그곳의 마쓰시타와 관련 있는 기업에서 근무하도록 조치한다. 이 제도의 목적은 마쓰시타에서 젊음을 바친 직원들이 편안한 마음으로 노후를 준비하도록 하는 것이다.

직원들의 입장에서 보면 귀향 근무는 회사의 배려가 돋보이는 제도다. 환경오염이 심한 대도시에서 출퇴근에 낭비했던 시간을 줄이고, 퇴직을 앞두고 떨어진 근로 의욕을 높일 수 있는 동기가 부여되는 셈이다. 이런 기업 문화가 일본 고유의 집단의식을 만들어 조직의 능률을 높인다.

'도구가 없으면 도형을 그릴 수 없다'는 말은 현대사회를 살고 있는 우리에게도 그대로 적용된다.

극심한 경쟁과 시시각각 변하는 환경 속에서 시비나 선악을 판별하기가 점점 더 어려워지면서 사람들은 곤혹스러워한다. 이럴 때 사람들은 도형, 즉 바람직한 사회를 그릴 수 있는 '도구'인 법과 규범의 필요성을 절감한다.

비즈니스는 바둑과 같다. 바둑에서의 행보는 정석에서 벗어날 수 없다. 비즈니스를 바둑 혹은 게임과 같이 보는 데에는 개인마다 다르겠지만, 경영자가 자신의 역할을 수행할 때 게임의 룰을 벗어나서는 안 된다.

중용 사상은 사람들에게 도, 규칙, 적당함을 지키라고 요구한다. 자신의 사리사욕을 채우기 위해 사회적으로 지켜야 할 규칙들을 어겨서는 안 된다.

그렇지 않으면 남들로부터 질책과 비난을 받고, 악명이 세인의 뇌리에서 지워지지 않는다. 특히 높은 자리에 있는 사람일수록 일거수일투족이 주목을 받게 되므로 몸가짐을 바르게 해야 한다.

인문에서 경영의 지혜를 배우다

자신을 돌아보고 반성하는 것이
문제 해결의 출발점이다

자공이 말했다. "군자의 잘못은 일식이나 월식과 같아서, 잘못이 있을 때에는 모든 사람이 그것을 보고, 잘못을 고쳤을 때에는 모든 사람이 우러러본다."

(子貢曰, 君子之過也, 如日月之食焉, 過也, 人皆見之, 更也, 人皆仰之.)

– 《논어》 '자장子張' 편에서

《상서尙書》에서는 "허물을 고침에 인색하지 말라"고 했다. 사람은 완벽하지 않아서 이런저런 잘못을 저지른다. 하지만 우리가 중요하게 생각해야 하는 점은 그것을 진정으로 반성하고 고치면 된다는 것이다.

한때 승승장구했던 어느 회사 부장의 경험담이다. "나는 회사에서 가장 실적을 많이 올리는 사람이었다. 교만한 성격 탓에 나는 다른 사람들과는 다르다고 생각했고, 보통 사람들의 일과 생활방식을 못

마땅하게만 여겼다. 그들이 여가를 즐기는 것을 보면 시간을 낭비한
다고 비웃었다. 나는 그들을 돕고 싶다는 생각을 가졌지만 하는 말마
다 훈계조였다. 그러자 사람들은 차가운 시선을 보냈고, 뒤에서 나를
비난했다. 종국에는 사장도 나에 대한 호감을 잃고 불만스러워한다
는 사실을 알게 되었다. 1년 넘게 버티다가 벼랑 끝까지 몰린 나는 어
쩔 수 없이 회사를 떠났다."

직장에서 부하 직원한테 존경받고, 두루두루 인간관계를 잘 맺으
며, 성실하고 정직한 태도를 잃지 않는 것은 매우 중요하다. 그러나
사람은 실수를 하지 않을 수 없다. 업무상의 실수나 과오는 부득이한
데 만약 경영자가 문제를 숨기고 지나가면 시간이 지나 사태가 불거
지고 수습하기가 어려워진다. 만약 자신의 잘못을 모두에게 알리면
이해를 받고, 오히려 인간적이라는 인상을 주게 된다. 또 일찌감치
문제를 발견하여 시기적절하게 해결하면 국면이 전환되고 사람들의
이해를 받을 수 있다.

공자는 말했다. "현명한 사람을 보면 그와 같아지겠다는 생각을 하
고, 현명하지 못한 사람을 보면 스스로 반성해야 한다."
(子曰, 見賢思齊焉, 見不賢而內自省也.)

– 《논어》 '이인里仁' 편에서

"잘못할 수는 있지만 관대하게 용서하는 것은 신성한 일이다"라

인문에서 경영의 지혜를 배우다

는 말이 있다. 잘못을 저지르고 피하는 것은 올바른 대처법이 아니다. 솔직하게 사실을 밝히는 것이 좋은 이유는 이미 엎질러진 물을 주워 담을 수는 없고, 다른 사람들도 어차피 알게 되는데 숨기거나 책임을 전가하는 행동은 실수를 연발하는 셈이기 때문이다. 경영자들 가운데는 잘못을 저지르고는 회피하거나 문제 자체를 직시하려 하지 않는 사람이 있다. 잘못을 덮기 위해 졸렬하게 행동하다 보면 '호미로 막을 것을 가래로 막는' 것처럼 일파만파로 번져 상황을 악화시킬 수 있다. 진솔하게 문제를 인정하고 만회하려 노력하다 보면 자책감이나 부담감이 사라진다. 자신은 심각하다고 생각했던 문제도 공개하면 별것 아닌 것이 되는 경우가 비일비재하다. 자신의 실수를 말하고 그 원인을 찾아 다른 사람들과 함께 보완하려는 방법을 찾는 것이 중요하다. 자신의 실수를 남들이 비웃을까 걱정할 필요는 없다. 경영자가 정직하게 실수를 인정하면 부하 직원들은 책임을 지려는 용기에 오히려 감동을 받게 된다.

증자는 말했다. "나는 매일 세 가지에 대해 나 자신을 반성한다. 남을 위해 일하는 데 전심을 다하였는가, 벗들과 사귀면서 믿음이 없지는 않았는가, 전수받은 가르침을 반복하여 익혔는가?"
(曾子曰, 吾日三省吾身, 爲人謀而不忠乎? 與朋友交而不信乎? 傳不習乎?)
– 《논어》 '학이學而' 편에서

아무것도 하지 않으면 실수하지 않는다. 실수는 열심히 뭔가를 하는 과정에서 발생한다. 실수를 저질렀을 때 생각을 많이 하고, 그 안에서 교훈을 얻고 성공의 경험을 결합하는 것이 기업이 발전할 수 있는 원동력이 된다. 이와 더불어 목표를 실현하기 위해서는 경영자가 스스로를 되돌아보고 반성하는 자세가 필요하다.

중국 가전업체 TCL의 리둥성李東生 회장은 '자성自省'의 중요성을 강조한다. 치열한 경쟁 속에서 그는 자신에게서 문제의 원인을 찾는 습관을 갖게 된 뒤로는 다른 사람을 원망하지 않게 되었다고 밝혔다. 예를 들어 먼저 유능한 사람을 발굴하고 무엇을 할 것인지 결정하고, 기율을 중시하는 기업 문화를 만들어 내부적으로 팀워크를 형성하는 것이다. 외부 요인으로 발생한 압력과 스트레스에 대해서는 내공을 키워 적극적으로 대응해야 한다는 것이 그가 '자성'을 통해 얻은 결론이다.

사마우가 군자에 대해 묻자, 공자가 말했다. "군자는 근심하지 않고, 두려워하지도 않는다." 사마우가 말했다. "근심하지 않고 두려워하지 않는 사람을 군자라고 할 수 있습니까?" 공자가 말했다. "안으로 반성하여 꺼림직하지 않다면 무엇을 근심하고 무엇을 두려워하겠느냐?"

(司馬牛問君子. 子曰, 君子不憂不懼. 曰, 不憂不懼, 斯謂之君子已乎? 子曰, 內省不疚, 夫何憂何懼?)

– 《논어》 '안연顏淵' 편에서

인문에서 경영의 지혜를 배우다

‘자신을 돌이켜 보아 부끄럽지 않은’ CEO란 자신의 문제점을 찾아 개선하여 탁월한 경영을 한 사람이다. 제너럴일렉트릭스GE의 CEO인 제프 이멜트 회장은 리더십은 일종의 자아 성찰력이라고 단언했다. 리더십의 유형에서 볼 때 자신을 반성하는 능력을 가지면 위기가 닥칠 때 ‘적당한 균형’을 취해 정확한 결정과 행동을 취할 수 있다.

　자성과 자제의 능력을 가진 사람은 유가에서 말하는 군자의 도를 갖춘 것이다. 조직의 의사결정자로서 자기 성찰을 할 수 있으면 뛰어난 경영자가 될 가능성이 높다. 자신을 반성하는 능력이 있는 경영자는 부하 직원들이 실수나 과오를 저질렀을 때 자신이 올바르지 못했다고 말한다. 어떤 일을 잘못 했을 때에도 그 속에는 긍정적인 요소가 있다. 긍정적인 면을 확대해서 모두에게 보여 주고 어떤 것이 문제가 되었는지 찾아보고 개선책을 모색하는 것은 용기가 필요한 일이다. 특히 CEO에게는 과오를 인정하고 개선하는 용기가 필요하다. 그것이 일을 더 유리한 방향으로 이끌어 가는 것이라는 사실을 인식하면 용기를 낼 수 있다. 그렇지 않고 이리저리 핑계를 대면 주변 사람들은 변명한다는 인상을 받는다. 잘못된 점을 설명하고 반성하면 이를 통해 똑같은 실수를 반복하지 않겠다는 경계심과 교훈을 얻는다.

　CEO는 부하 직원에게는 물론이고 자신에게도 잘못할 기회를 주어야 하지만, 똑같은 실수를 반복해서는 안 된다. 공자도 “사람은 성현이 아니므로 누구라도 잘못을 저지르지만 두 번의 잘못을 저지르지 말라"고 말했다. 위대한 사람들도 실수를 한다. 하지만 그들이 범인과 다른 점은 실수를 통해 배우고 다시는 같은 실수를 범하지 않는다는 것이다.

인문에서 경영의 지혜를 배우다

유연한 경영이
성공하는 조직을 만든다

자로가 군자에 대해 묻자, 공자가 말했다. "자신을 수양하여
공경하는 것이다." 자로가 물었다. "그렇게 하면 충분합니까?"
공자가 말했다. "자신을 수양하여 다른 사람을 편안하게 하는
것이다." 자로가 다시 물었다. "그렇게 하면 충분합니까?" 공
자가 말했다. "자신을 수양하여 백성을 편안하게 하는 것이
다. 자신을 수양하여 백성을 편안하게 해 주는 것은 요임금이
나 순임금도 해내지 못할까 걱정하던 일이다."

(子路問君子. 子曰, 脩己以敬. 曰, 如斯而已乎? 曰, 脩己以安人.
曰, 如斯而已乎? 曰, 脩己以安百姓. 脩己以安百姓, 堯舜其猶病諸?)
— 《논어》 '헌문憲問' 편에서

유연한 경영flexible management은 직원들의 까다로운 요구를 만족시켜
업무에 최선을 다하게 하는 효과를 거둘 수 있다. 이 밖에도 경영에
서 유연성을 발휘하면 집단주의와 상호 협력하는 정신을 함양할 수

있다.

유연한 경영은 세 가지 특징을 갖고 있다.

첫째는 내적인 구동력이다. 유연한 경영은 힘으로 목적을 달성하는 것이 아니라 직원들의 심리에 내재된 적극성, 잠재력, 창의력에 기대어 목적을 달성하는 것이다. 물론 기업의 규범으로 직원들의 자각을 고취하고, 기업의 목표로 직원들이 자주적으로 움직이게 할 때 내적인 구동력이 생겨난다.

둘째는 지속적인 영향력이다. 유연한 경영은 직원들에게 외부의 규정으로 자신의 마음을 다스리고, 궁극적으로는 자신이 주체가 되어 행동하도록 권장한다. 이런 과정에는 시간이 필요한데, 개인적인 차이나 기업 문화, 주위 환경 등 때문에 기업의 목표와 개인의 목표를 일치시키기란 무척 어렵다. 일단 두 가지 목표가 일치하면 직원들에게 강하고 지속적인 영향력을 행사할 수 있다.

셋째는 효과적인 격려다. 유연한 경영은 직원들의 다층적인 욕구를 효과적으로 만족시킨다. 즉 생리적 욕구, 안전에 대한 욕구, 사교의 욕구, 존중받고 싶은 욕구, 자아실현의 욕구 등을 만족시켜 준다. 프레데릭 헤르츠버그의 이론에 의하면 생활을 유지하기 위한 낮은 단계의 욕구, 즉 생리, 안전, 사교 등의 욕구는 위생 요소에 속한다. 이에 반해 존중받고 싶은 욕구와 자아실현에 대한 욕구, 즉 더 고차원적인 욕구는 격려 요소에 속한다. 일반적으로 유연한 경영은 직원들의 고차원적 욕구를 충족시켜 줌으로써 격려의 효과를 가져온다.

유연한 경영은 기업 경영의 여러 분야와 과정에 적용된다.

- 심리적 유연성 : 시각적 이미지, 간판, 컬러 사용 등에서 심리학적 원리를 응용하여 업무 열정과 직원들의 심리상태를 조절한다.
- 기술의 유연성 : 첨단기술을 충분히 활용하여 사무 자동화, 물류 정보화, 시설 현대화 같은 분야에서 효율성을 높인다.
- 서비스의 유연성 : 경영자는 직원들에게, 직원들은 기업에 대해, 기업은 사회와 고객을 위해 서비스하면서 기업 내부와 사회, 그리고 고객 간에 '감정의 고리'를 만든다.
- 조직의 유연성 : 중앙집권적인 권리를 분산하여 피라미드식 조직 구조를 횡적인 구조로 바꾼다.
- 질적 측면의 유연성 : 직원들의 자질 향상은 제품의 고품격화로 이어진다.
- 전략의 유연성 : 전략적 목표를 짤 때는 전략의 가변성을 감안하고, 예산을 탄력적으로 운용하여 입체적으로 계획을 실행한다.
- 감정의 유연성 : 감정을 중시하고 경영자가 모범이 되면 친화력과 결집력이 높아진다. 또한 기업 문화의 건설과 민주적 관리, 인력 자원의 개발과 육성에 주력한다.
- 영업 판매의 유연성 : 영업과 판매의 기획과 방식에 융통성을 발휘하여 소비자들에 대한 호소력을 높인다. 시장 공략에 앞서 소비자들의 마음을 움직여야 한다는 사실을 잊지 말아야 한다.

일본의 산요 그룹은 인재를 유연하게 활용하여 세계적으로 발돋움했다. 산요의 유연성 있는 경영은 미국 근로자의 관리에서 큰 효과를 보았다.

미국의 포레스트 시티에 있는 텔레비전 공장이 파산 위기에 놓여 재고가 쌓이고 수천 명의 직원 중 10분의 1 정도를 감원해야 할 형편이 되었다. 산요에서는 이 회사의 주식을 사들이고 관리직과 기술직 직원들을 파견하여 관리하도록 했다. 산요 직원들은 포레스트 시티에 도착하자마자 네 가지 조치를 취해 미국인들을 놀라게 했다.

첫째, 전 직원을 초대한 파티를 열어 함께 식사하고 라디오 한 대씩을 선물했다.

둘째, 일본인 매니저가 산요에서 파견한 직원들을 데리고 공장을 청소하고 건물 전체에 페인트칠을 했다.

셋째, 생산이 늘어나 근로자를 증원해야 했을 때 젊은 청년들을 모집하지 않고, 예전에 이 공장에서 일했다가 해고된 근로자들, 즉 성실하고 기술력에 문제만 없으면 그들에게 다시 일할 기회를 주었다.

넷째, 새로 부임한 산요의 매니저는 노조와도 협력하겠다고 선언했다. 이를 위해 산요의 사장이 포레스트에 와서 노조 대표와 대화를 나누기도 했다.

산요의 유연성 있는 경영 덕에 포레스트 시티의 텔레비전 공장은 기사회생했고, 산요의 침체되었던 미국 시장 점유율도 회복되었다.

인문에서 경영의 지혜를 배우다

경영의 답은 사람에 있다

안연이 인에 대해 묻자, 공자가 말했다. "자신의 욕심을 이겨내고 예로 돌아가는 것이 인을 실천하는 것이다. 하루라도 자기를 이겨 내고 예로 돌아가면 천하가 인으로 돌아갈 것이다. 인을 실천하는 것은 자기로부터 말미암은 것이지 어찌 다른 사람으로부터 말미암는 것이겠는가?" 안연이 다시 말했다. "그 항목을 여쭙겠습니다." 공자가 말했다. "예가 아니면 보지 말고, 예가 아니면 듣지 말며, 예가 아니면 말하지 말고, 예가 아니면 움직이지 말아야 한다." 안연이 말했다. "제가 비록 부족하지만, 그 말씀을 실천하고자 합니다."

(顏淵問仁. 子曰, 克己復禮爲仁. 一日克己復禮, 天下歸仁焉. 爲仁由己, 而由人乎哉? 顏淵曰, 請問其目. 子曰, 非禮勿視, 非禮勿聽, 非禮勿言, 非禮勿動. 顏淵曰, 回雖不敏, 請事斯語矣.)

— 《논어》 '안연顏淵' 편에서

유교 사상에서 많은 영향을 받은 동양의 경영 문화는 윤리성과 도덕적 수양을 높여 '자신을 다스리고 타인을 편안하게 하는', 즉 학식과 덕행을 갖춘 경영과 경영자상을 지향한다. 동양 경영 문화의 핵심은 유교 사상이고, 이는 공자의 사상과 맞닿아 있다. 따라서 동양의 경영학을 이해하려면 공자의 인본 사상에서 출발해야 한다.

오늘날의 인본주의 경영은 사람을 중심으로 하는 관리 시스템을 뜻하고, 이 시스템에서 모든 경영 활동은 인재의 선발, 육성, 활용에 초점이 맞춰진다. 인재 육성 시스템이 성공적으로 운용되면 직원들이 만족감을 가지고 고객과 주주를 만족시키고, 더 나아가 기업의 가치를 실현할 수 있다.

사람을 근본으로 여기는 경영은 다음의 요소들을 갖추고 있다.

(1) 직원들을 존중하고 신뢰한다.

직원들에게 주인의식을 심어 주기 위해서는 정신적·경제적 지원을 아끼지 말아야 한다. 정신적인 소속감은 회사에 대한 헌신으로 연결된다. 조직의 구성원으로서 자신의 역할이 인정을 받고, 꼭 필요한 존재라고 인식하면 최선을 다하는 것이 인간의 심리다. 주인의식을 불러일으키는 데 존중과 신뢰만 한 것은 없다.

(2) 직원들이 관리에 참여하도록 한다.

회사의 관리에 직원들에게 일정 부분 참여하도록 하면 직원은 책임의식과 성취감을 갖게 된다. 또한 회사의 실상을 알게 되면 마치 자신의 가정과 같은 소속감을 갖게 되어 목표를 달성해야겠다는 다짐을 하게 된다.

(3) 소통에 만전을 기한다.

경영과 관리에서 소통은 중요한 비중을 차지한다. 정보 제공, 조사와 연

인문에서 경영의 지혜를 배우다

구. 문제의 분석과 해결에서 소통의 중요성은 아무리 강조해도 지나치지 않다. 이와 동시에 소통은 조직의 역량을 하나로 모으는 접합제와 같은 기능을 한다. 유능한 직원들이 많은 집단에서는 정보를 나누고 분석하는 소통의 과정이 매우 중요하다. 이를 위해서는 정보가 막힘없이 신속하게 전달되어야 하고, 정보에 대한 소통이 활발할수록 조직의 효율성이 높아진다.

(4) 직원들의 능력과 자질을 지속적으로 업그레이드시킨다.

조직의 주체인 직원들의 소양이 높아져야 조직도 발전할 수 있다. 직원들의 자질을 향상시키려는 노력은 인본주의 관리의 기본이다. 마쓰시타 고노스케는 제품을 만들기 전에 먼저 인재를 만들어야 한다는 말로 인재의 중요성을 강조했다.

(5) 창의성을 발휘할 수 있는 여건을 마련한다.

지위 고하를 막론하고 조직의 모든 구성원은 자아를 실현하고, 창의적인 일을 하고 싶다는 바람을 갖고 있다. 이런 바람을 실현하기 위해서는 개인의 노력도 중요하지만, 창의력을 발휘할 수 있는 무대를 제공하는 것이 더욱 중요하다. 직위나 직무는 개인이 자신의 재능을 펼칠 수 있는 무대이지만, 문제는 그 무대가 적성에 맞는가 하는 것이다. 적성이나 관심사와 거리가 먼 직무를 맡은 사람이 창의력을 발휘하기는 매우 힘들다. 창의력을 발휘할 수 있는 기회와 직무를 맡기는 것은 경영자의 기본 직책이다.

(6) 이익을 공유한다.

이익을 함께 나누는 것은 인재를 중시하는 경영자가 반드시 지켜야 할 원칙이다. 이익을 나누는 방법은 조직의 실적에 따라 직원 개인의 보수를 결정하고 개인의 이익과 조직의 이익을 연계하는 것이다. 공정한 이익 배분은 직원들이 최선을 다하도록 촉진하는 원동력이 된다. 비록 직원들에게 권력을 나누어 주지 않더라도 필요한 정보를 공개하면 권력을 나누는 것과 같은 효과가 있다. 이익의 공유는 참여 의식과 능률을 높이는 촉매 된다.

(7) 직원들에게 관심을 갖는다.

인본주의 관리는 직원들에 대한 작은 관심에서부터 시작되어 격려로 표현되어야 한다. 정신적 격려는 물질적 격려보다 더 오래가고 효과적이다. 정신적 격려에서 가장 중요한 것은 목표를 세우고 실천하도록 하는 것이다. 목표를 격려하는 방법은 큰 목표, 중간 목표, 작은 목표, 그리고 단기, 중기, 장기 목표를 적절히 결합하여 직원들이 업무를 수행할 때 자신의 행동과 목표가 잘 일치되도록 하는 것이다.

목표는 설정, 실행, 점검의 세 과정을 거쳐야 한다. 목표는 조직의 업무 상황을 참작하여 실행 가능하도록 세워져야 한다. 열정을 불러일으킬 수 있고 실행 가능한 목표는 사기를 높이는 작용을 한다. 이와는 반대로 의욕과 희망은 충분하지만 실제로 달성할 가능성이 낮은 목표는 좌절감에 빠지는 부작용이 있다.

목표에 대한 격려 다음으로 중요한 것은 모델을 제시하는 격려다. 내부적으로 모범적인 인물과 사례를 선정하여 자주 표창하면 구성원들에게 좋은 자극이 된다.

집단 영예의 격려란 직원들이 자신이 우수한 집단에서 일하는 것이 자랑스럽게 느껴지도록 하는 것이다. 경영자가 조직의 장점을 수시로 발견하여 직원들에게 '우리가 최고'라는 의식을 심어 주면 '명예를 지키기 위해 분전하는' 분위기가 형성된다. 이를 위해서는 관리 시스템과 인센티브제를 만들 때 먼저 집단의식의 형성에 도움이 되는지를 따져보아야 한다.

관심을 통한 격려는 구성원에 대한 이해를 전제로 한다. 직원 개개인의 이름, 생일, 본적, 출신, 가정, 경력, 특기, 개성, 취미, 실적, 경제상황 등을 폭넓게 이해한 뒤 그때그때 관심을 표현해야 한다.

이 밖에도 경영자의 솔선수범은 직원들을 자발적으로 움직이게 만드는 격려가 된다. 권력은 사람을 진정으로 복종시킬 수 없다. 경영자가 모범적으로 행동하면 부하 직원들은 믿음과 힘을 얻어 목표를 향해 전진한다. 경영자는 인격 수양에 힘쓰고 스스로에게 엄격하면서 표리가 일치하는 사람이 되어야 한다.

공자는 말했다. "옛날에 배우는 자들은 자신의 수양을 위해 공부했는데, 오늘날 배우는 자들은 남의 인정을 받기 위해 공부한다."
(子曰. 古之學者爲己. 今之學者爲人.)

— 《논어》 '헌문憲問' 편에서

지금까지 기업들은 새로운 제품을 만들어 우수한 기업이 되는 데 매진하고 치열한 경쟁을 벌였다. 하지만 인류의 부가 증가하면서 누가 사회에 공헌하고 다함께 잘사는 사회를 만들기 위해 기여하는지가 소비자들에게 인정받을 수 있는지의 기준이 되어 가고 있다. 미래의 경영 코드는 경쟁에서의 승리가 아닌 바로 '상생'이다. 이를 위해서는 사람을 중심에 두어야 한다. 기업은 내부적으로는 직원을 제일로 삼는 경영을 하고, 제품을 만들 때는 휴머니즘을 담은, 즉 사람을 위한 제품을 만들어야 하며, 대외적으로는 사회에 공헌하고 이익을 환원하는 정책을 펼쳐야 한다.

펀경영이 조직의 기를 살리고
소비자의 마음을 사로잡는다

공자가 말했다. "배우고 때때로 그것을 익히면 기쁘지 아니한
가? 뜻을 같이하는 친구가 먼 곳에서 찾아오면 즐겁지 아니한
가? 남이 나를 알아주지 않아도 원망하지 않으면 군자가 아니
겠는가?"

(子曰, 學而時習之, 不亦說乎? 有朋自遠方來, 不亦樂乎? 人不知而
不慍, 不亦君子乎?)

– 《논어》 '학이學而' 편에서

공자가 생각하는 군자는 '학문을 익히고, 자신을 이해해 주는 친구가
있고, 남이 알아주지 않아도 원망하지 않는 사람'이다. 바꿔 말하면,
공자는 공부에서 기쁨을 찾고, 친구와의 교류에서 즐거움을 찾고, 자
신에게 충실하기 때문에 남들의 평가에서 자유로운 사람이었다. 무
엇보다도 공자는 사람들에게 무척 관대했다. 상대가 자신을 이해하

지 못하고, 인정하지 않으며, 심지어 오해하고 폄훼해도 화를 내거나 원망하지 않았기 때문이다. 보통 사람들도 노력하면 남들에게 잘하고, 즐거움을 줄 수 있다. 하지만 상대로부터 오해를 받고 무시당해도 평상심을 유지할 수 있는 경지는 군자가 아니면 불가능하다. 공자의 가르침과 그의 인격에서 CEO가 배워야 할 사실은 수양을 통해 평정심을 가지면 자신의 기업을 즐겁게 경영할 수 있다는 것이다.

한집안의 장남과 차남이 각자 식당을 차렸다. 처음에는 둘 다 장사가 잘되어 호황을 누렸지만 얼마 지나지 않아 차남 식당의 점원들이 모두 장남의 식당으로 옮겨갔다. 화가 난 차남이 형의 가게를 찾아가 보니 놀라운 광경이 눈에 들어왔다. 형이 점원들과 접시돌리기 시합을 하면서 즐겁게 놀고 있는 것이었다. "형님은 식당 주인이요, 아니면 서커스단 단장이요?" 동생이 묻자 형이 껄껄거리면서 "나는 문을 닫고 나면 가게 식구들과 즐겁게 노는 게 낙이다"라고 대답했다. 형의 말에 정신이 번쩍 든 동생은 다음 날 점원들을 모집하고 새롭게 가게를 운영했다.

우리는 사업을 하면서 머리를 짜내 관리를 잘하려고 노력하지만, 그 속에서 즐거움을 찾겠다는 생각은 거의 하지 못한다. 경영에서 재미를 발견하고 즐길 수 있을 때 여유가 생기고 삶이 풍성해진다.

경쟁이 치열해질수록 자사의 제품이 최고라는 '자화자찬' 식의 광고가 범람한다. 소비자는 자연히 기업의 일방적인 선전에 현혹되지 않고 스스로 품질을 판단할 수 있기를 원한다. 예전에는 고객이 물건을 구입한 후에야 품질을 확인할 수 있었기 때문에 과장된 허위광고에 속아도 마땅한 대처 방법이 없었다. 하지만 제품을 체험하고 살 수 있도록 하는 것은 소비자의 편의를 우선으로 생각하는 판매 방식이다.

월트 디즈니와 그의 회사는 즐거움을 주는 독특한 마케팅으로 세계적인 기업이 되는 기적을 만들었다.

월트 디즈니는 1923년 형과 함께 스튜디오를 차리고 애니메이션을 제작했다. 엔터테인먼트 제국을 세우는 과정에서 디즈니는 수많은 '제품'을 만들었다. 1923년부터 1953년까지, 30년 동안 디즈니는 할리우드에서 애니메이션으로 선풍적인 인기를 끌면서 영화계 인사들의 존경과 함께 수많은 아이들과 그 부모들에게서 사랑을 받았다. 1950년대 말기에 디즈니가 만든 '미키마우스' 인형은 하루에 2만 5,000개가 팔렸다고 한다.

디즈니는 예술가적인 풍부한 상상력으로 자신의 기업을 세웠고, 더 나아가 테마파크 디즈니랜드를 만들었다. 테마파크는 사람들이 꿈꾸는 세계를 가시적으로 구현함으로써 과거를 기억하고, 미래를 상상하면서 현재의 즐거움을 누리는 곳이다. 디즈니는 '오락 속에서 지식을 배운다'는 원칙을 가지고 역사에 길이 남을 기업의 수장이 되었다.

디즈니사의 영업 전략은 '즐거움'이다. 디즈니 자신과 사람들이 모두 즐거워야 한다는 단순하지만 확고한 원칙은 디즈니사라는 엔터테인먼트 왕국을 번영으로 이끌었다.

디즈니는 만화영화란 관중들이 상상하는 사물의 모습을 스크린에 재현하는 것이므로 현실에서 볼 수 있는 사물을 캐릭터화 하거나, 기발한 생각을 표현하는 것이라 생각했다. 디즈니는 어떤 사물을 철저히 이해하지 않으면 기상천외한 작품을 만들어 낼 수 없다고 주장했다.

디즈니사는 예술은 생활에서 비롯되고, 생활을 떠나서는 존재할 수 없으며, 예술과 관중은 밀접한 관계가 있다는 관점을 고수했다. 예술이 생활을 반영할 때 더 많은 관객을 스크린으로 끌어들일 수 있다. 즉 생활 속의 의미 있는 것들에 상상력을 가미하고, 가공하며, 과장하고, 예술적으로 해석하는 것이다.

디즈니의 작품들은 나이를 초월하여 누구나 즐길 수 있는, 그야말로 '가족용 오락'의 전형이다. 온 가족이 즐길 수 있는 작품에는 폭력과 사악함을 배제하고 '진선미'가 녹아들어 있어야 한다. 미국의 CBS 방송은 "디즈니사는 순진한 동심에 절대로 어른들의 사연을 섞어서는 안 된다는 사실을 잘 알고 있다. 하지만 어른들에게도 동심은 남아 있다. 아이들에게 이 세상은 새롭고 아름답게 보일 수 있다. 디즈니는 세상에 신물이 난 어른들에게 참신하고 아름다운 면들을 보여 주고 있다"라고 성공 요인을 분석했다. 월트 디즈니는 자신의 즐거운 세계로 정신적으로 문제가 있는 사람들을 위로하거나 치유했다. 그가 치유한 사람들의 수는 아마도 정신과 의사들이 치료한 수보다 훨씬 많을 것이다. 수많은 사람이 시간을 할애하여 월트 디즈니의 상상의 세계로 빠져들었다. 디즈니는 확실히 현대인들에게 마음을 순화할 수 있는 시간을 만들어 준 인물이다.

디즈니사는 '아이의 천진무구한 시각'으로 이 세상을 그려 냈다. 애니메이션과 오락 산업으로 많은 즐거움을 준 디즈니사는 천문학적인 수입으로 보상을 받았다. 디즈니의 많은 작품이 신화를 이야기하고 있다. 하지만 디즈니의 신화가 신비롭지 않고, 사람들에게 거리감을 주지 않는 까닭은 유머가 풍부하기 때문이다. 우화적인 표현이 황당무계할 정도로 과장되기도 하지만, 캐릭터들의 행동으로 진리를 말하고 있고, 그 안에 웃음과 감동이 담겨 있다.

디즈니의 즐거운 경영 방식은 성공을 거두었다. 디즈니 왕국은 상업적으로 성공했을 뿐만 아니라 사람들의 삶을 변화시켰다는 중요한 의미를 갖고 있다. 이는 애니메이션의 역사와 엔터테인먼트 산업에서 길이 남을 공적이라 하겠다.

디즈니랜드는 월트 디즈니와 그의 동료들이 심혈을 기울이고, 지혜를 짜내 만든 결정체이자 창의력과 경영 이념이 완벽히 융합된 산물이다. 월트 디즈니와 그의 동료들에게서 발견할 수 있는 혁신적이고 즐거움을 추구하는 경영 철학, 관리 절차와 방식은 기업들의 연구와 학습의 대상이 되었다.

미국의 한 저명한 경영인은 이렇게 말했다. "현대의 상업 전쟁에서의 승리는 시장 점유율로 결정되지 않는다. 그보다는 얼마나 많은 소비자의 마음을 사로잡았는지가 승리의 관건이다. 소비자의 마음을 얻은 경영자는 모든 것을 얻은 것이나 다름없다."

제 10 장

흐르는 물처럼 경영하라

외부 환경과 여건에 따라 사람들은 각기 다른 대응을 하지만, 강경한 자세나 부드러운 태도로 일관하지 말고 언제나 '중용'의 도를 잃지 말아야 한다. 옛사람의 '곧은 것이 쉽게 부러지고, 휜 것이 쉽게 더럽혀진다'는 지혜는 조직이나 사람을 관리할 때 부드러움과 강경한 방식을 병행해야 한다는 가르침을 전해 준다. 강하기만 하고 부드럽지 못하거나, 부드럽기만 하고 강력함이 결여되어 있다면 효율적인 관리를 할 수 없다. 경영자는 어떤 자세로 직원들을 대할 것인지 분명한 잣대를 가져야 하지만, 중용을 유지하면서 수시로 자신을 점검해야 한다.

무슨 일이든 극단으로
치우치지 말라

공자가 말했다. "중용의 덕이 정말 지극히 아름다운 데도 행하는 사람이 갈수록 줄어드는 것이 이미 오래되었다."
(子曰, 中庸之爲德也, 其至矣乎! 民鮮久矣.)

– 《논어》 '옹야雍也' 편에서

강경함과 온유함을 병행하는 경영은 중용의 철학이 녹아든 수준 높은 경영 방식이다. 공자가 노나라에서 대사구(大司寇, 형조판서)로 재직했을 때 강경함과 부드러움을 병행한 관리 방식은 오늘날에도 시사하는 바가 자못 크다.

어느 날 공자가 제자 몇몇과 함께 노나라의 성안을 돌며 치안 상태를 살폈다. 성 남쪽의 시장에 이르렀을 때 공자 일행은 두 사람이 싸우는 모습을 지켜보는 군중을 발견했다. 채소를 담은 광주리 두 개

인문에서 경영의 지혜를 배우다

가 바닥에 떨어져 짓밟혀 있었고, 싸우는 사람들은 어찌나 험하게 싸웠는지 옷이 다 찢어지고 신발이 벗겨진 채 얼굴에 피가 흘렀다. 40대 정도의 남자가 땅에 널부러진 소년의 몸에 올라타 머리를 때리려고 주먹을 들어 올린 순간에 공자가 다가갔다. 공자는 장년 남자의 주먹을 잡고 "때리지 마시오!"라고 소리를 질렀다. 그러자 싸움을 지켜보던 행인들이 나이든 남자를 가리키며 "염인冉仁이 나쁜 놈이다!" "염인이 아이를 괴롭혔어!" "저놈이 아이의 장사자리를 빼앗고 채소도 가로챘어!"라고 웅성거렸다. 두 사람은 싸움을 멈추고 대사구 공자 앞으로 왔다. 소년이 먼저 입을 열었다. "대사구께 아룁니다. 소인은 정경程敬이라고 합니다. 제가 먼저 이곳에서 채소를 팔고 있는데 염인이 채소 광주리를 제 자리에 놓고는 꺼지라고 소리를 질렀습니다. 제가 따지니까 채소를 바닥에 패대기치고 때렸습니다. 대인께서 저의 억울함을 풀어 주십시오." 주위 사람들도 "맞아. 저 애 말이 맞지"라며 맞장구쳤다.

염인은 조금 전까지의 험악한 표정이 사라지고 창백해진 낯빛으로 말을 하려고 했지만 입을 떼지 못했다. "염인은 어질게 행동하거라. 사람을 해쳐서는 안 된다." 공자가 엄숙하게 타이르는데 자로가 공자의 옷깃을 잡고 귓속말을 했다. "염인은 염옹冉雍의 아버지입니다." 공자가 깜짝 놀라 "아!" 하고 탄식했다. 공자는 몸을 돌려 맨 뒤에 있는 염옹에게 가서 "이 일은 네가 처리해라!"라고 말하고는 발길을 돌렸다. 염옹은 공자가 사라지자 정경에게 다가가서 은자(銀子, 은으로 만든 돈)를 꺼내 주면서 "네가 많이 놀랐겠구나. 손해도 보고……. 이

돈으로 보상을 하려 하니 받아라"라고 했다. 정경은 은자를 받고 염인에게 한마디 했다. "당신은 이 형님을 본받으시오."

집에 돌아온 염옹은 좌불안석인 부친을 보고 조용히 말했다. "아버님, 또 그렇게 행동하시면 아들인 제가 어떻게 곡부에서 사람 노릇을 하겠습니까? 저는 부자(夫子. 공자를 높여 부르는 말)님의 제자로서 항상 예를 갖추며 살았습니다. 그런데 아버지께서 막무가내로 못할 짓을 하시면 제가 어찌 부자님의 제자라 할 수 있겠습니까?" 염인은 수치심에 고개를 들지 못하면서 아들에게 사과했다. "내가 너무 잘못했다. 대사구님께서 이번에는 내 체면을 살려 주셨다. 그분이 한 말씀을 가슴에 새겨서 앞으로는 사람답게 살 것이다."

염인은 아들에게 맹세한 대로 완전히 딴사람이 되었다. 정경과도 화해하고 사이좋게 지냈다. 얼마 후 염옹이 이 일을 공자에게 아뢰었다. 공자는 "나는 네가 이 일을 잘 수습하리라 믿었다. 내가 아는 너는 학식이 깊고 인격이 높은 사람이니까"라고 했다.

맹자는 공자를 가리켜 "때를 알고 때에 맞게 행동한 성인(聖之時者)이다"라고 칭송했다. 공자는 때에 따라 융통성 있고 부드럽게 대처하는 인물이었기 때문이다.

《중용》에서는 "군자의 중용이란 때에 맞게 행동하는 것이다"라고 했다.

진정한 군자는 외부 환경과 여건의 변화에 맞춰 적절하게 행동하면서도 말과 행동이 '중용'의 도에서 벗어나지 않는다. 증국번은 "사람이 도리에 맞게 살려면 어느 한쪽으로 치우치지 않고 강함과 부드러움을 갖춰야 한다. 너무 부드러우면 위축되고, 너무 강하면 쉽게 부러진다"라고 했다. 중국번은 평생 동안 '중용'의 도리를 지켰다. 고위직에 앉아 권력을 누린 그는 마지막에 깨끗이 물러나는 아름다운 모습을 보여 줌으로써 중용의 덕을 실천했다.

《노자》의 사상은 《중용》과 서로 통하는 바가 있다. 세상사는 강함으로 승리할 수 있는 것이 있는가 하면 부드러움으로 이길 수 있는 것도 있다. 노자의 스승 상용商容이 노자에게 물었다. "내 혀가 아직 있느냐?" 노자가 "있습니다!"라고 대답했다. 상용이 또 물었다. "내 치아가 아직 있느냐?" 노자가 "없습니다"라고 대답하자 상용이 "왜 그런지 그 이치를 아느냐?"라고 물었다. 노자가 대답했다. "강하고 딱딱한 것은 쉽게 망하거나 없어지지만 부드럽고 약한 것은 오래간다는 이치를 일컫는 것 아닌지요." 상용은 "맞다. 세상의 일은 완전히 그런 이치에 맞춰 돌아간다"라고 말했다. 이것이 바로 '굳셈과 유연함'이 자연과 세상의 균형을 맞춘다는 사상이다.

노자는 이렇게 말했다. "사람이 살아 있을 때는 몸이 유연하지만 죽으면 뻣뻣해진다. 초목은 생장할 때는 부드럽고 약하지만 죽은 다음에는 딱딱해진다. 강하고 굳센 것은 죽었다고 할 수 있고, 부드럽고 약한 것은 생장하고 있다고 할 수 있다." 후에 그는 "세상에서 가장 유약한 것이 가장 강한 것을 이길 수 있다"라고 했다. 물처럼 부드럽고 약한 것이 없지만 물을 이길 수 있는 것은 없다는 사실이 노자의 말을 증명한다. 약한 것이 강한 것을 이길 수 있고, 부드러운 것이 딱딱함을 이길 수 있다는 도리를 누구나 알고 있지만, 실행으로 옮기는 사람은 많지 않다. 노자는 강함과 굳셈에 숨겨진 모순에는 주목했지만 약함과 부드러움에 대해서는 별로 언급하지 않았다. '중용' 사상은 사물의 양극단이 지닌 폐단을 중시하여 매사에 지나치지 않아야 한다는 진리를 강조했다.

어느 그룹의 본사에 자회사 출신의 직원 세 명이 들어왔다. A씨는 평소 하던 그대로 행동하다 사장 눈에 '세상 무서운지 모르는 놈'으로 낙인이 찍혔다. B씨는 A씨와는 정반대로 거만한 성격을 고치고 완전히 '예스맨'이 되었다. 사장은 당연히 B씨를 좋게 보지 않아 중용하지 않았다. C씨는 앉고 설 자리를 잘 파악하는 직원이었다. 변화된 환경을 이해하면서 강해야 할 때와 부드러워야 할 때를 분별해서 잘 처신했고 새로운 업무에서도 능력을 발휘했다. 사장의 눈에 든 그는 중요한 회의나 바이어를 만날 때면 사장 옆에 앉게 되었고, 얼마 되지 않아 승진했다. 변화를 맞이하면 종전과는 다른 방식을 취해 대응해야 한다. 강경함과 유연함을 함께 구사하더라도 '중용'의 도리를 잊어서는 안 된다.

옛사람들은 "곧은 것은 쉽게 부러지고, 휜 것은 쉽게 더러워진다"고 했다.

경영에서 부드러운 방식과 강경한 방식을 함께 사용하면 어느 한쪽으로 과도하게 기우는 우를 범하지 않는다. 강경하기만 하고 부드러움을 결여하거나, 부드럽기만 해서 과단성 있게 결정하지 못하면 좋은 결과를 얻을 수 없다. 따라서 어떤 태도로 사람들을 대할지 고민하되, 중용의 도리를 염두에 두고 처신해야 좋은 결과를 얻을 수 있다.

인문에서 경영의 지혜를 배우다

균형적인 발전은 백년 기업을 만드는 토대다

공자가 말했다. "중용의 도를 행하는 사람과 함께할 수 없다면 반드시 뜻이 큰 사람이나 절의를 지켜 뜻을 굽히지 않는 사람과 더불어 할 것이다. 뜻이 큰 사람은 진취적이고, 뜻이 굳세 굽히지 않는 사람은 함부로 행동하지 않는다."

(子曰, 不得中行而與之, 必也狂狷乎! 狂者進取, 狷者有所不爲也.)

– 《논어》 '자로子路' 편에서

기업이 발전할 수 있는 전형적인 두 가지 모델이 있다. 하나는 빠른 속도로 확장하는 것이고, 다른 하나는 균형을 꾀하는 발전 모델이다. 신속한 발전은 단기간에 규모화를 실현시켜 규모의 경제 효과를 거둘 수 있다. 균형 발전은 '착실하게 한 발 한 발 내딛는' 관리 모델로서 장기 이익과 단기 이익의 균형, 발전 속도와 경제 효과의 균형, 규모화와 리스크 사이의 균형을 꾀하는 것이다. 균형 발전을 추구하는 경영의 장점은 치밀한 관리를 하면서 기초를 다진 후 확장을 꾀하기 때문에 규모의 확대로 인한 위기를 피하면서 시장을 견실하게 지킬 수 있다.

스위스 최고의 식품제조업체인 네슬레는 1년 수익이 1,050억 달러에 달하는 거대 기업이다. 140년이 넘는 역사를 가진 네슬레는 세계 각지에 28만여 명이 넘는 직원을 보유하고 있고, 8천여 개의 브랜드를 보유하고 있다. 세계적으로 네슬레 커피가 소비되는 양은 1초에 3,600잔 정도. 네슬레의 브랜드 인지도는 세계 1위인 코카콜라와 2위 말보로 다음이라고 한다. 창립 이래로 네슬레사는 맛과 영양의 균형을 지킨다는 원칙하에 소비자들의 생활의 질을 향상시킨다는 목표를 추구했다.

1982년에 네슬레사는 중국 정부와 헤이룽장黑龍江의 솽청雙城유업과 합작 생산 프로젝트를 시작하여 10년 동안의 협상을 거쳐 1992년부터 생산에 들어갔다. 1990년대 말부터는 본격적으로 매출이 급증했다. 중국 네슬레의 설립부터 성장까지 이렇게 긴 시간이 필요했던 이유는 네슬레가 중국 상황을 이해하고 갈등을 조정해야 했기 때문이다. 다른 한편으로는 네슬레가 시스템 공정을 해내듯 공장 설립에 신중을 기했기 때문이다.

중국 진출에 앞서 네슬레는 중국의 주요 도시들을 연구하는 데 무려 5년의 시간을 들였다. 특히 중국인들의 생활 습관을 중점적으로 조사하고 분석했다. 네슬레의 광고가 중국인의 심리에 딱 들어맞았던 배경에는 철저한 리서치가 있었던 것이다.

인문에서 경영의 지혜를 배우다

네슬레의 '느림'은 완벽한 일 처리 방식과 장기적인 안목을 여실히 보여 준다. 단기간에 최대 이윤을 추구하는 여타 기업과 달리 네슬레는 장기적인 영리를 추구한다. 그들의 느린 행보는 균형 발전을 의미한다. 구매 관리에서 네슬레는 타사가 넘볼 수 없는 뛰어난 기획력을 갖추었고, 독특한 원칙도 고수하고 있다. 자사의 우월성에 집중하여 각개 격파로 시장을 장악하는 능력은 기업과 학계의 연구 대상이 되었다. 글로벌 전략을 단행하면서부터는 제품의 경쟁력을 십분 활용하여 부채를 줄이고, 제품의 판매망을 확대하고 생산력을 향상시켰다. 네슬레는 중국에서 18개 지사를 설치했는데, 그중 7개가 상하이에 있고, 총 투자액은 7억 달러에 달한다. 시간과 지리의 이점을 살리고, 인화를 중시하는 중국의 전통적인 군사 전략을 네슬레는 매우 효과적으로 운용하고 있다.

네슬레는 중국 시장에서 세계적 브랜드 이미지를 위주로, 현지 브랜드의 이미지를 보완적으로 사용하는 브랜드 전략을 구사하고 있다. 예를 들어 중국 시장에서 '네슬레' 브랜드를 사용하는 것은 분유, 커피, 아이스크림, 인스턴트 음료, 광천수 등이다. 네슬레의 대부분 제품에 국제적으로 통용되는 브랜드를 사용하는 이유는 인지도가 높은 브랜드가 판매에 효과적이기 때문이다. 하지만 네슬레는 현지에서 영향력이 있는 브랜드를 사용하여 시장을 확장하는 노력도 병행하고 있다. 예를 들어 네슬레가 중국의 지징(鷄精, 닭고기 다시다) 제조회사인 타이타이러太太樂와 하오지豪極를 사들인 이유는 높은 시장 점유율의 이점을 활용하기 위해서다. 또한 네슬레는 지징이 세계적인 조미

료가 될 것이라 예상했기 때문이다. 네슬레는 국제적인 브랜드를 내걸면서도 중국인의 입맛에 맞추고 시장 현실을 감안하는 현지화 전략을 함께 구사하고 있다. 즉 현지인들의 기호에 맞추면서도 식품 관련 법규에 저촉되지 않도록 하는 것이다.

품질 향상을 위한 노력은 '농장에서 식탁까지'로 요약할 수 있다. 네슬레는 지속적인 혁신을 위해 연구개발에 총력을 기울이고 있다. 혁신은 기업 발전에서 심장과 같은 역할을 한다는 신념을 가진 네슬레는 2001년 한 해 동안 스위스 로잔에 있는 연구소 및 세계 20여 곳의 연구소에 7억 달러의 연구비를 투자했다.

세계 최대의 식품회사인 네슬레는 글로벌 시장을 경영하기 위해서는 각국의 문화를 존중하는 전략으로 업무를 추진해야 한다는 신념을 고수하고 있다. 다시 말해, 현지 시장에 유리한 기업 활동을 해야 장기적으로 이익을 볼 수 있다는 것이다. 창업부터 140년이라는 오랜 시간을 지나오면서 브랜드의 매력을 잃지 않은 이유는 네슬레가 소비자의 욕구 충족, 제품 개발, 브랜드 관리에 끊임없이 노력을 기울였기 때문이다.

인문에서 경영의 지혜를 배우다

질서체계 확립은 조직의
건강한 발전을 위한 전제다

세 집안에서 제사를 지내고 옹을 부르며 제사를 마쳤다. 공자
가 이에 대해 말했다. "'제사를 돕는 사람은 제후들이고, 천자
께서는 엄숙하시네'라는 노래를 어찌 세 가문의 대청에서 가
져다 쓴단 말인가!"

(三家者以雍徹. 子曰, 相維辟公, 天子穆穆, 奚取於三家之堂!)

– 《논어》 '팔일八佾' 편에서

맹손孟孫씨, 숙손叔孫씨, 계손季孫씨 세 집안이 제사를 지내고 제기를
치우면서 악공들에게 '옹'이라는 노래를 부르게 했다. 이들은 당시
집정대신이었는데 천자에게만 허용된 의식을 행함으로써 '예'를 크
게 어겼다. 공자는 이런 행태에 분노를 감추지 못했다. 공자는 천자
와 제후가 각기 지켜야 할 예를 제대로 지켜야 천하가 안정된다고 믿
었다. 따라서 '예'는 공자의 정치사상에서 큰 비중을 차지한다.

공자는 제례의 법도를 어기는 것은 자신의 지위를 뛰어넘는 행위이므로 사람들의 도덕관과 사회질서를 무너뜨리게 된다고 생각했다. 십상시(十常侍, 한나라 영제 연간의 10명의 환관)는 황제를 옆에서 모시는 특권을 남용하여 정치를 어지럽히고 나라를 도탄에 빠뜨렸다.

기업에서도 지위를 남용하여 조직을 뒤흔드는 사람이 나타나지 않도록 하기 위해 CEO는 권한과 책임 소재를 명확히 하는 시스템을 만들고 관리하면서 인재를 적절히 활용해야 한다.

위험에 노출될 가능성이 높은 화학회사이지만 듀폰은 창립 이래 200년이 넘는 시간 동안 큰 문제없이 발전을 거듭했다. 듀폰이 안전 생산과 효율적인 조직 운영이라는 두 마리의 토끼를 잡을 수 있었던 비결은 무엇일까?

화학물질을 오래 생산하면서 듀폰은 안전 관리에 대한 풍부한 노하우와 경험을 축적했다. 19세기 초반에 듀폰사는 엄격한 직책 책임 제도와 과학적인 프로세스를 마련하면 기업은 발전할 수 있다는 신념을 갖게 되었다. 경영진은 안전한 생산 시스템을 구축하면서 '모든 사고는 미연에 방지할 수 있다'는 캐치프레이즈를 내걸었다.

듀폰은 기자 회견을 시작하기 전에 사회자가 먼저 비상구의 위치를 가르쳐 주는 것이 관례다. 공장 방문객들 옆에는 듀폰의 직원이 반드시 동행하는 것도 안전 조치의 일환이다. 조직의 구성원들이 자신의 위치에서 직분에 충실하고 월권을 하지 않는 전통은 듀폰이 안전사고를 일으키지 않는 비결이 되었다.

프랑스의 사상가 샤를 몽테스키외는 《법의 정신》에서 "권력을 지닌 자가 쉽게 권력을 남용하는 것은 만고불변의 법칙이다. 권력자는 한계에 부딪치기 전까지는 권력 행사를 멈추지 않는다"라고 했다.

조직 내에 질서체계를 확립하는 것은 매우 중요한 일이다. 합리적으로 직위에 맞는 책임을 부가하는 시스템은 축구의 페널티킥 규정과 같이 기업 내부의 권력 횡포를 막고 효율적인 경영을 보장한다.

한 사람의 권력이 커질수록 반드시 감독과 견제가 뒤따라야 한다. 예를 들어, 미국 대통령은 국가 원수이자 군의 통수권자로서 막강한 권력을 행사할 수 있으므로 의회와 사법부는 감시하고 견제하는 역할을 엄격하게 수행한다. 기업에서도 CEO는 중견 간부들의 권한을 규정하여 직무에 충실하도록 하고, 내부 갈등을 차단하여 건전한 발전을 도모해야 한다.

리더가 모범을 보여야
그 말도 통하는 법이다

공자가 말했다. "법으로 이끌고 형벌로 다스리면 백성은 형벌을 면하려고만 하고 부끄럽게 생각하지 않는다. 덕으로 이끌고 예로 다스리면 백성은 부끄러워할 줄도 알고 잘못을 바로잡게 된다."

(子曰, 道之以政, 齊之以刑, 民免而無恥, 道之以德, 齊之以禮, 有恥且格.)

— 《논어》 '위정爲政' 편에서

CEO가 조직을 잘 관리하려면 먼저 몸으로 실천하여 모범이 되어야 한다. 조직의 사명과 임무를 설정한 뒤에는 흔들리지 않으면서 담백하고 태연하게 처신하는 것도 중요하다. 북두칠성은 낮에는 보이지 않지만 아무것도 보이지 않는 밤에는 방향을 밝혀 주는 역할을 한다. 계절에 상관없이 밤이 되면 북두칠성은 제자리에서 제 역할을 다한

인문에서 경영의 지혜를 배우다

다. 북두칠성처럼 경영인은 항상 자신이 있어야 할 자리를 지키고 있어야 한다. 성공적인 기업의 CEO들은 대부분 스스로를 엄격하게 다스리고, 수양의 중요성을 잘 알고 있다. 국내외의 유명한 성공학 저서들에서 공통적으로 지적한 CEO의 최대 자본은 다름 아닌 '인격'이다. 인격은 CEO가 지닌 카리스마의 원천이기도 하다.

CEO의 가장 중요한 업무는 사람 관리인데, 중국인들은 예로부터 관리받기보다는 다른 사람을 부리고 명령하기를 좋아했다. 중국인의 이런 특성을 감안하면 그들은 어떤 방법으로 부하들을 다스릴까? 서양인들이 주로 외부에서 해답을 찾고 제도나 법률로 사람들을 제약하는데 반해, 중국의 CEO들은 자신에게서 해답을 구하고 남을 다스리기 전에 개인적 수양이 선행되어야 한다는 인식을 갖고 있다.

중국에는 "도를 지키는 자에게는 돕는 사람이 많고, 정도를 잃은 사람은 도와주는 이가 드문 법이다"라는 말이 있다.

정도를 걸어야 도와줄 사람을 얻을 수 있다는 진리를 알고 있는 중국인들은 인심을 얻을 수 있는 기회는 절대로 놓치지 않으려고 한다. 대다수의 경영자는 사람 마음을 얻는 가장 효과적인 방법은 솔선수범하고, 먼저 희생하는 모습을 보여 주는 것이라 믿고 있다.

춘추시대 5패 중의 하나인 초나라 장왕莊王은 나라가 온통 향락에 빠져 있는 분위기를 바로잡기 위해 먼저 자신의 욕망을 절제하는 모범을 보였다. 한번은 자패子佩라는 관리가 장왕을 연회에 초대했다. 장왕은 기뻐하며 초대에 응하겠다고 대답했다. 하지만 연회 날 자패가 준비를 끝내고 장왕이 오기만을 기다렸음에도 그는 끝내 모습을 보이지 않았다.

다음 날 자패가 장왕을 알현하러 들어와 몸이 안 좋아 연회에 오지 않았냐고 물었다. 초왕이 웃으면서 "내 몸은 아무 이상이 없으니 걱정하지 마시오. 내가 연회에 가지 않은 이유는 연회 장소가 경대京臺라고 들었기 때문이오"라고 대답했다. 자패는 장왕의 심기를 건드린 것 같아 당황해하며 변명했다. "경대는 사람들이 아주 좋아하는 장소입니다." 장왕은 "경대가 사람들을 매혹시키는 것은 사실이요. 남쪽으로는 요산이 보이고, 발밑으로는 강이 흐르고, 왼쪽에는 장강, 오른쪽에는 회하가 흐르니 보기 드문 절경이라 하겠지요"라고 말했다. 자패가 장왕의 말뜻을 이해하지 못하는 모습을 본 장왕이 한마디 했다. "사람들이 경대의 절경에 마음을 뺏겨 자신의 의지와 본성을 잃는다는 생각을 해 보지는 않았소?" 이를 통해 장왕의 자기절제를 엿볼 수 있다.

중국 젠화建華주식회사의 류즈화劉志華 사장은 어느 날 아들 샤오펑曉峰이 전날 술을 많이 마셔 30분 늦게 출근한 사실을 알았다. 아들의 잘못을 못 본 척 넘어가면 다른 직원들에게 좋지 않은 선례를 남길 것이라 생각한 그녀는 기율을 잡기 위해 방송으로 아들 이름을 거론하며 비판했다. 아들은 잘못을 깨닫고 반성문을 썼지만 류즈화는 공장을 청소하는 벌을 주었다.

류즈화는 아들의 잘못은 자신의 잘못이기도 하므로 아들을 용서하는 것은 스스로를 용서하는 것이라 판단했다. 회사 내의 수많은 이목을 생각해 아들을 가차 없이 처벌함으로써 다른 직원들에게 공사를 분명히 하는 사장의 면모를 보여 준 것이다. 또한 게으름을 피우고 지각을 대수롭지 않게 여기는 젊은 직원들에게 성실한 근무 태도를 촉구하면서 사장의 위신을 챙겼다.

"자기가 하기 싫은 것을 남에게 강요하지 말라"는 말은 자신이 할 수 없는 것을 무슨 근거로 남에게 시킬 수 있냐는 뜻으로 해석할 수도 있다. 다른 사람에게 어떤 일을 시키려면 먼저 자신이 제대로 해내야 한다. CEO는 남을 바로잡기 전에 먼저 자신을 바로잡아야 모두가 기꺼이 지시에 따르는 분위기를 만들 수 있다.

신야新野 싸움에서 고전한 조조는 자신의 체면이 땅에 떨어졌다는 수치심과 분노에 사로잡혀 번성樊城을 공격하도록 했다. 분노를 먼저 다스리고 이성적으로 싸우는 것이 도리이지만, 조조는 감정에 북받쳐 아무런 준비도 없이 유비와 결전을 치르기로 한 것이다. 조조는 먼저 유비와 심리전을 치르기로 결심하고 사신을 보내 자신의 군대가 막강하니 일찌감치 투항하라고 협박했다.

조조는 유비를 정신적으로 압박하려 했지만 아무런 효과도 보지 못했다. 유비는 감정을 드러내거나 부하 앞에서 화를 낸 적이 없는 인물이었다. 그는 싸울 수 있으면 싸우고, 이길 수 없다고 판단되면 도망치면 된다는 전략으로 일관했다. 후퇴를 하려던 유비의 머릿속에 홀연 백성이 떠올랐다. "내가 도망치면 백성은 어떻게 하지? 조조는 피도 눈물도 없는 자인데 만일 성을 점령하면 사람들을 학살할 것이다. 그러면 어떻게 얼굴을 들고 백성을 대한단 말인가? 떠나려면 모두가 함께 가야 한다. 나에게는 성이 없어도 되지만 백성이 없어서는 안 된다." 이렇게 생각한 유비는 백성과 함께 철수하기로 마음먹었다.

상황이 위급하여 한시도 지체하지 말고 철수해야 하는 상황에서 유비가 백성을 이끌고 가야한다고 하자 휘하의 장군들이 일제히 반대했다. 이들은 유비에게 먼저 위험한 땅을 떠나라고 권했지만, 그는 중론을 무시하고 백성과 생사를 같이하겠다고 맹세했다. 감동을 받은 군사와 장군들은 조조의 추격을 받으며 백성과 함께 후퇴했다. 그 결과 유비는 부하와 백성의 무한한 지지를 얻었을 뿐 아니라 자신과의 싸움에서도 승리했다.

이 무렵 '유비를 지지하고 조조에 반대하는' 분위기가 역력했던 원인을 살펴보면, 유비가 황실의 혈통이라는 사실도 어느 정도 관계가 있다. 하지만 그보다는 백성을 아끼고 삶과 죽음을 함께하겠다는 유비의 태도가 더 큰 설득력을 갖는다.

걸프전의 영웅 노먼 스와츠코프 장군은 "부하에게 전쟁터로 나가라는 명령을 내리는 사람은 영웅이 아니다. 병사들보다 먼저 싸움터로 나가는 장군이 바로 영웅이다"라고 말했다. 전쟁에서 사기를 올리는 최선의 방법은 장수가 군대의 선봉에 서서 싸우는 것이다. 시장과 직장도 똑같은 이치가 적용된다. 권력 하나에 의지하여 사람들을 움직이려는 리더는 최악의 리더다. 훌륭한 리더는 스스로 열정과 목표를 가지고 솔선수범하면서 자신을 따르는 사람들을 독려한다. 궈타이밍郭台銘은 언제 어디서나 가장 앞에 서는 CEO 중의 한 명이다.

1974년 전자부품 생산업체로 출발하여 타이완의 제조업 분야에서 독보적인 존재가 된 궈타이밍은 '몸소 병사들 앞에 서는' 카리스마로 직원들로부터 진심에서 우러난 존경을 받고 있다.

홍하이鴻海 그룹의 총수인 궈타이밍은 접속장치의 펀칭 기술을 도입한 뒤 매일 공장에 출근하여 근로자들과 기술을 익혔다. 그는 직원들보다 일찍 출근하고 늦게 퇴근하며, 비스킷으로 점심을 대신하고, 피곤하면 아무데서나 잠깐 눈을 붙이는, 그야말로 지칠 줄 모르는 기계처럼 일했다. 무서울 정도로 일에 몰두하는 회장의 모습을 보자 직원들도 6개월 동안 일에 매진했고 그 결과 홍하이의 펀칭 기술은 세계적인 수준이 되었다.

2003년, 사스SARS가 중국 전역으로 번지면서 사람들은 공포감에 휩싸였다. 광둥 지역은 사스의 발원지로 밝혀져 붉은 경보등이 켜졌다. 선전深圳에서 급히 해결해야 할 문제가 생기자 궈타이밍은 조금도 망설이지 않고 그곳으로 출장을 가려 했다. 부하 직원과 가족들이 반대했지만 그는 선전으로 가서 근로자들 앞에서 "어느 곳이 가장 위험하다고 하면 나는 곧 그곳으로 달려갈 것이다!"라고 외쳤다. 생명의 위험도 무릅쓰는 궈타이밍의 리더십에 힘입어 홍하이 그룹은 세계적인 브랜드로 성장했다.

공자는 말했다. "군자의 덕은 바람이고 소인(백성)의 덕은 풀이다. 풀은 바람이 부는 대로 반드시 눕게 될 것이다."
(子曰, 君子之德風, 小人之德草, 草上之風, 必偃.)

－《논어》 '안연顏淵' 편에서

한 집단의 투지를 높이는 가장 간단한 방법은 '앞장서서 몸을 던지는 것'이다. 자신이 먼저 장렬한 투지와 혼을 보이지 않으면서 많은 사람을 움직일 수는 없다. 존경받는 경영자들은 솔선수범의 힘을 잘 알고 있기 때문에 남들과 다른 용기와 카리스마로 사람들을 감화시키는 리더십을 발휘한다.

위기의 회피는
오히려 더 큰 화를 불러온다

공자가 말했다. "뜻 있는 선비와 어진 사람은 살기 위해 인을 해치는 일이 없으며, 오히려 제 몸을 희생해서라도 인을 이룬다."

(子曰, 志士仁人, 無求生以害仁, 有殺身以成仁.)

– 《논어》 '위령공(衛靈公)' 편에서

자신의 뜻을 지키기 위해 삶에 연연하지 않는 사람들 가운데 큰 비중을 차지하는 것이 종교인들이다. 역사상의 충신과 효자들도 목숨을 버릴지언정 절개, 신념, 사상을 포기하지 않고 살신성인했다. 목숨도 초개처럼 버리는 사람들이 있는가 하면, 살기 위해 인의를 저버리는 경우는 헤아릴 수 없이 많다. 자신의 신념을 지킬 것인지, 구차하나마 목숨을 유지할 것인지 중에서 선택에 영향을 미치는 요소는 개인적인 수양과 생명의 가치에 대한 생각이다. 여기서 '인'을 도덕성이라 해석한다면, 무릇 도덕성과 올곧은 정신을 가진 사람들은 생명을 바쳐 진리를 얻는다.

위기 앞에서 '살신성인'하는 CEO란 용감하게 책임을 떠안고 자신의 권력을 분산시켜 조직의 단결력을 강화하는 사람이다. 이익을 양보하면서 협력을 구하고, 심지어 라이벌과도 손을 잡는 것, 개인적인 희생을 감수하는 행동 역시 살신성인의 또 다른 모습이다.

1982년 9월에 미국 시카고에서 청산가리가 든 해열진통제 타이레놀을 복용한 사람들이 사망하는 사건이 일어났다. 끔찍스런 사건 앞에서 사람들이 크게 동요했고 사망자가 200명 이상이라는 소문도 돌았다.

사건 발생 후 존슨앤존슨의 제임스 버크 회장은 즉시 일련의 대응조치를 취했다. 대규모로 검사단을 조직해 자사의 약품들을 모두 검사하도록 했고, 판매된 약품들을 회수했다. 또 전국의 의사, 병원, 도매상에 사건 내용과 회사의 입장을 알리는 편지 50만 통을 발송했다.

수사 결과 타이레놀 100만여 개 가운데 청산가리가 투입된 것은 75개였고, 사망한 사람은 7명이었다. 하지만 존슨앤존슨의 윤리적이고 성실한 위기 대처 방식은 소비자들로부터 이해와 신뢰를 받았다. 이 사건에 대해 〈월스트리트 저널〉은 "존슨앤존슨은 진실을 추구하는 정직한 선택을 했다. 만약 비양심적으로 처리했다면 아마도 더 큰 위기를 맞이했을 것이다"라고 평가했다.

도요타 자동차는 가속페달의 갑작스런 가속이 문제가 되자 해당 차량을 리콜하기로 결정했다. 방대한 미국 시장에서 리콜된 자동차

수는 590만 대에 달했다. 중국에서는 수출한 4만 대와 중국에서 생산한 7만 5,000대를 리콜했다. 도요타 자동차 역사상 최대 규모의 리콜 조치였다.

대규모 리콜에 천문학적인 비용이 들어간 것은 그래도 감수할 만했다. 문제는 도요타가 자동차 판매 세계 1위라는 위상이 흔들리고 있는 시점에서 리콜 사태가 일어났다는 것이다. 비용과 자사 이미지 추락이라는 설상가상의 상황에서 도요타는 적극적 리콜, 리콜 실시의 은닉, 리콜 거부, 선택적 리콜 등 여러 방법 중 과감하게 '적극적 리콜'과 '적극적 신고'를 택했다. 도요타의 대처 방식은 좀 이해하기 어려웠지만, 실은 법과 제도의 압박을 받은 것이었다.

중국의 자동차 구입자들이 거의 망각한 사건이 있다. 2002년 5월에 일본 도요타사는 점화장치에 잠재적인 문제가 있는 차량 200만 대를 리콜하기로 결정했다. 그런데 중국 시장에서 판매된 차량은 리콜에 포함시키지 않는다는 소식에 소비자들은 기가 막혔다. 중국 소비자들이 차별을 받은 이유는 중국에는 자동차 리콜에 관한 법률이 없었기 때문이다. 리콜 제도의 도입을 저지한 세력은 외국의 자동차 메이커가 아니라 중국 국내의 자동차 회사들이었다. 중국의 자동차 회사들은 리콜 제도가 자동차 산업 발전에 타격을 줄 것이라고 생각했던 것이다.

입증되지 않은 우려 때문에 중국의 자동차 메이커들은 리콜 비용을 떠맡지 않았다. 하지만 중국 브랜드의 자동차들은 시장에서 환영받지 못한 채 리콜을 보장하는 외국 자동차들에 압도되었다. 중국 자동차 회사들의 숨통을 조이는 것은 리콜 제도가 아니라 리콜 제도의 부재였다.

미국의 자동차 리콜 제도는 1960년대의 '국가 교통과 자동차 안전법'의 제정으로 시작되었다. 미국은 '대기 청정법'을 만들어 환경보호 조건에 부합되지 않는 차량도 리콜에 포함시켰다. 리콜 제도가 미국에서 철저하게 시행되는 이유는 다양한 법적 장치 때문인데, 그중에는 제조물책임법도 포함된다. 제조물책임법이 적용된 유명한 판례가 있다. 캘리포니아에서 한 부부가 포드 자동차를 운전하다 3명이 죽고 3명이 부상을 입는 사고를 당했는데, 조사 결과 자동차 결함으로 밝혀졌다. 1심에서는 포드사가 자동차의 결함 가능성을 인지하고도 리콜하지 않았다는 이유로 사망 배상금 500만 달러를 지급하도록 했다. 놀라운 사실은 법정이 포드사에게 사망 배상금 이외에 2억 9,000만 달러라는 어마어마한 금액을 징벌적 배상금으로 부과했다는 것이다.

만일 결함이 있는 제품을 판매하여 발생할 수 있는 손실 비용이 리콜 비용보다 적으면 자동차 회사들은 소비자들이 인명사고를 내도 '배상 좀 해주고 말지'식의 배짱을 부릴 수 있다. 따라서 제조물책임법, 행정처벌, 형사책임 등이 적용되어야 리콜 제도가 제대로 시행될 수 있다. 리콜에 대한 법적 조치가 완비되지 않으면 자동차 회사들의 적극적인 리콜을 기대하기 어려운 것이 현실이다. 일본은 리콜과 관련하여 형사책임을 묻고 있고, 리콜을 거부하거나 리콜 사실을 숨길 경우 법인에 수억 엔의 벌금을 부과하고, 개인도 1년 이하의 징역형에 처해진다.

중국은 뒤늦게 2004년부터 일부 차종에 대한 리콜 제도를 시작하였고, 2009년부터 그 범위를 모든 자동차로 확대했다. 제조물책임법과 징벌적 배상금 제도가 철저히 시행되지 않는 관계로 중국의 자동차 회사들은 '적극적 리콜'에 아직도 미흡한 태도를 보이고 있다. 마케팅 전문가들의 견해에 의하면, 리콜 제도는 기본적으로 브랜드 이미지에 타격을 주지 않는다. 그 이유는 그것이 '모든 제품이 완벽할 수 없다'는 가정 하에 용기 있게 결함을 인정하고 품질을 향상시키려는 노력과 생명에 대해 책임을 지는 행동으로 해석되기 때문이다. 그래서 오히려 시장에서 높은 평가를 받는다.

　　복잡다단하고 갖가지 상황에 직면하게 되는 CEO는 성실하고 정직한 태도를 잃지 않아야 문제들을 확실히 해결하고, 더 나아가 회사 발전을 촉진할 수 있다. 특히 실수를 책임져야 할 때 CEO는 정면 돌파를 해야 한다. 때로는 '살신성인'의 정신으로 과오를 바로잡아야 위기를 극복할 수 있다.

적재적소에 인재를 배치하는 일은 경영자의 최우선 과제다

공자가 말했다. "활을 쏘면서 과녁의 가죽 뚫는 것을 중시하지 않는 것은 사람마다 쓰는 힘이 다르기 때문인데, 이것이 옛 선조들의 활 쏘는 도였다."

(子曰, 射不主皮, 爲力不同科, 古之道也.)

— 《논어》 '팔일八佾' 편에서

활을 쏘기에 앞서 목표와 방향을 정확히 잡지 않으면 절대로 적중할 수 없다. 경영도 활쏘기와 마찬가지로 정확한 전략과 방향을 설정해야 한다. 투자하려는 분야의 전망이 어둡고 의사결정에 문제가 있으면 아무리 뛰어난 관리자라도 실패를 피할 길이 없다.

'그대 마음속의 수심이 얼마더냐 / 마치 동쪽으로 흘러가는 봄 강물과 같아(問君能有幾多愁 / 恰似一江春水向東流).' 수많은 시인과 문인이 이 시구의 절묘함에 감탄을 금치 못했다. 이 시를 지은 이욱李煜은 남당

인문에서 경영의 지혜를 배우다

南唐의 마지막 황제였다. 문학적 자질이 가히 천재적이었지만 황제가 시만 잘 쓴다고 나라를 잘 다스릴 수 있는 것은 아니었다. 북방에 송 태종이라는 강한 적이 호시탐탐 노리고 있었지만 이욱은 싸울 준비를 제대로 하지 못하다가 포로가 되었고, 결국 독살되었다. 시작한 방향이 틀리면 결과는 목표와 멀어지게 된다.

경영학의 대가 피터 드러커는 "한 기업이 최고의 효율성을 기록하더라도 방향이 잘못되었다면 성공은 말할 것도 없고, 생존도 기약할 수 없다"라고 지향점의 중요성을 지적했다.

인재 활용의 비결은 '나무통 법칙'으로 설명할 수 있다. 나무판을 잇대어 만든 나무통은 어느 나무판 하나가 다른 판들보다 높이가 낮으면 아무리 물을 부어도 가장 짧은 나무판 이상의 물을 담을 수 없다. 나무판 하나는 능력을 뜻한다. 제일 낮은 나무판이 통에 담을 수 있는 물의 양을 결정하므로 나무통 법칙이 강조하는 바는 능력을 균형 있게 계발해야 한다는 것이다. 만약 유능한 사람에게 어울리지 않는 일을 맡기면 재능을 사장하게 된다.

공자는 말했다. "함께 배울 수는 있지만 함께 도에 나아갈 수는 없으며, 함께 도에 나아갈 수 있다 해도 함께 지킬 수는 없으며, 함께 지킬 수 있다 해도 함께 경중을 헤아려 처리할 수는 없다."
(子曰, 可與共學, 未可與適道, 可與適道, 未可與立, 可與立, 未可與權.)
— 《논어》 '자한子罕' 편에서

공자가 인재는 여러 유형이 있다고 말했듯이, 경영자는 능력을 잘 파악하여 인재를 활용해야 한다. 교육과 트레이닝은 인재를 잘 쓰기 위한 토대를 마련하는 것일 뿐이다. 인재는 일을 통해 단련하고 경험을 쌓아야 한다. 이때 경영자는 인재의 능력에 걸맞은 자리와 일을 만들어 주어야 한다.

스웨덴의 통신장비 제조사 에릭슨Ericsson의 인재 정책은 능력에 맞는 업무를 배분하여 직원들의 능력을 전반적으로 향상시키는 것이다. 직원들이 세계 각국에 흩어져 있기 때문에 에릭슨은 인사 관리를 효율적으로 하는 일이 매우 중요하다. 통신 분야의 치열한 경쟁과 시장의 요구를 만족시키기 위해 에릭슨은 기업들과 정보를 공유하고 최대한 빨리 필요한 인력을 확보하여 의사결정을 해야 하기 때문이다. 에릭슨은 1997년에 이미 세계 각국에서 공용할 수 있는 인력 관리 시스템을 만들어 인력 관리에 들어가는 비용을 절감하는 효과를 보았다.

> 공자는 말했다. "예전에 나는 사람을 판단할 때 그 사람의 말을 듣고 그의 행동을 믿었는데, 지금은 그 말을 듣고도 그 사람의 행동을 살피게 되었다."
>
> (子曰, 始吾於人也, 聽其言而信其行, 今吾於人也, 聽其言而觀其行.)
>
> ─ 《논어》 '공야장公冶長' 편에서

인문에서 경영의 지혜를 배우다

에릭슨은 직원들이 능동적으로 자신의 일에 집중하여 도전에 직면하고, 참신한 개선책을 찾아 건의하도록 요구한다. 개인이 아닌 팀의 입장에서 자신의 관점과 아이디어를 제시하고, 팀원들과 서로 존중하기를 원한다. 이 밖에도 책임과 권한을 동등하게 부여하여 개인의 창의력과 적극성을 최대한 발휘하도록 유도한다. 에릭슨의 직원들은 의지력과 더불어 혁신, 장기적인 비전, 능력으로 변화무쌍한 환경에서 쉼 없이 발전하려는 노력을 펼치고 있다.

경영자는 채용한 직원을 신뢰해야 한다. 일반적으로 상사의 신임을 받는 사람은 책임감이 강하고 열심히 일한다. 반대로 상사가 부하직원을 신뢰하지 않고 잔소리와 지시만 일삼으면 설사 능력이 있는 사람이라도 성과를 내지 못할 수 있다.

경영자는 자신보다 유능한 사람을 채용해야 한다. 마쓰시타 고노스케는 자신보다 강한 사람을 채용하라고 주장했다. 직원이 어떤 면에서 경영자보다 능력이 있어야 경영자가 성공할 확률이 높아진다. 머리가 좋고 능력이 뛰어난 경영자라도 모든 일을 완벽하게 해낼 수는 없다. 따라서 사람 보는 눈이 있고 잘 활용하는 경영자는 능력 있는 부하 직원을 활용하여 자신의 능력보다 더 큰 성공을 거둔다.

또 직원들이 기량을 발휘할 수 있는 환경을 만들어야 한다. 일의 성격은 개인이 능력을 발휘하는 데 적지 않은 영향을 미친다. 적성에 맞고 흥미를 느끼는 일을 맡은 사람은 능력을 뛰어넘는 성과를 올리기도 하지만, 그렇지 않은 경우에는 능력의 절반도 발휘하지 못한다. 따라서 직원들의 능력, 적성, 관심 등을 파악해야 재능이 빛을 볼 수 있다.

직원들의 승진 문제를 소홀히 하지 않아야 한다. 적시에 승진을 단행하는 것은 사기를 높이는 가장 좋은 방법이자 하나의 자극제가 된다. 승진은 능력을 기준으로 하되 경력과 인사고과도 참고하는 것이 좋다. 마쓰시타사는 직원들의 표현 능력을 매우 중시한다. 직원들을 해고하지는 않지만, 자신을 잘 표현하지 못하는 직원들에게는 중요한 업무를 맡기지 않는다. 실수를 한 간부 사원에게는 반성하도록 하고, 자신에게 맞는 업무를 찾아 실적을 올리도록 한다.

친구는 고용하지 말아야 한다. 친구가 직원이 되면 우정이나 체면을 봐서 단호하게 지시를 내릴 수 없게 된다. 이런 일이 반복되면 회사 분위기가 흐트러지고 사기에도 나쁜 영향을 미치게 된다.

다른 회사 사람을 빼내오지 말아야 한다. 마쓰시타사에는 다른 회사에서 사람을 스카우트하지 않는 전통이 있다. 여러 가지 이유가 있지만, 그중의 하나는 스카우트한 사람이 반드시 우수한 인재라는 보장이 없기 때문이다. 물론 스카우트한 직원들 중에 유능한 사람들도 많지만, 자사에 꼭 필요한 인재인지 보장할 수 없는데 굳이 무리할 필요는 없기 때문이다.

인재를 정체되도록 묶어 두어서는 안 된다. 마쓰시타사는 인재들이 이직하지 않도록 하는 이상적인 방법은 발전할 수 있는 기회를 많이 제공하는 것이라 믿고 있다. 이와 더불어, 일에 몰두할 수 있는 여건을 만들어 주어야 하는데 복지 향상, 해외 연수, 직업 훈련 등이 직원들에게는 큰 매력이 된다. 기업 경영의 핵심은 관리이고, 인력 관리는 관리의 본질이라고 해도 과언이 아니다. 인재는 기업의 '소프트 웨어'이므로 끊임없이 질적 향상을 꾀해야 기업이 원활하게 돌아갈 수 있다.

마쓰시타사는 전 직원의 지혜를 모아 경영에 반영한다는 원칙을 고수하고 있다. 마쓰시타 고노스케는 "일반 직원이 자유롭게 과장에게 좋은 아이디어를 건의하면, 과장은 임무를 절반 정도 수행한 것이다. 위에서 내려오는 명령만을 시행하는 회사는 미래가 결코 밝지 않다"라고 말했다. 직원들의 제안이 합리적이고 건설적이라면 회사는 그에 합당한 등급을 매겨 상을 주어야 한다. 회사는 직원들의 건의에 대해 납득할 만한, 더 나아가 만족할 만한 보상을 해 줄 필요가 있다.

경영자는 겉모습만 보고 인재를 가려낼 수 없고, 인재에 대해서도 짧은 시간 내에 실적을 내도록 독촉만 해서는 안 된다. 인재는 찾아내는 것이지 저절로 나타나는 것이 아니므로 인재 발굴에 총력을 기울여야 한다. 인재를 얻으면 적재적소에 배치하여 안정적으로 발전할 수 있도록 지원을 아끼지 말아야 한다.

뜻은 크고 높게 가지고, 마음은 초심을 잃지 말라

공자가 말했다. "도에 뜻을 두고, 덕에 근거하며, 인에 의거하고, 예에 노닌다."

(子曰, 志於道, 據於德, 依於仁, 遊於藝.)

– 《논어》 '술이述而' 편에서

위에 인용한 말에서 경영자가 배울 수 있는 것은 경영을 잘 하기 위해서는 원대한 이상, 도덕적 수양, 자기만의 특장과 경험이 있어야 한다는 것이다. 무엇보다도 경영자는 큰 뜻과 역량으로 자신을 따르는 사람을 이끌 수 있어야 한다.

렌상(聯想, Lenovo)의 류촨즈柳傳志 회장은 마흔 살에 처음 사업에 발을 내딛었다. '하늘은 큰일을 맡길 사람에게는 먼저 시련을 내린다' 는 옛말처럼 류촨즈는 창업한 이후로 성공하기까지 험난한 길을 걸었다.

인문에서 경영의 지혜를 배우다

류촨즈는 창업하게 된 동기를 이렇게 털어놓았다. "뭔가를 하지 않으면 안 된다는 생각이 들었다. 우리 또래는 대학을 졸업할 때 '문화대혁명'을 맞이했다. 에너지는 많았지만 뭘 해야 할지 몰랐고, 설령 생각이 있어도 아무것도 할 수 없어 불만과 분노로 가득 찼다. 그런데 갑자기 기회가 찾아오자 행동에 옮기기로 결심했다. 과학원 내의 몇몇 사장들은 사업을 그만두고 다시 연구 분야로 돌아왔다. 그들은 연구 업적에 대해 뿌듯해했지만, 나는 직업을 바꿔야겠다는 생각이 절실했다."

창업에 앞서 류촨즈는 과학원의 컴퓨터연구소에서 13년 동안 자기기록회로magnetic recording circuit를 연구했다. 뛰어난 연구 성과를 올려 몇 번이나 상을 받기도 했지만 그는 전혀 보람을 느끼지 못했다. 1980년, 류촨즈와 몇몇 동료가 개발한 자기테이프 기록장치를 산시陝西성의 비행기 시험 연구소에 보내면서 연구에서 돌파구가 열렸다. 하지만 처음으로 외국 제품을 접하고는 자신의 연구 수준이 현저히 떨어진다는 사실을 알게 되었다. 잠시 절망했지만 연구소를 그만두고 자신의 길을 가야겠다는 결심을 굳혔다.

1984년에 과학원에서 전시회를 열었을 때 중앙의 높은 사람이 참석하지 않자 의론이 분분했다. 류촨즈는 그가 오지 않은 이유가 과학기술을 제품화하는 데 더 관심이 있었기에 전시회를 대수롭지 않게 여겼기 때문이라고 판단했다. 하지만 연구를 응용하여 제품으로 만드는 방법을 찾기란 쉽지 않았다. 다만 연구소가 현실을 모르고 연구에만 매달려서는 안 된다는 생각이 굳어졌다. 당시 중관촌(中關村, 중국의 실리콘밸리)의 크고 작은 연구소에서 쏟아내는 연구 성과 가운데 '실험실 표본'의 수준을 능가하는 것은 극히 드물었다. 13년이란 긴 시간을 연구소에서 보낸 류촨즈는 연구 성과를 상품으로 전환하지 못하는 것은 그림의 떡처럼 아무런 의미가 없다고 생각했다.

류촨즈가 회사를 차리게 된 배경에는 그 무렵 중관촌의 벤처 기업 창업 열기도 한몫했다. 연구소 사람들 중에 창업한 사람들도 있었고, 벤처 기업의 의뢰를 받아 아르바이트를 하는 연구원들도 적지 않았다. 이들이 새로 개발된 제품을 시험, 검사하고 하루에 받는 돈은 30~40위안이었는데, 당시 연구소의 한 달치 보너스가 30위안 정도였다는 점을 감안하면 실로 엄청난 액수가 아닐 수 없었다. 환경의 변화에 연구원들은 적지 않은 충격을 받았다. 연구소 소장 쩡마오차오曾茂朝는 연구소 산하에 회사를 창업하기로 결정하고 자금을 조달했다. 그는 류촨즈가 그동안 보여 주었던 능력을 높이 사서 책임자로 임명했다. 연구소가 출연한 20만 위안의 현금을 가지고 40세의 류촨즈는 생전 처음으로 창업을 했다.

중관촌의 보잘것없는 단층 건물에서 류촨즈와 10명의 동료가 20만 위안의 창업 자금으로 '렌샹'의 깃발을 올렸다. 1985년에 류촨즈는 홍콩으로 가서 협력 파트너들을 찾았다. 그는 교통비 1위안도 아까워 웬만한 거리는 걸어 다녔다. 1987년에는 부사장 리친李勤이 힘들게 유치한 자금 300만 위안을 사기당하는 사건을 겪었다. 나중에 돈을 되찾기는 했지만 류촨즈는 지금도 그 사건 때문에 가위에 눌리곤 한다고 한다. 1986년에 류촨즈의 부인이 갑상선 항진증으로 수술

인문에서 경영의 지혜를 배우다

을 해야 했다. 수술이 잘될 가능성이 낮은 데다 엎친 데 덮친 격으로 류촨즈는 선전으로 가서 2,500만 달러 채무를 회수해야 했는데 선전으로 가 보니 채무자가 홍콩으로 도망을 간 상태였다. 류촨즈는 부인의 병과 채무 회수라는 시련 앞에서 괴로워하다가 채무자에게 장문의 편지를 썼다. 류촨즈는 롄상이 얼마나 힘들게 돈을 벌었는지를 세밀하게 서술했다. 기술자 출신의 중년 류촨즈는 감정에 복받쳐 편지지에 눈물을 쏟았다. 후에 그는 "살면서 힘든 일을 그리 많이 겪지는 않았지만, 그때는 정말로 뼈가 시릴 정도로 괴로웠다"라고 술회했다.

1984년에 중관촌의 작은 회사에서 출발한 롄상은 10년 동안 컴퓨터 한 분야에 집중해 현재는 중국 컴퓨터 업계의 1위로 부상했다. 외부적으로도 중국의 컴퓨터 시장은 안정적으로 발전하여 아시아태평양 지역 최대의 개인컴퓨터PC 시장이 되었다.

> 공자는 말했다. "시경에 나오는 시 삼백 편을 한마디로 말하면 생각에 사악함이 없다는 것이다."
> (子曰, 詩三百, 一言以蔽之, 曰, 思無邪.)
>
> － 《논어》 '위정爲政' 편에서

생각에 사악함이 없는 것이 바로 덕德이다. 《노자》는 "높은 덕은 덕스럽지 않으니 그래서 덕이 있다(上德不德 是以有德)"라고 했다. 진정으로 덕이 높은 사람은 자신이 후덕하다고 말하지 않는다. 현대의 기업 경영에서도 순수하게 생각하고 행동하면 승리할 수 있다.

　창업의 길은 험난하고 성공의 길은 더욱 멀지만 류촨즈가 성공할 수 있었던 비결은 남들보다 큰 뜻을 품고, 초심을 잃지 않는 정신을 가졌기 때문이다.

물처럼 융통성을 발휘하고 끊임없이 변화를 모색하라

공자가 말했다. "장인이 자기의 일을 잘 하려면 반드시 먼저 그 연장을 날카롭게 해야 한다."
(子曰, 工欲善其事, 必先利其器.)

— 《논어》 '위령공衛靈公' 편에서

어떤 일을 잘 하려면 평소에 도구를 잘 벼려 두어야 하듯이, 철저한 사전 준비는 매우 중요하다. 길고 멀리 보는 안목, 확실한 전략, 합리적인 의사결정, 치밀한 기획, 유연한 대처 능력 등은 기업이 지속적으로 발전하기 위한 필수적인 전제조건이다.

2003년 7월, 중국 음료 업계 1위인 와하하 그룹의 종칭허우 회장은 건강 과즙음료 가오가이궈C高鈣果C를 광저우, 상하이, 베이징, 선전 등에서 출시하여 폭발적인 반응을 얻었다.

가오가이궈C를 개발하기에 앞서 종칭허우는 2003년에는 과즙음료가 선풍을 일으킬 것이라고 예측했다. 한여름에 대대적인 광고를 하면서 가오가이궈C를 출시한 이유는 영양분을 첨가하여 단순한 주스가 아니라 건강 제품임을 강조함으로써 생수 시장에서와 마찬가지로 비탄산음료 분야에서 1위를 차지하려 한 것이다.

종칭허우는 중국의 주스 제품이 질적으로 향상되어야 한다고 생각했다. 2, 3년 내로 주스가 차를 제치고 인기를 끌 것으로 전망한 까닭은 소비자들이 음료의 해갈 기능에 더해 건강적인 측면을 중요하게 생각하기 시작했기 때문이었다. 그러나 전국적으로 4,000여 개의 주스 공장이 생산하는 제품들이 대동소이하고, 광고까지 서로 베끼는 등 판매에만 열을 올릴 뿐 품질 향상은 등한시하여 정상적인 발전을 기대하기 어려웠다.

수많은 브랜드가 치열한 경쟁을 벌이는 주스 시장에서 와하하 셴청둬鮮橙多가 인기를 끌면서 오랜 라이벌인 캉스푸康師傅사에서는 새로운 제품을 내놓아 무서운 기세를 올렸다. 이 밖에도 디우지第五季, 아오디리澳的利가 출시한 주스도 인기를 끌었고, 오랜 브랜드인 후이

인문에서 경영의 지혜를 배우다

위안匯源, 루멍茹夢, 다후大湖 등도 있었다. 이렇듯 음료 시장은 포화상태에 달해 있었다.

점유율 경쟁 이외에도 주스 메이커들은 건강, 친환경, 원액 등을 강조했지만 차별성이 별로 없었고 마케팅도 유사해서 콘셉트, 포장, 가격 등으로 승부를 내려 했다. 설상가상으로 과일 생산이 감소하여 국내 과일 가격과 수입 원가가 10%이상 인상된 것도 악재로 작용했다. 덤핑 판매를 불사하는 기업들 때문에 전체 업계가 흔들리는 상황을 안타깝게 생각한 종칭허우는 음료 업계가 전반적으로 업그레이드 되어야 한다고 생각했다.

종칭허우는 가오가이궈C가 주스 시장을 고급화하는 도화선이 될 수 있으리라 믿었다. 예상대로 가오가이궈C는 시장에서 뜨거운 반응을 얻었다.

과거와 달리 와하하는 도시의 소비자들을 겨냥한 고품질 전략을 폈다. 이를 위해 제품의 연구개발에 거액을 투자했다. 와하하의 남부 지역 담당자 황바오黃寶는 구매력 높은 소비자를 대상으로 한 가오가이궈C의 개발과 시장 조사에 1년이 걸렸다고 밝혔다. 가오가이궈C는 이상적인 영양 비율을 맞추기 위해 4종의 원액으로 30%의 짙은 농도를 자랑한다. 또한 칼슘 성분을 높여서 과즙음료에 새로운 영양 개념을 도입했다. 소비 대상도 어린이부터 노년까지 전 연령을 커버하는 것이었다. 와하하는 가오가이궈C가 품질, 가격, 판매망 등에서 경쟁사보다 압도적으로 우세하다고 장담했다. 가오가이궈C에 앞서 출시된 오렌지 주스가 시장을 탐색하기 위한 제품이었다면, 가오가이궈C

는 주스 시장에 대한 전면적인 선전포고였다.

종칭허우가 가오가이궈C에 총력을 기울인 목적은 왓슨과 양성탕養生堂에 도전하기 위해서였다. 왓슨의 미스터 주스와 양성탕의 농부 과수원은 혼합 주스로 홍당무와 몇 가지 과일, 채소의 원액을 섞어 농도를 30%에 맞췄다. 두 제품은 소비자들의 입맛에 맞고 영양 성분이 뛰어난 데다 용기 디자인이 독특해서 고액 주스의 대표 주자였다.

가오가이궈C가 나오기 전에 과즙음료 시장은 이미 가격 경쟁이 극에 달한 상태였다. 광저우의 대형 마켓에서 500ml의 원액 10% 과즙음료들 중 캉스푸는 자사 제품과 다른 회사의 생수를 끼워 파는 방식으로 2.2위안에 판매했다. 퉁이統一사의 센청둬는 2.5위안까지 가격을 인하했다. 어떤 브랜드는 한 병당 1.3위안까지 가격 파괴를 단행했다. 하지만 가오가이궈C는 고급 주스를 표방하고 3위안에 판매함으로써 우위를 점했다. 업계에서는 와하하가 과거에는 퉁이사와 오렌지 주스에서 치열한 경쟁을 했지만 지금은 거의 같은 가격에 더 나은 품질의 고급 제품으로 전체 시장에서 압도적인 우세를 보이고 있다고 평가했다.

> 공자는 말했다. "군자는 한 가지 용도로만 쓰이는 그릇이 되어서는 안 된다."
> (子曰, 君子不器.)
>
> - 《논어》 '위정爲政' 편에서

인문에서 경영의 지혜를 배우다

CEO의 역할과 사람됨은 그릇처럼 고정불변하는 것이 아니라, 모든 물을 받아들이는 바다처럼 폭넓고 유연하면서 변화에 잘 적응해야 한다. 《노자》에서 '최고의 선은 물과 같다(上善若水)'고 했듯이 CEO는 어떤 일면에 집착하거나 한 자리에 얽매이지 않으면서 온갖 사물과 사리에 밝은 '통재通才'가 되어 조직의 발전 방향을 제시해야 한다. 따라서 최고의 경영자가 되려면 우선적으로 자신의 역할과 위상을 정확하게 인식해야 한다. 일을 하기에 앞서 '도구'를 날카롭게 벼리고, 군자는 일정한 틀에 얽매이지 않아야 한다는 의미를 깊이 새겨 전략적 목표를 세우고, 기존의 경영 방식을 혁신하면서 새로운 성장의 기회를 모색해야 한다.

《경제학의 형이상학》, 陳世淸 저, 中國時代經濟出版社, 2010. 1.

《대칭경제학》, 陳世淸 저, 中國時代經濟出版社, 2010. 3.

《중국 경제의 해석과 중건》, 陳世淸 저, 中國時代經濟出版社, 2009. 7.

《대칭관리》, 陳世淸 저, 中國時代經濟出版社, 2007. 1.

《중국식 관리의 근원》, 陳東升 편저, 企業管理出版社, 2006. 3.

《세계 신경제 관리 모델》(미국 편), 胡志剛 편저, 光明日報出版社, 2004. 1.

《세계 신경제 관리 모델》(일본·한국 편), 曉聞 편저, 光明日報出版社, 2004. 1.

《세계 신경제 관리 모델》(EU 편), 李翠平 편저, 光明日報出版社, 2004. 1.

《세계 신경제 마케팅 모델》(미국 편), 胡志剛 편저, 光明日報出版社, 2004. 1.

《세계 신경제 마케팅 모델》(EU 편), 李翠平 편저, 光明日報出版社, 2004. 1.

《세계 신경제 마케팅 모델》(일본·한국 편), 劉佰川 편저, 光明日報出版社, 2004. 1.

《정선 세계 500대 기업 마케팅 모델》, 邱慶劍 편저, 機械工業出版社, 2006. 1.

《정선 세계 500대 기업 관리 모델》, 邱慶劍 편저, 機械工業出版社, 2006. 1.

《중용 관리의 예술》, 何者明 편저, 當代世界出版社, 2006. 7.

《유상 성공의 비결》, 張鳳云, 李靑岭 편저, 機械工業出版社, 2006. 7.

《위단이 중용을 말하다》, 于丹 저, 中國長安出版社, 2007. 1.

《중국식 집행력》, 李志航 편저, 中國言實出版社, 2006. 3.

《중외 최신 관리 모델 전집》, 馬釣 저, 武漢大學出版社, 2007. 6.

《균형의 예술 : 리자청의 전략 관리》, 遲雙明 편저, 中國言實出版社, 2003. 4.

《반드시 알아야 할 관리의 법칙》, 파킨슨 등 저, 蘇偉倫, 蘇建軍 편역, 中國商業出版社, 2004. 8.

《관리자가 매일 익혀야 할 것》, 佟秋紅 편저, 民主與建設出版社, 2004. 6.

《상인의 역사》, 周偉 저, 中國經濟出版社, 2006. 1.

《기업관리 사례 분석》, 張存祿 편저, 中國人民大學出版社, 2004. 2.

《정관교의 대지혜》, 史晟 편저, 中國盲文出版社, 2003. 12.

《중국식 관리의 72가지 사항》, 司馬安 편저, 經濟科學出版社, 2005. 6.

인문에서 경영의 지혜를 배우다

샹루 지음
황보경 옮김

발 행 일 초판 1쇄 2013년 1월 31일
          4쇄 2015년 5월 7일
발 행 처 평단문화사
발 행 인 최석두

등록번호 제1-765호 / 등록일 1988년 7월 6일
주   소 서울시 마포구 서교동 480-9 에이스빌딩 3층
전화번호 (02)325-8144(代) FAX (02)325-8143
이메일 pyongdan@hanmail.net
ISBN 978-89-7343-374-2 03320

이 도서의 국립중앙도서관 출판시도서목록(CIP)은
e-CIP 홈페이지(http://www.nl.go.kr/ecip)와
국가자료공동목록시스템(http://www.nl.go.kr/kolisnet)에서
이용하실 수 있습니다.
(CIP제어번호: CIP2013000038)

저희는 매출액의 2%를 불우이웃돕기에 사용하고 있습니다.